Manuel de l'OMPI pour la rédaction des demandes de brevet

Deuxième édition

OMPI
ORGANISATION MONDIALE DE LA PROPRIÉTÉ INTELLECTUELLE

Citation suggérée : OMPI (2022), *Manuel de l'OMPI pour la rédaction des demandes de brevet, 2e éd.* Genève : OMPI.
DOI: 10.34667/tind.48732

Première édition : 2007

Organisation Mondiale de la Propriété Intellectuelle
34, chemin des Colombettes, Case postale 18
CH1211 Genève 20, Suisse

wipo.int

ISBN: 978-92-805-3580-8 (imprimée)
ISBN: 978-92-805-3581-5 (en ligne)

Couverture :
Getty Images/your_photo, USPTO

Publication de l'OMPI n° 867F

Cette traduction a été réalisée grâce au soutien du Fonds fiduciaire mondial du Japon pour la propriété industrielle (FIT/Japan IP Global).

Table des matières

Module X
Stratégie en matière de brevets 160

Module XI
Organiser, former et motiver l'équipe technique 166

Annexes 175

Notes de fin de document 180

Avant-propos

L'innovation est un phénomène mondial qui contribue à l'amélioration continue de notre bien-être et de notre qualité de vie. Selon *l'indice mondial de l'innovation* de l'OMPI, les dépenses mondiales en faveur de l'innovation ont enregistré une croissance plus rapide que le PIB au cours des 10 dernières années. Les financements en provenance du secteur privé ont largement contribué à cette croissance dans les pays à revenu élevé, alors que la contribution des fonds publics aux dépenses de recherche-développement pouvait s'élever à 75% dans les pays à revenu faible et intermédiaire.

Il est humain de rechercher des solutions techniques aux problèmes que nous rencontrons, qu'ils soient liés aux besoins de notre quotidien ou à la conquête de l'espace. Ainsi, le nombre croissant de demandes de brevet déposées est un indicateur manifeste de la créativité humaine dans des domaines technologiques très différents.

Le système des brevets reconnaît la créativité des inventeurs et leur assure une récompense matérielle pour leurs inventions. Par ailleurs, la publication obligatoire des brevets et des demandes de brevet facilite la diffusion de nouvelles connaissances techniques et permet un développement plus rapide des activités d'innovation dans l'ensemble de la société.

Dans les faits, les innovateurs du monde entier ne jouissent pas tous des avantages potentiels offerts par le système des brevets. Cela tient à bien des difficultés, l'obtention des compétences particulières requises pour rédiger une demande de brevet qui reflète précisément le potentiel d'une invention en étant une pour de nombreux pays.

Afin d'obtenir la meilleure protection possible pour leurs inventions et réduire le risque de rejet de la demande, les innovateurs ont besoin de demandes de brevet bien rédigées. Il est également essentiel pour les tiers de fournir des demandes de brevet bien rédigées. Elles ne sont pas qu'une source de nouvelles connaissances précieuse, elles déterminent également de manière claire l'étendue de la protection conférée par le brevet, contribuant ainsi à éviter les atteintes accidentelles aux droits de brevet ou à appuyer une contestation de la validité d'un brevet. La réception de demandes de brevet bien rédigées facilite le traitement desdites demandes par les offices des brevets.

La première édition du *Manuel de l'OMPI pour la rédaction des demandes de brevet* a été publiée en 2007. Elle visait à aider les inventeurs et leurs conseillers à acquérir les compétences techniques nécessaires à la préparation et au dépôt de demandes de brevet bien rédigées. Depuis lors, elle est devenue la publication de référence à ce sujet, venant appuyer la conduite fructueuse des activités de formation de l'OMPI. En outre, le manuel a été largement utilisé par d'autres institutions nationales et régionales dans le cadre de leurs activités de formation à la rédaction de demandes de brevet.

L'OMPI propose des programmes de formation avec des contenus différents et à durée variable, pourvoyant aux besoins des pays et des bénéficiaires de ces formations visés. Cette vaste expérience de formation a montré que la rédaction des demandes de brevet nécessite la combinaison de connaissances théoriques et de compétences pratiques de rédaction. Lorsque les participants ont accès à des documents de référence exhaustifs couvrant tous les aspects théoriques de la rédaction des demandes de brevet, les ateliers de formation peuvent mettre l'accent sur des exercices pratiques de rédaction. Notons que si la capacité à rédiger correctement des revendications est une compétence clé dans la préparation d'une demande de brevet, la rédaction des autres parties de la demande est toute aussi importante pour la protection et la divulgation des inventions.

Les capacités générales en matière de propriété intellectuelle et les bases relatives aux technologies de nombreux pays en développement ont évolué rapidement, les rédacteurs de demandes de brevet ont donc besoin des connaissances et des compétences nécessaires pour faire face aux difficultés techniques et répondre aux demandes des innovateurs locaux. Ces dernières années, des modifications importantes ont été apportées aux législations et pratiques nationales en matière de brevets dans certains pays.

Cette deuxième édition du *Manuel de l'OMPI pour la rédaction des demandes de brevet* a été élaborée en fonction des enseignements tirés et adaptée aux utilisateurs d'aujourd'hui et à leurs besoins. Dans cette nouvelle édition, la rédaction des revendications et des descriptions est détaillée. Elle comprend également des explications supplémentaires et des exemples de formes de revendication qui sont généralement utilisées pour les inventions chimiques (par exemple, les revendications de type Markush) ou pour les éléments d'une invention mise en œuvre par ordinateur. Des diagrammes et des graphiques qui illustrent le concept de revendication de brevet ont été ajoutés afin d'en améliorer la lisibilité. De plus, les rédacteurs de demandes de brevet se trouvant souvent dans l'obligation de modifier leurs demandes lors de la phase d'examen, une nouvelle section consacrée aux modifications des demandes de brevet a été ajoutée. L'ordre des modules a également été modifié afin que le manuel accompagne l'utilisateur tout au long du processus de création, de rédaction, de dépôt et de d'examen des demandes de brevet.

Nous sommes convaincus que la présente édition du *Manuel de l'OMPI pour la rédaction des demandes de brevet* se révélera être un instrument efficace pour ceux qui étudient ou enseignent la rédaction des demandes de brevet. Nous espérons que cette nouvelle édition continuera à aider les États membres souhaitant renforcer, améliorer et accroître leur capacité à aider les inventeurs à protéger leur propriété intellectuelle au moyen de demandes de brevet soigneusement rédigées.

Marco M. Alemán
Sous-directeur général
Organisation Mondiale de la Propriété Intellectuelle

Remerciements

L'OMPI exprime sa profonde reconnaissance à Pascual Segura (Espagne) et à Kay Konishi (Japon), qui ont soigneusement examiné la première édition du Manuel de l'OMPI pour la rédaction des demandes de brevet, identifié les points à améliorer, contribué à la rédaction du texte à actualiser et complété le contenu de la première édition. En tant que conseils en brevets expérimentés et tuteurs qualifiés de rédaction des demandes de brevet, les conseils qu'ils ont offerts aux bénéficiaires de formation d'horizons différents étaient indispensables au succès de la présente édition. Des contributions de grande valeur et des suggestions utiles ont aussi été formulées par Anton Blijlevens (Nouvelle-Zélande), Pablo Paz (Argentine), Karl Rackette (Allemagne) et Robert Sayre (États-Unis d'Amérique). Nous remercions plusieurs fonctionnaires de l'OMPI qui ont passé en revue le contenu, en particulier Tomoko Miyamoto pour le travail acharné et la coordination, lesquels ont été essentiels pour que ce travail soit mené à bien.

La présente édition reposant en grande partie sur la première, la contribution de son auteur principal, Thomas Ewing (États-Unis d'Amérique) est pleinement reconnue. L'OMPI reconnaît également les contributions de grande valeur apportées par les experts et institutions ci-après dans le cadre de la préparation de la première édition : Markus Engelhard (Allemagne), Takashi Fujita (Japon), Valérie Gallois (France), Wendy Herby (États-Unis d'Amérique), Albert Jacobs (États-Unis d'Amérique), Karuna Jain (Inde), Emmanuel Jelsch (Suisse), Samuel Le Cacheux (France), Carlos Olarte (Colombie), Karl Rackette (Allemagne), Sorin Schneiter (Suisse), Kanika Radhakrishnan (Inde et États-Unis d'Amérique), Douglas Weinstein (États-Unis d'Amérique) et le Réseau universitaire international de Genève.

Module I Propriété intellectuelle – Introduction

1. Types de propriété intellectuelle

Le terme propriété intellectuelle désigne les droits de brevet, de marque, d'auteur et de dessin ou modèle ainsi que tous les autres droits de biens incorporels attachés aux œuvres de l'esprit et, au sens le plus large, aux créations dépourvues de forme physique.

Figure 1 : Différents types de propriété intellectuelle, leurs valeurs et leurs résultats

Propriété

- Réelle
- Personnelle
- Immobilisation
- Intellectuelle

Activité créatrice de valeur

- Création de produits
- Investissement
- Amélioration
- Vente
- Location ou concession

Résultats

- Recettes/bénéfices
- Emplois
- Plus-value
- Satisfaction des besoins

Comme d'autres types de propriété, ces droits résultent souvent d'un investissement, ont un propriétaire et sont susceptibles de produire un revenu. C'est pourquoi ils sont considérés comme un actif. La propriété intellectuelle diffère de la propriété incorporelle dans la mesure où elle est dépourvue de forme physique et résulte de l'intelligence humaine, de la créativité et de l'imagination.

Chaque type de propriété intellectuelle est soumis à un régime juridique particulier. La propriété intellectuelle est parfois divisée en deux grandes catégories : la propriété industrielle et le droit d'auteur.

La *propriété industrielle* concerne les actifs créés principalement pour le progrès de la technologie, de l'industrie et du commerce, comme les brevets (inventions), les dessins et modèles industriels, les marques, les marques de services et les indications géographiques[1].

Brevets

Un brevet est un titre légal conférant à son titulaire le droit exclusif de contrôler, pour une durée et sur un territoire donnés, l'exploitation d'une invention définie dans les revendications dudit brevet, et cela en interdisant notamment à quiconque de fabriquer, d'utiliser ou de vendre cette invention sans son consentement. Un brevet peut être délivré, par exemple, pour une pile permettant de stocker de l'énergie solaire, pour un vaccin contre le paludisme ou encore pour une nouvelle formule permettant de transformer les arêtes de poisson en engrais agricole.

Dessins et modèles industriels

Un enregistrement de dessin ou de modèle industriel permet à son titulaire de contrôler l'exploitation de formes ornementales associées à des produits – par exemple la ligne d'une nouvelle voiture de sport, le boîtier en plastique caractéristique d'un certain type d'ordinateur ou la forme d'une bouteille de soda.

Marques

Une marque permet à son titulaire de garantir au public l'origine de ses produits. On peut citer comme exemples de marques les noms distinctifs Nando's® et Coca Cola® ou un logo comme l'étoile Mercedes Benz®.

Marques de services

Une marque de services permet à son propriétaire de garantir au public l'origine d'un service, comme "Cheques for Two®".

Le *droit d'auteur* concerne les expressions originales et les "œuvres de l'esprit". Toute personne qui crée une telle œuvre est appelée un *auteur.* Les tableaux, les photographies, la musique, les chorégraphies, les poèmes, les romans, etc., sont, par exemple, des œuvres protégées par le droit d'auteur. Cette protection s'applique aussi à certains éléments techniques présentant un caractère d'originalité, comme les logiciels informatiques, les spécifications techniques et la documentation connexe.

Le droit d'auteur se différencie notamment de la propriété industrielle par le fait que la protection contre les usages non autorisés s'acquiert généralement sans aucune formalité de dépôt. Les droits de propriété industrielle, en revanche, ne sont reconnus et opposables aux tiers que s'ils ont fait l'objet d'un dépôt auprès d'une administration compétente et ont été expressément accordés par cette dernière.

En théorie, tout le monde peut rédiger une demande de brevet à cet effet. En pratique, cependant, et en raison de la complexité de ces tâches et des formalités à accomplir, ce sont le plus souvent des conseils en brevets professionnels et des spécialistes appelés *agents de brevets* ou *mandataires en brevets* qui se chargent de la rédaction des demandes de brevet et de leur dépôt auprès des administrations compétentes.

2. Quelques notions de base supplémentaires sur les brevets

Un brevet peut être obtenu pour protéger une "invention" dans tous les domaines techniques, à condition qu'elle soit nouvelle, qu'elle implique une activité inventive et soit susceptible d'application industrielle[2]. Le brevet doit concerner une invention qui fonctionne ou, selon la définition de certains pays, qui peut être "mise en œuvre". En principe, la demande de brevet doit divulguer l'invention d'une manière suffisamment claire et complète pour permettre à une personne du métier de l'exécuter. Ainsi, une idée brillante qui ne peut être mise en œuvre dans l'immédiat (par exemple une machine à explorer le temps) ne peut être brevetée.

La définition d'"invention brevetable" n'est pas la même dans tous les pays. Par exemple, les inventions doivent généralement présenter un caractère "technique", mais la définition de ce terme varie selon les pays.

Dans de nombreux pays, la durée de validité du brevet est généralement de 20 ans à compter de la date de dépôt de la demande de brevet. En principe, le brevet confère à son titulaire le droit d'interdire à quiconque de fabriquer l'invention, de l'utiliser, de l'offrir à la vente, de la vendre ou de l'importer dans le pays où il a été délivré. En d'autres termes, il confère un droit de propriété permettant à son titulaire de désigner les personnes qui *ne sont pas autorisées* à utiliser l'invention protégée. D'une manière générale, et bien qu'il existe certaines exceptions et limitations relatives aux droits de brevet, toute personne qui n'est ni titulaire du brevet ni preneur de licence et qui pourtant fabrique, utilise, importe, offre à la vente ou vend un produit ou qui exécute un processus couvert par le brevet est un *"contrefacteur"*. À ce titre, elle peut être poursuivie en justice, et se voir ordonner de mettre fin à l'atteinte portée au brevet et condamner à verser des dommages-intérêts au titulaire.

Les brevets sont *territoriaux*, ce qui veut dire qu'ils n'ont d'effet que dans les pays où ils ont été demandés et délivrés. Chaque pays jouit du droit souverain d'accepter ou de rejeter les demandes de brevet. Dans certaines régions, un groupe de pays convient par traité d'instaurer une procédure commune de dépôt et d'examen des demandes de brevet. En Europe, par exemple, la Convention sur le brevet européen a établi l'Office européen des brevets (OEB), qui examine les demandes de brevet européen et délivre des brevets européens, tandis que l'Organisation africaine de la propriété intellectuelle (OAPI) délivre des brevets régionaux opposables dans tous les pays membres de l'OAPI.

Le module VIII fournit plus d'informations sur les procédures de dépôt de brevet.

Mots-clés

- Propriété intellectuelle
- Propriété industrielle
- Brevet
- Dessin ou modèle industriel
- Marque
- Marques de services
- Droit d'auteur
- Invention
- Territoriaux
- Atteinte aux droits

Testez vos connaissances

- ☐ Qu'est-ce que la propriété intellectuelle?
- ☐ Pourquoi la propriété intellectuelle est-elle un actif?
- ☐ Quelle est la différence entre la propriété industrielle et le droit d'auteur?
- ☐ Donnez un exemple de chaque type de propriété intellectuelle que vous voyez dans la pièce où vous vous trouvez.
- ☐ Un code logiciel peut-il être protégé par le droit d'auteur?
- ☐ Un brevet confère à son titulaire le droit d'interdire à quiconque de fabriquer, d'utiliser ou de vendre l'invention décrite dans les revendications du brevet. Vrai ou faux?
- ☐ Une fois qu'il a été délivré dans un pays, un brevet doit être reconnu dans le monde entier. Vrai ou faux?
- ☐ Qui sont les contrefacteurs?

Ce manuel présente les procédures de dépôt et d'enregistrement des brevets. Il a pour objectif de vous donner une idée générale des compétences qui sont nécessaires pour rédiger une demande de brevet, la déposer et obtenir, en sachant comment travailler avec l'administration compétente, la délivrance du brevet demandé. Vous devez également connaître et comprendre la législation et les pratiques en vigueur dans le pays ou la région qui vous intéresse, ainsi que votre client, dans la mesure où ces dernières varient parfois d'une manière considérable.

Notons que, dans ce manuel, le terme *rédacteur de brevets* n'est pas employé pour désigner, au sens juridique et technique du terme, un professionnel agréé par les autorités nationales pour représenter les déposants de demandes de brevet dans des circonstances bien définies, mais plutôt pour désigner, de manière plus générale, toute personne rédigeant une demande de brevet (y compris un inventeur, un agent de brevets et un conseil en brevets).

Module II Brevets

1. Présentation détaillée

Un brevet est un droit exclusif limité conféré par un gouvernement sur une invention. Autrefois, les dirigeants accordaient des brevets sur à peu près n'importe quel bien ou service, qu'il soit ou non le fait d'une invention. Le roi pouvait par exemple reconnaître à un fidèle allié un brevet sur le sel. De nos jours, les gouvernements ont réduit la portée des brevets et ne protègent plus que les inventions. L'un des premiers systèmes de brevet de l'ère moderne fut celui de la République de Venise. La durée de protection des brevets était alors de 14 ans, soit deux fois la durée d'un apprentissage moyen. Elle fut ensuite étendue à 17 ans à compter de la date de délivrance du brevet. À l'heure actuelle, la durée de la protection par brevet dans de nombreux pays est en principe de 20 ans à compter de la date de dépôt de la demande.

1.1 Qu'est-ce qu'un brevet?

Un brevet confère généralement à son titulaire le droit exclusif de décider qui peut fabriquer, exploiter, vendre, offrir à la vente ou importer les produits ou les procédés définis dans ses *revendications*, c'est-à-dire des phrases décrivant l'invention protégée. Pour qu'un brevet puisse être obtenu, ces revendications doivent généralement porter sur une invention nouvelle (nouveauté), susceptible d'application industrielle (utile) et qui implique une activité inventive (non évidente) au regard de l'*état de la technique*, autrement dit l'ensemble des informations accessibles au public au moment du dépôt de la demande de brevet.

L'obtention d'un brevet est également soumise à de nombreuses autres exigences. À titre d'exemple, l'objet de l'invention doit être brevetable en vertu du droit applicable et la demande de brevet doit divulguer l'invention de manière suffisamment claire et complète. La section 2 de ce module décrira en détail les exigences juridiques en matière de brevetabilité.

L'astuce du professionnel

> Les résultats de recherche importants, susceptibles de donner lieu à un produit ou à une technologie de valeur, ne doivent pas être rendus accessibles au public tant qu'une demande de brevet n'a pas été déposée. Cette précaution concerne particulièrement les institutions de recherche, qui accordent une grande importance aux premières publications des travaux universitaires.
>
> Afin de veiller à ce que la publication dans une revue scientifique ou la présentation lors d'une conférence ne détruise pas la nouveauté d'une invention dans les pays dans lesquels la protection par brevet est demandée, les instituts de recherche universitaires peuvent mettre en place une procédure interne de vérification et d'attestation d'absence de contenu brevetable dans les revues scientifiques et les articles de leurs chercheurs.

Dans de nombreux pays, les brevets sont accordés selon des *systèmes d'examen quant au fond*, dans le cadre desquels les demandes de brevet sont soumises à un processus d'examen minutieux par un examinateur de brevets employé par l'État. Ce dernier procède notamment à une comparaison de l'état de la technique pertinent et des revendications de la demande de brevet, afin de déterminer si l'invention apporte une contribution suffisante, d'un point de vue juridique, à l'état de la technique.

Certains pays ont recours à des *systèmes d'enregistrement* dans lesquels le déposant reçoit le brevet après avoir rempli certaines formalités, mais sans que les conditions matérielles de brevetabilité aient été examinées. Dans ce type de système, ce n'est que lorsque le brevet est contesté devant un tribunal que la question de sa validité par rapport à l'état de la technique est étudiée.

Un brevet est *valide* dès lors qu'il a été délivré, pour autant qu'il n'ait pas été déclaré nul par un tribunal ou par l'office des brevets. S'il fait l'objet d'un rejet ou d'une annulation pour absence de nouveauté au regard de l'état de la technique ou pour toute autre raison, il est dit *invalide.* Dans certains systèmes de brevet, et notamment dans les systèmes d'examen quant au fond dans lesquels l'examen de la demande de brevet et de l'état de la technique est effectué d'une manière impartiale par un fonctionnaire, les brevets délivrés sont réputés valides jusqu'à preuve contraire.

D'une manière générale, les systèmes de propriété intellectuelle reconnaissent que la protection par brevet s'applique à différentes catégories d'inventions. Dans de nombreux pays, la protection conférée est essentiellement la même pour toutes. Lorsque l'on parle de brevets, on fait généralement allusion à des brevets d'invention ou, comme on les appelle aux États-Unis d'Amérique, à des *brevets d'utilité*. Ces brevets protègent des machines, des procédés, des compositions chimiques et d'autres types d'inventions dont la valeur réside dans leur utilité.

Dans certains pays, les inventions peuvent être protégées par des *enregistrements de modèles d'utilité*, que l'on nomme également brevets d'innovation, modèles d'utilité ou brevets de courte durée. Les conditions à remplir pour obtenir un enregistrement de modèle d'utilité sont généralement moins rigoureuses que celles qui s'appliquent aux brevets d'invention.

Les connaissances et compétences nécessaires à la rédaction des demandes de modèle d'utilité étant similaires à celles nécessaires à la rédaction des demandes de brevet, ce manuel reste pertinent à l'égard des enregistrements de modèles d'utilité.

Le présent manuel porte directement sur les brevets d'invention ou les brevets d'utilité[3].

Dans la pratique, la protection par modèle d'utilité est souvent demandée pour des innovations à caractère complémentaire qui ne remplissent pas les critères de brevetabilité (par exemple, elles ne satisfont pas à la condition d'activité inventive). La durée de protection des modèles d'utilité est considérablement plus courte que celle des brevets. Dans certains offices de brevets, les demandes de modèle d'utilité ne sont pas examinées sur le fond avant leur enregistrement. Il en résulte que la nature précise du droit conféré est incertaine et le reste jusqu'à ce qu'un litige vienne éventuellement opposer son titulaire à un tiers. Dans certains pays, la protection par modèle d'utilité ne peut être obtenue que dans des domaines technologiques précis et uniquement pour des produits - non pour des procédés.

1.2 Que peut-on breveter?

Prenons par exemple : le brevet US 6.434.955 B1, délivré le 20 août 2002 sous le titre "Appareil réfrigérant à électro-adsorption : un cycle de refroidissement miniaturisé s'appliquant de la microélectronique au conditionnement d'air conventionnel".

L'abrégé se lit comme suit :

> La présente invention concerne un appareil réfrigérant modulaire miniaturisé faisant la synthèse entre la réfrigération par absorption et la réfrigération thermoélectrique. Le rendement apparemment bas de chaque cycle pris en tant que tel devient un inconvénient négligeable grâce à la synergie entre les deux. Cet appareil réfrigérant à électro-adsorption ne recourt qu'à des technologies existantes. Il peut atteindre de grandes densités de réfrigération à haut rendement, même en l'absence de pièces mobiles. En outre, il est constitué de matériaux inoffensifs. Les processus physiques intervenant sont essentiellement des effets de surface plutôt que des effets de masse,

impliquant les courants d'électrons plutôt que de fluide. L'insensibilité à l'entartrage ouvre la voie à de nombreuses applications du refroidissement d'ordinateurs personnels et d'autres accessoires de microélectronique au conditionnement d'air pour l'automobile et les immeubles.

L'examinateur chargé de la demande a finalement conclu à la brevetabilité, mais non sans avoir relevé auparavant près de 15 éléments de l'état de la technique et cité deux de ces derniers pour rejeter les revendications telles que formulées à l'origine. Le brevet délivré comporte 19 revendications réparties en deux séries, soit une première série de 11 revendications de dispositif suivie d'une seconde série de sept revendications de méthode (voir la figure 2).

Examinons donc de plus près certaines catégories d'invention qui sont fréquemment brevetées.

Dispositifs mécaniques et articles manufacturés

Les dispositifs mécaniques et articles manufacturés sont les objets de protection les plus traditionnels du droit des brevets. Par conséquent, l'état de la technique accessible au public dans ces domaines peut être établi depuis longtemps. Par exemple, le déposant d'une demande de brevet moderne portant sur une invention relative à des patins de hockey spécialisés peut très bien découvrir que l'un des documents cités par l'examinateur pour montrer qu'au moins une des revendications de sa demande ne répond pas au critère de nouveauté est un brevet des années 1860. Lorsqu'une revendication ne répond pas au critère de nouveauté, cela signifie que l'état de la technique divulgue des éléments qui laissent présager du contenu de la revendication.

Procédés et méthodes

Les inventions peuvent être des procédés et des méthodes. De nombreux procédés et méthodes se rapportent à des dispositifs physiques. Le titulaire de brevets n'est pas limité à un seul type de protection. Par conséquent, il est courant que les demandes de brevet comprennent à la fois des revendications de produit et de méthode. Un inventeur pourra ainsi breveter, par exemple, son nouvel appareil de filtrage et de purification d'extraits de plantes et la méthode de filtration.

Compositions ou composés chimiques

Un inventeur peut déposer une demande de brevet pour des compositions chimiques, notamment dans le domaine des produits pharmaceutiques, de la biotechnologie, des matériaux ou de la pétrochimie. À titre d'exemple, un brevet a été délivré il y a longtemps pour l'acide acétylsalicylique, un composé chimique ayant la propriété d'apaiser les migraines. En effet, les brevets sur les produits pharmaceutiques figurent souvent parmi les brevets les plus rentables en tant que tels. Étant donné que les demandes de brevet doivent être déposées avant toute divulgation des inventions qu'elles concernent, il n'est pas rare, compte tenu de la durée du processus d'essais rigoureux auquel doivent être soumis les nouveaux médicaments, que les sociétés pharmaceutiques déposent des demandes de brevet pour divers composés qui ne sont encore qu'à un stade précoce du processus d'essai, et en abandonnent ensuite un grand nombre sans attendre la délivrance d'un brevet parce qu'il s'est avéré entre-temps que lesdits composés étaient inefficaces ou dangereux.

Molécules isolées et caractérisées

Dans de nombreux pays, les molécules qui ont été isolées et caractérisées selon leurs fonctions et utilité potentielle sont brevetables.

Figure 2 : Exemple d'un brevet publié

US006434955B1

(12) **United States Patent**
Ng et al.

(10) **Patent No.: US 6,434,955 B1**
(45) **Date of Patent: Aug. 20, 2002**

(54) **ELECTRO-ADSORPTION CHILLER: A MINIATURIZED COOLING CYCLE WITH APPLICATIONS FROM MICROELECTRONICS TO CONVENTIONAL AIR-CONDITIONING**

(75) Inventors: **Kim Choon Ng**, Singapore (SG); **Jeffrey M. Gordon**, Sede Boqer (IL); **Hui Tong Chua**, Singapore (SG); **Anutosh Chakraborty**, Dhaka (BD)

(73) Assignee: **The National University of Singapore**, Singapore (SG)

(*) Notice: Subject to any disclaimer, the term of this patent is extended or adjusted under 35 U.S.C. 154(b) by 0 days.

(21) Appl. No.: **09/922,712**

(22) Filed: **Aug. 7, 2001**

(51) **Int. Cl.**^{7} **F25B 17/00**; F25B 21/02

(52) **U.S. Cl.** **62/106**; 62/144; 62/480; 62/3.3

(58) **Field of Search** 62/101, 106, 109, 62/480, 3.2, 3.3, 141, 142, 144

(56) **References Cited**

U.S. PATENT DOCUMENTS

3,734,293	A	5/1973	Biskis
5,046,319	A	9/1991	Jones
5,157,938	A	10/1992	Bard et al.
5,463,879	A	11/1995	Jones

FOREIGN PATENT DOCUMENTS

JP	A6154593	3/1986
JP	06154543 A *	6/1994
JP	10202041 A *	8/1998
JP	A2000-39428	2/2000

OTHER PUBLICATIONS

Ramaswamy, et al, IEEE Transactions on Components and Packaging Technologies, pp. 1–7 (Mar. 2000).
Drost, et al, Aiche 1998 Spring National Meeting, New Orleans, 5 pgs. (Mar. 1998).
Uemura, Applications of Thermoelectric Cooling, pp. 622–631 (1998).
Viswanatham et al, Adsorption, vol. 4, pp. 299–311 (1998).
Boelman et al, Ashrae Transactions: Research, vol. 103, Part 1, pp. 139–148 (1997).
Cho et al, Energy, vol. 17, No. 9, pp. 829–839 (1992).
Chua et al, International Journal of Refrigeration, vol. 22, pp. 194–204 (1999).

* cited by examiner

Primary Examiner—Chen-Wen Jiang
(74) *Attorney, Agent, or Firm*—Birch, Stewart, Kolasch & Birch, LLP

(57) **ABSTRACT**

A novel modular and miniature chiller is proposed that symbiotically combines absorption and thermoelectric cooling devices. The seemingly low efficiency of each cycle individually is overcome by an amalgamation with the other. This electro-adsorption chiller incorporates solely existing technologies. It can attain large cooling densities at high efficiency, yet is free of moving parts and comprises harmless materials. The governing physical processes are primarily surface rather than bulk effects, or involve electron rather than fluid flow. This insensitivity to scale creates promising applications in areas ranging from cooling personal computers and other micro-electronic appliances, to automotive and room air-conditioning.

19 Claims, 7 Drawing Sheets

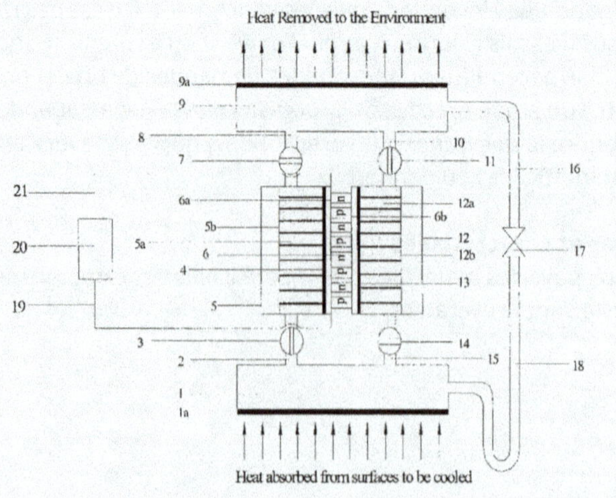

Organismes génétiques et séquences génétiques
La protection par brevet des organismes génétiques est reconnue dans certains pays. Lorsqu'elles sont brevetables, les inventions attribuent souvent une finalité fonctionnelle à une séquence génétique, mais une simple séquence d'ADN sans indication d'une fonction ne saurait constituer une invention brevetable. Si une séquence ou une séquence partielle d'un gène est utilisée pour produire une protéine ou une partie de protéine, il est nécessaire de spécifier la protéine ou partie de protéine produite ainsi que la fonction remplie par la protéine ou partie de protéine.

La question de la brevetabilité du matériel génétique est toutefois controversée et, dans certains pays, ce matériel ne fait pas partie des objets brevetables. Dans ces pays, toute demande de brevet revendiquant les séquences génétiques existant à l'état naturel sera rejetée au motif qu'elles font partie de la nature.

L'astuce du professionnel

> De nombreux pays interdisent la protection par brevet des inventions liées au traitement du corps humain. La rédaction des revendications relatives aux nouvelles utilisations de produits pharmaceutiques connus et aux méthodes de traitement de pathologies diverses au moyen de nouveaux composés peut donc nécessiter une attention toute particulière.

Programmes d'ordinateur
La brevetabilité des programmes d'ordinateur reste une question fortement débattue, et les règles, à cet égard, ne sont pas les mêmes partout dans le monde. Dans de nombreux pays, bien que les programmes d'ordinateur en tant que tels, qu'ils soient exprimés en langage de programmation compréhensible ou en langage machine ne puissent être protégés par brevet, les inventions mises en œuvre par un logiciel sont considérées comme des objets brevetables. Il peut s'agir d'un système, d'une méthode ou d'un appareil permettant la réalisation d'un objectif donné en exécutant un programme d'ordinateur. Dans certains pays, les programmes d'ordinateur peuvent aussi être brevetables parce qu'ils mettent en œuvre, par l'intermédiaire d'instructions logicielles, une fonction utile d'une nouvelle façon (par exemple en permettant à l'ordinateur de traiter les données plus efficacement et plus rapidement).

Nous considérons que les inventions mises en œuvre par un logiciel sont brevetables, mais que les équations ou algorithmes mathématiques purs ne le sont pas.

Perfectionnements
La plupart des brevets protègent des inventions qui sont elles-mêmes des perfectionnements d'inventions antérieures. On utilise toutefois le terme brevet de perfectionnement pour désigner un nouveau brevet qui porte sur un effet amélioré ou renforcé par rapport à celui d'un brevet précédent.

Exemple

> L'inventeur A détient un brevet pour un appareil servant à remplir les flacons de médicaments. L'inventeur B obtient ensuite un brevet pour un appareil de remplissage amélioré, fondé sur celui de l'inventeur A. L'invention de B remplit les flacons plus rapidement, avec moins de gaspillage et d'une façon nouvelle.

Bien que dans notre exemple, l'inventeur B détienne un brevet sur la machine améliorée, il risque de ne pas pouvoir exploiter son brevet B sans le consentement de l'inventeur A, puisqu'il se sert de l'invention de ce dernier. Dans le cas qui nous occupe, cette autorisation passe par la négociation d'un accord de licence par lequel l'inventeur A et l'inventeur B reconnaissent les avantages commerciaux et financiers de leur coopération (l'issue de cette négociation, en ce qui concerne les conditions de la licence et les montants à payer par chacun des inventeurs, dépendra des circonstances et des talents de négociation respectifs des parties).

N'oubliez pas que les brevets sont "territoriaux". Cela veut dire que si l'inventeur A obtient un brevet aux États-Unis d'Amérique uniquement, l'inventeur B peut fabriquer et vendre sa machine améliorée dans tout autre pays (en supposant qu'il n'existe pas d'autres brevets dans ces pays qui couvrent la portée de sa machine).

1.3 Pourquoi les brevets sont-ils importants?

Les brevets peuvent constituer pour les entreprises des actifs très importants. Par exemple, la norme MPEG-4 est une norme technique pour les technologies vidéo et audio utilisées dans différents produits de consommation tels que les smartphones ou les télévisions intelligentes. Les fabricants doivent obtenir une licence auprès des titulaires du brevet de la technologie MPEC-4 afin de pouvoir l'utiliser dans leurs produits. Ces frais de licence peuvent générer des revenus substantiels pour les titulaires du brevet.

Il faut également tenir compte du fait qu'une entreprise peut commencer avec l'avantage réservé au premier arrivé sur le marché, mais que les concurrents peuvent rapidement apprendre à fabriquer et à commercialiser le même produit avec succès. Il y aura au moins un concurrent pour découvrir, au bout du compte, comment fabriquer le produit de manière moins coûteuse que le fabricant original. À moins que l'entreprise arrivée la première sur le marché ne détienne de précieux brevets, elle peut finalement voir ses revenus diminuer lorsque de plus gros acteurs arrivent sur le marché. Cependant, en exploitant ses brevets, l'entreprise peut empêcher d'autres sociétés de fabriquer le produit ou peut percevoir, sous forme de redevances de licence, un revenu représentant une part non négligeable de celui qu'aurait procuré la commercialisation du produit si elle l'avait assurée elle-même.

Examinons quelques-uns des modèles d'exploitation de brevets les plus courants.

Source de revenus
L'un de ces modèles est celui d'un inventeur qui obtient seul le brevet d'un produit essentiel puis perçoit des redevances de licences concédées à des tiers ou construit toute une industrie autour du produit protégé par son brevet (par exemple Bell et le téléphone). Cela arrive encore de nos jours, quoique dans l'absolu, le schéma de l'inventeur isolé titulaire d'un brevet sur une invention phare soit plutôt devenu une rareté. On voit plus souvent des sociétés prospères, disposant de ressources suffisantes pour faire respecter leurs droits de brevet contre les tiers. S'il est vrai que les redevances de concession de licence peuvent rapporter beaucoup d'argent à une petite société, nombre de grandes entreprises tirent d'énormes revenus de l'exploitation de leurs portefeuilles de brevets (par exemple, avec des collections de brevets se rapportant à un même produit ou à un même domaine).

En règle générale, un inventeur doit avoir des attentes réalistes (autrement dit, modérées) en ce qui concerne les revenus susceptibles de découler de l'exploitation sous licence de son brevet. Tout d'abord, il existe aujourd'hui beaucoup plus de brevets que par le passé et un entrepreneur peut de nos jours se retrouver face à des centaines, voire des milliers de brevets connexes, de sorte qu'il est complexe de déterminer pour lesquels il a besoin d'une licence. Enfin, les procédures judiciaires en matière de brevets sont onéreuses et de nombreux titulaires de brevets n'ont tout simplement pas les moyens de défendre leurs droits contre les auteurs d'atteinte, en particulier lorsqu'une atteinte se produit dans plusieurs pays.

Avantage commercial
Un titulaire de brevets peut indiquer qu'un produit donné est protégé par un brevet (ou des brevets). Les lois sur les brevets de certains pays comportent des dispositions relatives au marquage des brevets qui stipulent que les produits couverts par un brevet doivent être marqués au moyen d'un numéro de brevet. Le numéro de brevet peut simplement être estampé sur certains produits, notamment ceux fabriqués dans un matériau solide, et ce marquage a pour but d'informer (entre autres les concurrents du fabricant) que le produit ne peut pas être librement copié parce qu'il est protégé par un brevet.

Avec le temps, de nombreuses sociétés ont constaté qu'il constituait aussi un excellent outil commercial, leur permettant de rassurer le grand public de la provenance du produit. Les entreprises évoquent souvent leurs "technologies brevetées" dans les communiqués de presse et les supports publicitaires. Certaines entreprises fournissent même des informations sur leur portefeuille de brevets dans la documentation qu'elles destinent aux investisseurs.

Argument de négociation
Les brevets ne servent pas seulement à obtenir des ordonnances contre les concurrents ou à se faire verser des redevances. De nombreuses sociétés et institutions de recherche utilisent leur

portefeuille de brevets pour s'assurer un avantage concurrentiel ou stratégique. Un titulaire de brevets peut, par exemple, utiliser ses droits pour se faire concéder par un concurrent des licences sur des brevets qui intéressent sa société. Son portefeuille de brevets lui servira de levier pour convaincre un concurrent que leurs deux sociétés ont tout intérêt à conclure un accord de licence réciproque sur leurs brevets et à éliminer ainsi toute possibilité de litige entre elles (au détriment des autres concurrents qui auront alors besoin de deux licences au lieu d'une).

Pouvoir ou influence sur l'industrie

L'utilité la plus directe d'un brevet est qu'il permet de faire ordonner par un tribunal la cessation des actes d'un concurrent qui fabrique, utilise, vend, offre à la vente ou importe un produit ou un service visé par les revendications de ce brevet. Un *"brevet de blocage"* peut, dans certaines conditions, donner à son titulaire le pouvoir de contrôler l'ensemble d'un secteur ou d'une gamme de produits. Bien entendu, dans la plupart des cas, les revendications des brevets ne sont pas larges au point de conférer la mainmise sur la fabrication de tous les produits d'une catégorie de produits (ce qui serait le cas d'un brevet couvrant, par exemple, tous les ordinateurs). En effet, des revendications trop larges ne remplissent pas les conditions de brevetabilité et, partant, si elles étaient accordées, elles pourraient être facilement invalidées.

Cela étant, un portefeuille de brevets ou un ensemble de brevets du même domaine peut avoir une portée suffisante pour influencer toute une industrie. De telles circonstances peuvent donner lieu à des abus de cette position dominante sur le marché et, c'est pourquoi, dans de nombreux pays, la loi sur la concurrence ou la loi antitrust intervient pour atténuer ce risque.

Usages défensifs

L'expression *délivrance d'un brevet défensif* - un terme qui peut avoir trois significations - est un lieu commun en matière d'exploitation de brevet.

- Dans une première acception, le "brevetage défensif" désigne le dépôt de brevet utilisé pour empêcher les concurrents de copier le produit le plus important d'une entreprise ou pour créer un état de la technique qui empêchera les concurrents de breveter leur propre concept.
- Ensuite, l'expression désigne des brevets visant à "défendre" d'une manière générale la société contre tout risque de poursuite en contrefaçon de la part d'un concurrent.
- Enfin, cette expression peut s'appliquer à un programme de brevet inadéquat ou sous financé.

Il est important de noter qu'une stratégie de brevet défensive bien montée n'est pas nécessairement beaucoup plus économique qu'une stratégie offensive.

Pour un examen détaillé des stratégies défensives et offensives en matière de brevets, voir le module X.

Mots-clés

- Droit de brevet
- Revendications
- État de la technique
- Examen de brevets
- Modèle d'utilité
- Licence
- Licences croisées ou réciproques
- Modèles d'exploitation des brevets

Testez vos connaissances

- ☐ Quelle est généralement la durée de vie d'un brevet dans la plupart des pays du monde?
- ☐ Les revendications de brevets sont des ensembles de phrases, qui figurent généralement à la fin du brevet et qui décrivent l'invention en détail. Vrai ou faux?

- ☐ Quelle est la différence entre "système d'examen" et "système d'enregistrement" en ce qui concerne une demande de brevet?
- ☐ Parmi les types de brevets suivants, quel est celui que l'on utilise généralement pour protéger les procédés ou les compositions chimiques?
  a) Brevets d'invention (brevets d'utilité)
  b) Brevets de dessin ou modèle
  c) Brevets de plante
- ☐ Une demande de brevet peut inclure des revendications portant à la fois sur un appareil et sur une méthode (procédé). Vrai ou faux?
- ☐ Citez quatre raisons pour lesquelles les brevets sont importants pour de nombreuses entreprises.
- ☐ Qu'est-ce qu'un brevet de blocage et pourquoi est-il important?

2. Conditions de brevetabilité

Dans cette section du module, nous allons développer les éléments fondamentaux concernant les brevets qui ont été décrits dans la première partie afin de permettre une compréhension plus approfondie des lois sur les brevets et des conditions qui s'appliquent à la délivrance des brevets.

Pour être brevetable, une invention doit remplir plusieurs conditions. On peut dire, sans trop entrer dans les détails, qu'elle doit être nouvelle, utile (susceptible d'application industrielle) et non évidente (impliquer une activité inventive). De plus, une invention ne peut être brevetée que si elle peut être classée dans l'une des catégories d'objets pouvant bénéficier d'une protection en vertu de la législation du pays concerné.

Il existe d'autres critères, notamment la nécessité d'une divulgation suffisante de l'invention, parmi les conditions fondamentales du droit des brevets.

2.1 Nouveauté

Principe
La *nouveauté* exige généralement que l'invention *revendiquée* n'ait pas été "mise à la disposition du public" avant la date de dépôt (ou la date de priorité[4]) de l'invention. Le caractère nouveau ou non de l'invention revendiquée est déterminé par "l'état de la technique". L'invention revendiquée *n'est pas* nouvelle si l'ensemble des éléments (des caractéristiques) figure dans une seule référence à l'état de la technique, telle qu'un article dans une revue technique ou une demande de brevet publié antérieurement. En d'autres termes, l'invention revendiquée est nouvelle tant qu'*une* caractéristique ou un élément au moins figure dans l'invention revendiquée mais ne figure dans *aucune* référence à l'état de la technique.

Dans une instruction de demande de brevet, on parle d'"*antériorité*" pour désigner l'absence de nouveauté. Toute mention de l'ensemble des éléments ou des caractéristiques d'une invention revendiquée constitue une antériorité par rapport à l'invention telle que revendiquée.

Exemple

> Une référence à l'état de la technique divulgue une chaise avec une assise et quatre pieds, pouvant être en bois ou en métal. Imaginons que l'inventeur A invente une chaise à bascule avec une assise et quatre pieds en bois et que la demande de l'inventeur ne revendique qu'une assise et quatre pieds, sans faire mention des bascules.
>
> La référence à l'état de la technique constitue-t-elle une antériorité par rapport à cette invention?
>
> La réponse est *oui*, car tous les éléments de l'invention revendiquée se retrouvent dans la référence à l'état de la technique, ce qui veut dire que la référence constitue bien une antériorité par rapport à cette invention. Cependant, en fonction de ce qui a déjà été divulgué dans la demande telle que déposée, les revendications pourront être modifiées de manière à présenter une invention qui n'empiète pas sur l'état de la technique, par exemple en ajoutant les bascules à la revendication.

Il faut également noter que tous les éléments doivent être présents dans une seule et même référence à l'état de la technique. Un examinateur de brevets ne peut pas combiner plusieurs références pour déclarer que l'invention n'est pas nouvelle. Comme nous le verrons dans la section 2.2 consacrée à la non-évidence et à l'activité inventive, plusieurs références peuvent toutefois être combinées pour démontrer qu'une invention est évidente et, de ce fait, non brevetable.

"Mise à la disposition du public"
L'invention revendiquée a été "mise à la disposition du public" si la connaissance de l'invention revendiquée a été partagée ou rendue accessible à tout membre du public libre de divulguer ce savoir aux autres. Il n'est pas nécessaire de prouver qu'une telle personne avait effectivement connaissance de l'invention revendiquée – c'est-à-dire que pour être considérée comme une

référence à l'état de la technique, il importe peu qu'un membre du public ait effectivement lu la référence (le document).

Par conséquent, la conclusion d'un accord de non-divulgation avec toute personne avec laquelle l'inventeur se propose de partager (divulguer) l'invention avant de le faire contribuera à préserver la nouveauté de celle-ci.

Portée géographique et formes de divulgation antérieure

Bien que le principe de nouveauté soit universel, la portée de l'état de la technique, qui sert de base pour déterminer la nouveauté, peut légèrement varier d'une juridictionà une autre. Dans de nombreux pays, une divulgation publique où qu'elle se produise dans le monde constitue un état de la technique valable par rapport à l'invention revendiquée. La divulgation de l'état de la technique peut revêtir n'importe quelle forme, par exemple une divulgation orale, une publication et une utilisation ou une présentation de l'invention revendiquée, notamment lors de salons, sur les réseaux sociaux et plus généralement en ligne.

Une demande déposée antérieurement et une demande publiée ultérieurement

Outre l'état de la technique mis à la disposition du public avant la date de dépôt (ou de priorité), une demande de brevet déposée dans le même pays avant la date de dépôt (ou de priorité) mais publiée uniquement après celui-ci – c'est-à-dire une demande de brevet déposée antérieurement et publiée ultérieurement – fait également partie de l'état de la technique dans de nombreuses juridictions. Étant donné que cette publication de brevet n'est pas encore en vigueur à la date de dépôt de la demande de brevet à examiner, elle est appelée *état de la technique secret* ou *état de la technique fictif*.

L'admissibilité de la portée de l'état de la technique pour une telle publication de brevet varie d'une juridiction à l'autre. En Europe et au Japon, par exemple, la demande de brevet déposée antérieurement et publiée ultérieurement est prise en considération uniquement pour examiner la nouveauté; aux États-Unis d'Amérique, une telle demande est prise en considération pour l'examen de la nouveauté, mais aussi de l'activité inventive. Aux États-Unis d'Amérique et au Japon, par ailleurs, la demande déposée antérieurement et publiée ultérieurement fait partie de l'état de la technique uniquement si elle est déposée par un tiers. En d'autres termes, toute demande de brevet déposée antérieurement et publiée ultérieurement par le même inventeur ou déposant est exclue de l'état de la technique. Ce n'est cependant pas le cas en Europe et en Chine.

Délai de grâce (divulgation non opposable)

En principe, la divulgation au public par l'inventeur *lui-même* peut également constituer un état de la technique – c'est-à-dire qu'une publication par l'inventeur de ses propres résultats de recherche avant le dépôt d'une demande de brevet peut détruire la nouveauté de sa propre invention. Ainsi, un déposant doit déposer sa demande *avant* d'effectuer toute divulgation publique de l'invention. Il existe toutefois des exceptions à cette règle, sous la forme d'un délai de grâce durant lequel – pendant une période limitée seulement – la propre divulgation de l'invention par l'inventeur lui-même ne peut pas entrer dans l'état de la technique et devenir opposable à sa demande de brevet (c'est-à-dire que la divulgation ne lui porte pas préjudice car elle n'est pas opposable).

Le type de divulgation couvert par le délai de grâce et sa durée varient d'un pays à l'autre. Les États-Unis d'Amérique et le Japon, par exemple, ont un délai de grâce étendu. Tout type de divulgation, y compris une divulgation commerciale, effectuée par l'inventeur ou le déposant dans l'année qui précède la date de dépôt est considérée comme non opposable et n'est pas prise en considération pour déterminer la nouveauté et l'activité inventive. En revanche, en Europe, en vertu de la Convention sur le brevet européen, et en Chine, le délai de grâce s'applique uniquement à titre exceptionnel : en principe, la divulgation de l'invention par l'inventeur ou le déposant anéantit la nouveauté de l'invention, sauf en cas de divulgation lors d'une exposition internationale ou d'un évènement similaire. En Europe et en Chine, publier des recherches nouvelles et utiles (lorsque cela implique de divulguer une invention) empêchera l'inventeur ou le déposant d'obtenir un brevet sur l'invention pour une demande déposée à une date ultérieure.

En général, et en particulier lorsqu'il recherche une protection par brevet dans plus d'un pays, un inventeur ou un déposant a tout intérêt de déposer une demande de brevet avant de divulguer son invention.

Exemple

Un inventeur A résidant aux États-Unis d'Amérique présente un document dans le pays X le 30 avril 2020. Il retourne ensuite aux États-Unis d'Amérique où il est absorbé par d'autres travaux. En novembre 2020, l'inventeur A se souvient qu'il doit déposer une demande de brevet pour son invention. Il consulte en urgence son rédacteur de brevets pour prendre conseil.

Est-il trop tard pour qu'il obtienne la protection de son invention par un brevet?

Aux États-Unis d'Amérique et dans certains autres pays, *probablement pas,* puisqu'un délai de grâce d'une année couvre toute forme de divulgation par l'inventeur avant le dépôt de la demande de brevet. Dans ce cas précis, il s'est écoulé moins d'un an depuis la divulgation initiale de sorte qu'elle est considérée comme non opposable et que le critère de nouveauté est satisfait.

Cependant, dans d'autres pays où le délai de grâce ne couvre pas la présentation de l'invention au public par l'inventeur (c'est-à-dire la plupart des pays européens) ou dans les pays n'accordant qu'un délai de grâce de moins de six mois, *il pourrait en effet être trop tard* : la présentation au public par l'inventeur de son invention a détruit la nouveauté de son invention.

Concept générique et exemple spécifique
Lorsque l'invention revendique un concept générique A et que la référence à l'état de la technique divulgue un concept spécifique a1 qui est inclus dans le concept générique A, la référence à l'état de la technique détruit la nouveauté de l'invention revendiquée. Par exemple, lorsque l'invention revendique un "matériau conducteur" et que la référence à l'état de la technique divulgue un "matériau en cuivre", l'invention revendiquée n'est pas nouvelle.

Lorsque l'invention revendique un concept spécifique a1 et que la référence à l'état de la technique divulgue un concept générique A, qui inclut le concept spécifique 1a, la référence à l'état de la technique ne détruit toutefois pas nécessairement la nouveauté de l'invention revendiquée. Par exemple, si l'invention revendique un "matériau en cuivre" et l'état de la technique divulgue un "matériau conducteur", l'invention revendiquée peut être nouvelle si le cuivre revendiqué possède une caractéristique technique qui permet de le distinguer suffisamment d'autres sous-ensembles de matériaux conducteurs tels que l'aluminium et autres (par exemple si le cuivre présente une conductivité particulière qui le distingue des autres types de matériau conducteur).

2.2 Activité inventive et non-évidence

Principe

Deuxièmement, pour être brevetable, l'invention doit impliquer une "activité inventive" ou présenter un caractère "non évident". *L'activité inventive ou le caractère non évident* signifie que l'invention ne doit pas être évidente pour une "personne du métier" (notion que nous examinerons plus en détail par la suite) ou pour une "personne du métier possédant des compétences normales dans le domaine concerné". Au niveau conceptuel le plus élémentaire, cela signifie qu'une invention n'est pas brevetable si une personne du métier possédant des compétences normales dans le domaine scientifique ou technique concerné peut mettre au point l'invention revendiquée en rassemblant des informations connues.

La non-évidence diffère de la nouveauté en ce sens qu'une invention peut être évidente même si elle n'est pas divulguée *précisément* dans les informations relatives à l'état de la technique. En d'autres termes, un examinateur de brevets peut juger qu'une invention est évidente lorsqu'il est possible de combiner plusieurs publications dont chacune divulgue une partie du contenu de l'invention. L'objectif est de délivrer un brevet uniquement si l'invention constitue une avancée suffisante par rapport à l'état de la technique et une contribution adéquate au développement technologique dans l'intérêt de la société.

Lors de l'examen de l'activité inventive, l'invention revendiquée (l'objet de la protection demandée) est prise en considération dans son ensemble, c'est-à-dire qu'elle ne doit pas être examinée élément par élément.

Exemple

> Un tribunal des États-Unis d'Amérique a invalidé le brevet délivré pour le Fosamax (sous la forme d'une dose hebdomadaire), médicament phare contre l'ostéoporose fabriqué par Merck, au motif que l'invention revendiquée découlait d'une manière évidente de l'état de la technique. Environ un an avant que Merck ne dépose sa demande de brevet[5], deux articles parus dans une revue pharmaceutique sur l'ostéoporose avaient en effet recommandé l'administration d'une dose hebdomadaire de bisphosphonate au lieu d'une dose quotidienne. Le dosage hebdomadaire diminuait l'apparition de certaines complications gastro-intestinales causées par une prise quotidienne.
>
> Merck a tenté de faire breveter ce dosage hebdomadaire du médicament qui était 7 fois supérieur au dosage quotidien.
>
> Toutefois, étant donné que le principe du dosage hebdomadaire avait déjà été exposé dans les articles en question, le brevet, qui avait pourtant été délivré dans un premier temps, a été invalidé en raison de son caractère "évident" par rapport à l'état de la technique.

"Une personne du métier" : une *personne du métier* est une personne fictive qui est présumée avoir accès à toutes les informations relatives à l'état de la technique accessibles au public, être en mesure de comprendre toutes les questions techniques qui se posent dans le domaine scientifique ou technique en rapport avec l'invention revendiquée, et disposer des connaissances générales et des compétences pratiques courantes dans le domaine. Cette personne a également à sa disposition les moyens et la capacité dont on dispose normalement pour procéder à des expériences courantes, notamment pour lever des ambiguïtés relatives à des technologies connues. Cependant, elle n'exerce pas de capacité inventive allant au-delà de l'application d'un raisonnement logique normal sur la base de ses connaissances. En d'autres termes, il n'est pas attendu de cette personne qu'elle fasse preuve d'imagination inventive, qu'elle ajoute des connaissances à l'état de la technique et qu'elle fasse progresser la technologie.

Parfois, il faut voir en cette "personne" un groupe de personnes ou une équipe de spécialistes dont chaque membre a une compétence particulière. Par exemple, pour une invention concernant un outil bio-informatique dans le domaine médical, on peut présumer qu'il s'agit d'une équipe de spécialistes de la biotechnologie, de la médecine et des technologies de l'information.

Le niveau de compétences et de connaissances d'une personne du métier peut varier en fonction du domaine technique concerné. En général, elle ne possède pas les connaissances et compétences d'un profane (niveau le moins élevé) ni d'un spécialiste de renom (niveau le plus élevé), mais plutôt d'un professionnel ordinaire dûment qualifié dans le domaine concerné.

Analyse de l'activité inventive ou de la non-évidence

Dans certaines juridictions, comme aux États-Unis d'Amérique, l'analyse de l'évidence comporte généralement plusieurs étapes visant à apprécier :

- la portée et le contenu de l'état de la technique;
- la ou les différences entre l'état de la technique et l'invention revendiquée; et
- le niveau des personnes compétentes dans le domaine concerné.

Dans d'autres pays et, par exemple, à l'Office européen des brevets (OEB), une approche légèrement différente, dite *problème-solution*, est utilisée pour analyser l'activité inventive. Elle consiste notamment à :

- déterminer l'état de la technique le plus proche;
- mettre en évidence les caractéristiques qui distinguent l'invention revendiquée de l'état de la technique le plus proche;
- définir le "problème technique objectif" à résoudre; et
- déterminer si l'invention revendiquée (la solution), en partant de l'état de la technique le plus proche et du problème technique objectif, aurait été évidente pour une personne du métier.

La recherche des différences entre l'état de la technique et l'invention *revendiquée* nécessite une comparaison minutieuse visant à déterminer avec précision en quoi les deux se ressemblent ou diffèrent. Par exemple, si l'invention revendiquée et les références à l'état de la technique divulguent une méthode ou un procédé de fabrication du composé X, l'examinateur devra en comparer les différentes étapes afin de déterminer s'il existe effectivement des différences entre l'invention et l'état de la technique. De la même manière, si l'invention concerne un composé chimique ayant une structure particulière, l'examinateur devra comparer chacun des éléments de cette dernière avec ceux de la structure de composés compris dans l'état de la technique afin de déterminer ce qui les distingue.

Si l'examinateur de brevets constate qu'une référence à l'état de la technique divulgue intégralement l'invention du déposant (telle que revendiquée), il déclare que la nouveauté de la demande de brevet est détruite.

S'il constate que la divulgation dans la référence à l'état de la technique est proche de l'invention du déposant (telle que revendiquée) à tel point qu'une personne du métier pourrait de toute évidence parvenir à l'invention, il peut déclarer que l'invention revendiquée est "évidente". Cela vaut en particulier si l'examinateur de brevets trouve d'autres références à l'état de la technique qui, combinées à la première, divulguent l'intégralité de l'invention revendiquée.

Voir le module IX pour une analyse plus approfondie des mécanismes de rejet ou d'acceptation des revendications au cours de l'examen de la demande de brevet.

Analyse rétrospective inacceptable (analyse *a posteriori*)

Lorsqu'un inventeur conçoit une invention, cette dernière semble souvent évidente pour d'autres. En effet, le fait de prendre connaissance de l'invention influence naturellement et inévitablement la décision. L'examinateur de brevets et les tribunaux doivent veiller tout particulièrement à éviter une telle "analyse rétrospective" ou "analyse *a posteriori*" lorsqu'ils examinent le caractère évident d'une invention revendiquée.

Exclusion

Pour apprécier la non-évidence de l'invention, l'examinateur doit comparer l'invention revendiquée, avec toutes ses caractéristiques, aux références à l'état de la technique. Toutefois, si une référence à l'état de la technique exclut explicitement un élément de l'invention, cette référence ne pourra pas être utilisée pour prouver l'évidence. Il s'agit d'une *exclusion*.

Exemple

Une référence X à l'état de la technique divulgue sur une solution de cuivrage électrolytique se composant :

i) d'une solution alcaline de sulfate de cuivre;
ii) de tout acide d'une concentration supérieure à 30-50 grammes par litre (*exception faite de l'acide sulfurique*); et
iii) d'une solution aqueuse d'un substrat modifiant le pH, d'une teneur suffisante pour obtenir un pH compris entre 3,5 et 5,0.

L'inventeur A a mis au point une invention similaire portant sur une solution de cuivrage électrolytique se composant :

i) d'une solution alcaline de sulfate de cuivre;
ii) d'*acide sulfurique* d'une concentration supérieure à 10-20 grammes par litre; et
iii) d'une solution aqueuse d'un substrat modifiant le pH, d'une teneur suffisante pour obtenir un pH compris entre 3,5 et 5,0.

Dans ce cas, l'invention satisfait à l'exigence de non-évidence car l'état de la technique exclut explicitement l'acide sulfurique de la description de la solution de cuivrage électrolytique. La référence à l'état de la technique précise clairement que l'acide sulfurique ne fonctionne pas, alors que l'inventeur a mis au point une solution dans laquelle il *peut* être utilisé.

Examen secondaire
Outre ces facteurs, les examinateurs de brevets ainsi que les tribunaux sont parfois amenés à tenir compte de certains critères secondaires aux fins de l'appréciation du caractère non évident d'une invention. Par exemple, si l'invention permet de résoudre un problème connu de longue date, si elle comble les lacunes d'autres inventions ou si elle constitue un succès commercial, cela peut suffire à établir la non-évidence de l'invention revendiquée. En d'autres termes, ces critères secondaires contribuent à démontrer que, même si l'invention semble évidente, elle ne l'est pas puisque d'autres personnes ont tenté de résoudre le problème en question mais n'y sont pas parvenus.

En outre, dans certaines juridictions, la preuve qu'une invention est un succès commercial permet de démontrer que l'invention n'est pas évidente.

Il convient toutefois de noter que si, à l'issue de l'examen principal, il est établi qu'une invention est manifestement évidente, les critères secondaires ne permettront généralement pas de faire lever l'objection.

2.3 Application industrielle et utilité

Pour être brevetable, une invention doit être utile. Dans le domaine des brevets, ce critère est appelé "*utilité*" dans certaines juridictions et "application industrielle" dans d'autres[6]. Bien qu'elles soient souvent confondues, ces notions ne sont pas synonymes.

En ce qui concerne l'*utilité*, il suffit en règle générale que l'invention remplisse les fonctions prévues et qu'elle apporte un avantage quelconque; sinon le brevet ne sera pas délivré. Cette exigence a été établie pour s'assurer, avant d'accorder un droit exclusif à un déposant, que l'invention soit de nature à procurer un avantage à la société. Pour satisfaire au critère d'utilité, il n'est pas nécessaire que l'invention soit supérieure à des produits ou des procédés existants. Parmi les catégories d'"inventions" évidentes qui seraient exclues en application de ce critère figurent les articles ou procédés supposés fonctionner d'une manière nettement contraire aux lois de la physique bien établies, tels qu'un mécanisme à mouvement perpétuel.

Dans certaines juridictions, le déposant peut être tenu de démontrer que son invention est susceptible d'*application industrielle*, ce qui signifie en général que l'invention doit pouvoir être produite ou utilisée dans tout secteur de l'industrie au sens large, par exemple l'agriculture, la pêche et les services. Le terme "industrie" inclut généralement toute activité physique de "caractère technique", c'est-à-dire une activité qui relève des arts utiles ou pratiques par opposition aux beaux-arts. Il n'implique pas nécessairement l'utilisation d'une machine ou la fabrication d'un article et pourrait, par exemple, s'appliquer à un procédé de dispersion du brouillard ou à un procédé de conversion d'une forme d'énergie en une autre forme. En application de l'exigence d'application industrielle, une machine à mouvement perpétuel serait exclue de la brevetabilité.

Le déposant n'est généralement pas tenu de démontrer qu'une invention est viable à l'échelle commerciale pour satisfaire au critère d'utilité ou d'application industrielle.

Exemple

L'inventeur A a découvert que le platine a la propriété exceptionnelle d'empêcher l'eau de geler. Il imagine ensuite d'appliquer cette propriété dans le domaine de la plomberie grâce à un procédé ingénieux permettant de revêtir de platine les conduites d'eau pour empêcher leur éclatement par temps de gel.

Cette utilisation du platine dans les conduites d'eau satisferait à l'exigence d'utilité ou d'application industrielle, même s'il s'avère que le coût de mise en œuvre de l'invention à l'échelle commerciale est prohibitif.

L'astuce du professionnel

Lors de l'examen des résultats de la recherche dans le but d'établir s'ils sont brevetables, demandez à l'inventeur : "Ces résultats sont-ils *utiles*?". S'ils *permettent* de résoudre un problème pratique, même minime, vous devriez prendre des mesures pour déterminer si l'invention satisfait aux autres critères de brevetabilité.

Le critère d'utilité ou d'application industrielle est généralement facile à satisfaire pour les dispositifs et procédés mécaniques, mais peut être plus difficile à satisfaire pour les inventions relevant du domaine de la chimie ou de la biotechnologie. En effet, dans le domaine des sciences de la vie par exemple, un inventeur peut découvrir un nouveau composé ou un nouveau procédé de fabrication d'un composé, sans toutefois lui trouver d'application pratique. Les tribunaux de certains pays ont statué qu'un composé chimique satisfait à l'exigence d'utilité s'il produit des effets chez les animaux de laboratoire - par exemple celui de réduire les tumeurs chez les souris de laboratoire - ou comme intermédiaire dans la production d'autres composés dont l'utilité est reconnue. De même, un inventeur peut avoir isolé des fragments d'ADN mais, s'il ne démontre pas qu'une utilisation appropriée qui peut être faite de ces fragments, le critère d'application industrielle ou d'utilité ne sera pas satisfait (voir également la section 15 du module VI).

2.4 Objet brevetable

Les *objets brevetables*, également appelés *objets susceptibles de protection par brevet*, sont l'une des conditions fondamentales de la brevetabilité. L'admissibilité à la protection par brevet sert de filtre ou de gardien pour approfondir les conditions de brevetabilité telles que la nouveauté ou l'activité inventive (non-évidence) car ni l'une ni l'autre ne valent techniquement la peine d'être examinées à moins que l'invention ne soit considérée comme un objet brevetable.

Dans certains pays, les objets brevetables sont définis positivement dans le droit des brevets. Par exemple aux États-Unis d'Amérique, les objets brevetables sont définis comme "tout procédé, machine, article manufacturé ou composition de matières répondant aux critères de nouveauté et d'utilité"[7], autrement dit, une invention revendiquée doit relever de l'une de ces quatre catégories. Les États-Unis d'Amérique n'ont cependant pas défini par la loi ce qui *ne peut pas* être breveté. Au fil des ans, la jurisprudence américaine a établi certaines catégories de créations qui ne peuvent être brevetées, notamment les catégories "loi de la nature", "idées abstraites" et "phénomènes naturels". Au Japon, les objets brevetables sont définis par la loi comme "une création découlant d'idées techniques mettant en œuvre les lois de la nature"[8]. Par conséquent, les créations mettant en œuvre des lois autres que celles de la nature (par exemple, des principes économiques) ou de simples activités mentales sont considérées comme exclues de la protection par brevet.

De nombreux pays - dont les pays parties à la CBE - ne donnent aucune définition concrète du terme objet brevetable; ils fournissent plutôt une liste non exhaustive des inventions *non brevetables*. La CBE donne des exemples d'objets non brevetables tels que :

- les découvertes, les théories scientifiques et les méthodes mathématiques;
- les créations esthétiques;
- les plans, principes et méthodes dans l'exercice d'activités économiques, intellectuelles ou en matière de jeu, et des programmes d'ordinateur; et
- la présentation des informations[9].

Ces objets non brevetables sont exclus de la brevetabilité uniquement si les revendications portent sur ces objets "en tant que tels"[10].

Pour interpréter "en tant que tels" afin de différencier l'objet non brevetable de l'objet brevetable, le "caractère technique" d'une invention est en général éprouvé. La définition de "technique" est une question d'interprétation du droit complexe, qui a été soulevée par des affaires portées devant la chambre de recours de l'OEB.

L'admissibilité au brevet est remise en question principalement lorsqu'une demande porte sur des inventions mises en œuvre par ordinateur (par exemple, une invention liée à un logiciel), des inventions concernant la mise en œuvre des méthodes commerciales ou des inventions liées à la biotechnologie. Dans certaines juridictions, des directives d'examen concernant des domaines spécifiques sont rendues publiques afin de définir les limites propres à un domaine technique donné.

Exemple 1

> La découverte selon laquelle des radiations sont émises dans une certaine gamme de longueurs d'onde (par exemple les rayons X) n'est pas considérée comme un objet brevetable en tant que tel car elle relève des lois de la nature et par conséquent, les rayons X en tant que tels ne sont pas brevetables. Toute méthode de *production* de ces rayons est cependant considérée comme brevetable et tout appareil *utilisant* ces rayons, comme une machine d'inspection à rayons X par exemple, est également un objet brevetable.

Exemple 2

> La présentation des informations en tant que telle (à savoir le "contenu") n'est pas considérée comme un objet brevetable. En revanche, une *méthode* nouvelle et qui implique une activité inventive de présentation de ces informations, comme une méthode permettant de créer une icône 3D en réglant les couleurs et la luminosité de ses contours, est susceptible d'être brevetée.

Certains pays ont mis en place des lois pour exclure certaines inventions de la brevetabilité pour d'autres raisons. Bien que la portée exacte de ces exclusions varie d'un pays à l'autre, elles comprennent en général :

- les cas où il est nécessaire d'empêcher l'exploitation commerciale d'une invention pour protéger l'*ordre public* ou les bonnes moeurs, y compris pour protéger la santé et la vie des personnes et des animaux ou préserver les végétaux, ou pour éviter de graves atteintes à l'environnement;
- les méthodes diagnostiques, thérapeutiques et chirurgicales pour le traitement des personnes ou des animaux; et
- les plantes et les animaux (autres que les micro-organismes) et les procédés essentiellement biologiques (autres que les procédés microbiologiques).

L'exclusion de la brevetabilité des méthodes diagnostiques, thérapeutiques et chirurgicales pour le traitement des personnes ou des animaux ne s'applique cependant pas aux produits destinés à être *utilisés* dans le cadre de l'un de ces traitements; les brevets peuvent donc être obtenus pour des produits, appareils et dispositifs médicaux avec lesquels de telles méthodes diagnostiques, thérapeutiques et chirurgicales peuvent être employées.

Aux États-Unis d'Amérique, où ces méthodes de traitement *ne* sont *pas* exclues de la brevetabilité, si un brevet est accordé pour de telles méthodes, son titulaire ne peut faire valoir son brevet à l'encontre d'un médecin.

2.5 Exigence de divulgation

En contrepartie des droits de brevet exclusifs qui leur sont accordés, les titulaires de brevets sont tenus de divulguer au public suffisamment d'informations concernant leurs inventions. C'est par cette exigence que le système des brevets facilite l'accès aux informations techniques contenues dans les brevets, ainsi que leur diffusion. Elle permet aux tiers de découvrir de nouvelles inventions sans "réinventer la roue" et d'éviter la redondance des efforts et des investissements dans la recherche-développement (R-D). L'exigence de divulgation garantit également que les droits de brevet ne sont pas étendus à quelque chose qui est caché du public : il serait difficile de justifier la délivrance d'un brevet sur un objet revendiqué que le titulaire du brevet n'aurait ni "inventé" avant la date de dépôt ni divulgué dans la demande de brevet telle que déposée. De plus, l'exigence de divulgation veille également à ce que la portée de la protection par brevet définie par les revendications soit clairement communiquée aux tiers, afin qu'ils puissent éviter toute atteinte au brevet ou le contester, le cas échéant.

Afin d'atteindre ces nombreux objectifs, l'exigence de divulgation comprend les dispositions ci-après dans la plupart des pays :

- la condition selon laquelle les revendications doivent être fondées sur la description (ou, aux États-Unis d'Amérique, la condition relative à la description écrite);
- la condition relative au caractère suffisant de la divulgation; et
- la condition selon laquelle les revendications doivent être claires.

Par ailleurs, dans certains pays, les déposants de demandes de brevet doivent indiquer dans la description la meilleure manière de réaliser l'invention envisagée par l'inventeur (exigence concernant la meilleure manière de réaliser l'invention).

Condition selon laquelle les revendications doivent être fondées sur la description (ou condition relative à la description écrite)

La *condition selon laquelle les revendications doivent être fondées sur la description,* qui est comparable à la condition relative à la description écrite des États-Unis d'Amérique, vise à équilibrer l'étendue des revendications (c'est-à-dire l'étendue de la protection par brevet) avec le contenu de la description et les dessins divulgués.

Dans de nombreux pays, la législation exige que les revendications se fondent sur la description. En général, cela signifie que l'objet de chaque revendication doit se fonder sur la description et que la portée des revendications ne doit pas être plus large que ne le justifie le contenu de la description et des dessins. D'une manière générale, une revendication est considérée comme se fondant sur la description à moins qu'il n'y ait de sérieuses raisons de croire que la personne du métier serait incapable, à partir des informations figurant dans la demande telle qu'elle a été déposée, d'étendre l'enseignement particulier de la description pour le faire correspondre à l'ensemble du domaine pour lequel la protection est revendiquée.

L'astuce du professionnel

> Vous devez d'abord déterminer avec précaution si votre invention est considérée comme un objet brevetable dans les pays dans lesquels la protection est demandée. Si *ce n'est pas le cas,* vous ne pourrez pas obtenir un brevet même si votre invention réunit les critères de nouveauté et d'activité inventive/de non-évidence.

La loi des États-Unis d'Amérique stipule que la demande de brevet doit contenir une description écrite de l'invention. Afin de répondre à cette exigence, une demande doit décrire l'invention revendiquée de manière suffisamment détaillée pour qu'une personne du métier puisse raisonnablement conclure que l'inventeur était en possession de l'invention revendiquée à la date de dépôt de la demande.

L'astuce du professionnel

> L'exigence de divulgation revêt une grande importance car une fois déposée, vous ne pourrez plus modifier votre demande de brevet pour ajouter un nouvel objet à la divulgation à compter de la date de dépôt (voir la section 3 du module IX, sur les modifications). En d'autres termes, si vous n'avez pas correctement rédigé votre demande de brevet au moment de son dépôt, il vous sera difficile, voire impossible, de satisfaire à l'obligation de divulgation en modifiant ultérieurement la demande de brevet.

La section 10 du module VI et le module VII expliquent plus en détail comment rédiger une demande de brevet qui remplit la condition selon laquelle les revendications doivent être fondées sur la description (ou la condition relative à la description écrite).

Condition relative au caractère suffisant de la divulgation

Le droit des brevets de nombreux pays exige que le déposant divulgue l'invention de manière suffisamment claire et complète pour qu'une personne du métier puisse la réaliser et l'exploiter en se fondant sur la divulgation. La *condition relative au caractère suffisant de la divulgation* vise également à équilibrer l'étendue des revendications avec la portée de la divulgation au public de l'invention dans la description et les dessins.

Il découle de cette condition que la personne du métier peut réaliser l'invention sans trop de difficulté (sans expérimentation excessive) ou sans effort inventif de sa part sur la base des informations divulguées dans la demande telle que déposée et de ses connaissances générales dans ce domaine. En d'autres termes, il n'est pas nécessairement requis de fournir une description détaillée d'une caractéristique notoire de l'invention, ainsi que les outils et procédés qui sont généralement connus d'une personne du métier, dans une demande de brevet, bien que le rédacteur de la demande de brevet doit garder à l'esprit que les éléments nouveaux (caractéristiques) de l'invention *doivent* être divulgués de manière explicite, en détail et de manière suffisamment claire et complète.

En vue de déterminer si la réalisation de l'invention revendiquée par une personne du métier exige une expérimentation excessive, il convient de tenir compte de plusieurs considérations. Par exemple, si la portée des revendications devient plus large car la personne du métier doit être en mesure de réaliser l'invention revendiquée dans toute son étendue, il sera peut-être nécessaire de divulguer une plus grande partie de l'invention pour satisfaire à la condition relative au caractère suffisant de la divulgation.

De même, en règle générale, plus une personne du métier en sait sur la nature de l'invention à partir de l'état de la technique et plus la technique est prévisible, moins il faut d'informations dans la demande elle-même pour exécuter l'invention revendiquée. Par exemple, si une nouvelle invention se rapporte à une amélioration d'une machine connue dans le domaine mécanique, une personne du métier pourrait être en mesure de réaliser et d'exploiter l'invention sans explications interminables et détaillées dans la description. En revanche, si la nouvelle invention se rapporte à un nouveau composé chimique, il peut être nécessaire de divulguer des informations supplémentaires, par exemple, sur le procédé de fabrication de ce nouveau composé et ses effets techniques, pour qu'une personne du métier puisse réaliser et exploiter l'invention.

Condition selon laquelle les revendications doivent être claires (ou exigence de précision)

À moins que les revendications ne soient rédigées de manière claire et précise, il sera difficile pour les tiers de déterminer ce qui est couvert ou non par un brevet. La *condition selon laquelle les revendications doivent être claires*, plus connue sous le nom de *exigence de précision* aux États-Unis d'Amérique, est donc l'une des exigences fondamentales relatives aux revendications.

De nombreuses législations nationales et régionales exigent que les revendications soient claires et concises. Les revendications doivent définir clairement l'objet de l'invention, sans utiliser de termes vagues et imprécis.

Dans la plupart des pays, le libellé de chaque revendication a le sens qui lui est habituellement attribué dans l'état de la technique et par conséquent, le contenu de la revendication devrait normalement être clair pour une personne du métier. Dans des cas particuliers, le rédacteur d'une demande de brevet peut inclure une définition explicite d'un terme dans la description, lui attribuant ainsi un sens particulier tel qu'employé dans la revendication.

La description et les dessins peuvent aussi être pris en compte lors de l'interprétation des revendications.

La section 3 du module VI donne un aperçu des aspects plus pratiques de la rédaction de revendications claires et concises.

Exigence concernant la meilleure manière de réaliser l'invention
Dans certains pays, il convient de divulguer dans la description au moins une manière (c'est-à-dire un exemple) de réaliser l'invention revendiquée. Dans d'autres pays, notamment aux États-Unis d'Amérique, les déposants de demandes de brevet doivent divulguer dans la demande la "meilleure" manière de réaliser l'invention envisagée par l'inventeur à la date de dépôt ou de priorité. L'*exigence concernant la meilleure manière de réaliser l'invention* est fondée sur le principe d'équité, qui exige que les inventeurs soient justes et qui les empêche de ne divulguer que ce qu'ils considèrent comme étant la deuxième meilleure manière de réaliser l'invention afin de garder la meilleure pour eux.

Aux États-Unis d'Amérique toutefois, le non-respect de cette exigence ne constitue pas l'un des motifs pour annuler ou invalider une demande de brevet, ou le rendre autrement inapplicable.

Mots-clés

- Nouveauté
- Antériorité
- Activité inventive (non-évidence)
- Application industrielle (utilité)
- Objet brevetable (admissibilité au brevet)
- Exigence de divulgation
- Condition selon laquelle les revendications doivent être fondées sur la description
- Condition relative au caractère suffisant de la divulgation
- Condition selon laquelle les revendications doivent être claires
- Exigence concernant la meilleure manière de réaliser l'invention

Testez vos connaissances

- ☐ Qu'est-ce que la nouveauté?
- ☐ Qu'est-ce que l'état de la technique?
- ☐ Si votre invention est publiée dans une revue scientifique avant le dépôt d'une demande de brevet, votre demande sera rejetée dans de nombreux pays. Vrai ou faux?
- ☐ Qu'est-ce que l'activité inventive (non-évidence)?
- ☐ Quelle est la différence entre l'activité inventive (non-évidence) et la nouveauté?
- ☐ À la différence du critère de nouveauté, les références à l'état de la technique peuvent être combinées dans le cadre de la détermination de l'absence d'activité inventive pour démontrer que les revendications d'une demande en cours sont évidentes. Vrai ou faux?
- ☐ Qu'est-ce que l'application industrielle (utilité)? Quelles sont les conditions de brevetabilité?
- ☐ Pour remplir la condition d'application industrielle/d'utilité, une invention doit être supérieure aux produits ou aux procédés existants. Vrai ou faux?
- ☐ Pourquoi est-il parfois difficile d'établir l'application industrielle ou l'utilité des composés et procédés chimiques?
- ☐ Quelles formes d'invention ne sont *pas* brevetables dans votre pays?
- ☐ Qu'est-ce que la condition selon laquelle les revendications doivent être fondées sur la description?
- ☐ Qu'est-ce que la condition relative au caractère suffisant de la divulgation?
- ☐ Pourquoi les revendications de brevet doivent-elles être rédigées de manière claire?
- ☐ Qu'est-ce que l'exigence concernant la meilleure manière de réaliser l'invention? Est-ce que tous les pays ont cette exigence?

Module III Préparation des demandes de brevet

La préparation de la demande de brevet est la première étape vers l'obtention d'un brevet qui définit clairement l'étendue de la protection juridique accordée au titulaire. En ce sens, la rédaction d'une demande de brevet diffère de celle d'un document scientifique ou technique. Cela étant, comme la demande de brevet contient des éléments techniques, elle présente certaines ressemblances avec un document de ce type. En général, cependant, les documents scientifiques accordent une plus grande attention à la théorie qui fonde le sujet, tandis que les demandes de brevet se concentrent sur les détails structurels de l'invention et son processus de fabrication et d'utilisation, sans toutefois constituer un schéma à proprement parler. Comme, au fil des ans, le brevet délivré est appelé à être examiné par divers fonctionnaires tels que des examinateurs de brevets, des membres de cours d'appel et des magistrats, ainsi que par des partenaires commerciaux et des concurrents, il importe de rédiger la demande en gardant ces publics à l'esprit.

Une demande de brevet comprend généralement une *requête* (ou *formulaire de demande* dans certains pays), une *description*, une ou plusieurs *revendications*, un ou plusieurs *dessins* (lorsqu'ils sont nécessaires à la compréhension de l'invention) et un *abrégé*. Il est peu probable que le rédacteur de brevets prépare la demande dans cet ordre; il commence généralement par les revendications, qui constituent le point névralgique de la demande de brevet et dont le contenu dicte en partie le contenu de la description.

Nous présenterons chacune de ces sections dans le présent module. Nous examinerons en détail la manière de rédiger les revendications dans les modules IV à VI et les autres sections de la demande de brevet dans le module VII.

1. Préparation des demandes de brevet

La première question que doit poser un rédacteur de brevets chargé de préparer une demande de brevet est la suivante : *dans quel délai cette demande doit-elle être déposée?*

L'astuce du professionnel

> Demandez toujours au client et à l'inventeur quand la demande de brevet doit être déposée, mais *ne* vous fiez *pas* à leur interprétation de la loi : vérifiez les faits par vous-même.

La législation en matière de brevets de chaque pays impose des règles strictes quant au moment auquel doit être effectué le dépôt de la demande par rapport à certains événements, tels que la date de la première tentative d'exploitation commerciale, de la première exportation ou de la première divulgation de l'invention au public. Le rédacteur de brevets doit donc réunir les informations suivantes :

i) Sur quel(s) territoire(s) le client souhaite-t-il faire protéger son invention?
ii) Un événement susceptible de compromettre la capacité du client à protéger son invention dans le(s) territoire(s) visés a-t-il déjà eu lieu?

iii) Quand exactement le client a-t-il l'intention de faire quoi que ce soit qui risque de compromettre sa capacité de protéger l'invention sur le(s) territoire(s) visés?

Même en l'absence de contraintes de temps, le rédacteur de brevets, comme le ferait tout professionnel, devra s'efforcer de rédiger et de déposer la demande le plus rapidement possible. À tout moment, un tiers peut déposer une demande pour une invention similaire ou identique à celle du client, auquel cas tout retard imputable au rédacteur du brevet serait la principale raison du rejet de la demande du client. L'état de la technique peut aussi changer, de sorte qu'un document (par exemple un article nouvellement publié) pourrait devenir opposable à la demande de brevet, alors que cela ne se serait pas produit si celle-ci avait été déposée plus rapidement. Les rédacteurs de brevet doivent savoir que leur charge de travail est en grande partie tributaire de dates sur lesquelles ils n'ont aucun contrôle, et ils doivent souvent remanier leur programme de travail pour faire face aux imprévus et aux urgences.

En principe, la rédaction de la demande de brevet est une tâche intellectuelle itérative partagée entre le rédacteur et l'inventeur. Lorsqu'il y a plusieurs inventeurs, il est généralement bon de n'indiquer qu'un seul "inventeur de contact" comme interlocuteur, c'est-à-dire une personne qui connaît la plupart des éléments de l'invention, qui peut traiter avec les autres inventeurs et recueillir des informations auprès d'eux, et qui dispose de suffisamment de temps pour coopérer avec le rédacteur.

Lors de la rédaction d'une demande, la principale question que le rédacteur de brevets doit se poser est la suivante : *au regard des connaissances de l'inventeur et de mes propres compétences, suis-je en mesure de rédiger des revendications qui méritent d'être brevetées?*

L'astuce du professionnel

Lorsque vous déposez une demande auprès d'un office des brevets sur papier, par courrier ou par un autre mode d'envoi physique plutôt que par voie électronique, créez un dossier contenant une copie de chacun des éléments que vous avez envoyés, et notamment de tous les formulaires remplis et de toute preuve de paiement effectué. Ce dossier doit comprendre également l'original du reçu du courrier délivré par le bureau de poste, qui constitue la preuve de la date de dépôt.

Lorsque vous déposez une demande par voie électronique, veillez à sauvegarder (voire à imprimer) la confirmation électronique envoyée par l'office des brevets une fois le dépôt effectué. Au cas où l'office des brevets n'attribuerait pas la bonne date de dépôt à votre demande de brevet, vous disposerez ainsi de tous les documents nécessaires pour en obtenir la correction. Cette date est en effet d'une importance capitale pour préserver les droits de votre client à une protection par brevet. *Chaque jour compte.*

Exemple

L'ingénieur X vous appelle car il souhaite faire protéger l'invention Y par brevet aux États-Unis d'Amérique. Vous lui posez quelques questions préliminaires, mais il a peu de temps et vous convenez de vous rencontrer deux jours plus tard. Pendant la rencontre, X vous remet un document volumineux dans lequel l'invention est décrite en détail. Vous essayez de recueillir des informations sur les obstacles éventuels à l'obtention d'une protection par brevet en lui posant les questions suivantes :

i) Cette invention a-t-elle été montrée à quelqu'un en l'absence d'un accord de non-divulgation (un accord de non-divulgation est un accord de confidentialité en vertu duquel les parties s'engagent à ne pas utiliser ni divulguer à des tiers le contenu de leurs échanges)?
ii) La société a-t-elle commercialisé ou tenté de commercialiser cette invention (ce qui constitue un obstacle rédhibitoire dans certains pays, notamment aux États-Unis d'Amérique)?
iii) L'ingénieur lui-même ou sa société ont-ils publié un document quelconque au sujet de cette invention?
iv) A-t-il parlé de cette invention à qui que ce soit en dehors de sa société?

v) Cette invention a-t-elle fait l'objet d'une démonstration publique, par exemple dans un salon professionnel ou à l'occasion d'une conférence, sur son site Web ou ses réseaux sociaux notamment?

Dans un premier temps, l'ingénieur X répond d'abord à toutes ces questions par la négative. Il ajoute qu'il ne sait pas exactement quand sa société a l'intention de commercialiser l'invention. Pensant donc qu'aucun délai de forclusion ne menace d'empêcher le dépôt de la demande de brevet, vous continuez de poser des questions à l'ingénieur X sur l'invention.

Vers la fin de l'entretien, il vous dit se souvenir qu'un de ses collègues a exposé l'invention à l'occasion d'une réunion scientifique qui s'est tenue "il y a quelques mois". Lorsque vous insistez pour qu'il vous donne la date précise de cet événement, il parcourt les pages de son agenda et vous dit finalement : "Eh bien c'était au mois d'octobre, il y a déjà un an!".

Sachant que, pour bénéficier du délai de grâce aux États-Unis d'Amérique, la demande de brevet doit être déposée au plus tard un an après sa première présentation publique par le déposant, vous lui demandez d'être plus précis. Il appelle un collègue pour être certain et vous annonce que cela fait un an jour pour jour que l'invention a été présentée au public.

Il est 15 heures.

Vous savez que la divulgation publique effectuée lors de la réunion scientifique ne fera pas obstacle à la brevetabilité si une demande de brevet est déposée avant minuit. Cependant, vous n'aurez pas le temps de préparer une demande complète avant minuit.

Heureusement, la législation des États-Unis d'Amérique prévoit la possibilité de déposer des demandes de brevet provisoires. Une demande de brevet provisoire doit divulguer l'invention, mais ne doit pas nécessairement contenir de revendications. Elle expire un an après la date de dépôt et fait office de document provisoire jusqu'à ce qu'une demande de brevet d'utilité soit déposée régulièrement dans l'année qui suit.

Vous savez que vous ne devez pas engager de frais juridiques sans autorisation préalable. Vous appelez donc la directrice de la société (qui est votre interlocutrice pour les questions relatives aux brevets) pour lui exposer la situation. Elle vous donne son autorisation. Par mesure de précaution, vous prenez soin d'envoyer un courriel de suivi à l'entreprise dans lequel vous résumez l'accord conclu par téléphone afin que vous disposiez chacun d'un document écrit supplémentaire confirmant l'autorisation donnée.

Fort heureusement, l'ingénieur X vous a donné de bonnes informations sur l'invention et vous a remis un document technique dans lequel cette dernière est expliquée et l'entretien vous a permis de vous en faire une idée assez précise. Vous demandez à l'ingénieur X de vous fournir une copie électronique du document. Vous informez vos collègues que vous devez mettre toutes vos autres tâches en attente pour le reste de la journée afin de pouvoir préparer cette demande provisoire urgente.

Vous passez le reste de la journée à rédiger la meilleure demande provisoire possible dans le délai qui vous est imparti.

Après avoir déposé la demande[11], vous créez un dossier pour votre demande de brevet provisoire.

Le rédacteur de brevets doit tout faire pour protéger les droits de brevet de ses clients et, pour cela, il suffit parfois qu'il veille au respect des délais. Dans notre exemple, si le rédacteur de brevets avait oublié de se renseigner sur les éventuelles dates de forclusion ou s'il n'avait pas insisté auprès de l'ingénieur pour obtenir des informations précises, il serait retourné à son bureau où il aurait passé les deux semaines suivantes à rédiger un superbe document juridique pour une invention qui ne pouvait plus être brevetée.

Le rédacteur de brevets doit également vérifier assez rapidement si le déposant veut déposer une demande dans d'autres pays que celui dans lequel lui-même et le rédacteur sont situés. Les déposants d'États membres de la Convention de Paris et de membres de l'Organisation mondiale du commerce (OMC) peuvent revendiquer une priorité en vertu de la Convention de Paris s'ils déposent leur demande de brevet ultérieure dans ces territoires dans un délai de 12 mois à compter de la date de dépôt de la première demande pour la même invention (la *date de priorité*). Ce droit de priorité fondé sur la première demande peut également être revendiqué en vertu du Traité de coopération en matière de brevets (PCT) dans le cas où une demande internationale de brevet serait déposée ultérieurement. Si la date de priorité est valablement revendiquée, la demande ultérieure ne pourra être invalidée en raison d'actes survenus entre la date de priorité et la date de dépôt de la demande ultérieure. Par exemple, si une personne dépose une autre demande contenant la même invention ou divulgue la même invention au public entre ces deux dates, ces actes n'auront aucune incidence sur la brevetabilité de la demande ultérieure dans laquelle la priorité de la première demande est revendiquée.

Pour davantage d'informations sur les procédures de dépôt à l'étranger, voir la section 2 du module VIII.

Le rédacteur de brevets doit prendre note de la date de dépôt de la première demande et vérifier avec le déposant, bien avant la date anniversaire, qu'il ne souhaite pas déposer de brevet à l'étranger car, même si ce n'était pas le cas à l'origine, il a pu changer d'avis un an plus tard. Il faut également garder à l'esprit qu'il n'est pas nécessaire d'attendre toute une année avant de déposer une demande à l'étranger. Bien que près de 180 pays soient parties à la Convention de Paris, le rédacteur de brevets doit aussi déterminer, de préférence avant de déposer la demande établissant la priorité, si le déposant veut ou non obtenir une protection dans un pays qui n'est pas signataire de la Convention de Paris. Dans l'affirmative, le rédacteur de brevets devra se renseigner sur les règles de priorité en vigueur dans ce pays, même s'il est probable, dans un tel cas, qu'il ne sera pas autorisé à représenter directement son client auprès de l'office étranger concerné.

1.1 Obtenir de l'inventeur les informations nécessaires sur l'invention

Tous les clients ne disposent pas des mêmes ressources pour ce qui est de la gestion des documents de brevet. Certains ont un service administratif tout à fait capable de préparer les éléments nécessaires pour divulguer l'invention au rédacteur de brevets, auquel il ne reste plus ensuite qu'à vérifier s'il dispose bien de toutes les informations voulues. D'autres clients, au contraire, n'ont pas de ressources en matière de propriété intellectuelle et ont besoin d'une aide considérable de la part du rédacteur de brevets.

Le rédacteur de brevets devra obtenir d'une part des informations techniques et générales sur l'invention auprès des inventeurs, et d'autre part des renseignements sur les aspects commerciaux auprès d'autres sources, notamment des directeurs ou responsables du marketing du déposant. Les informations techniques relatives à l'invention seront principalement fournies par écrit, sous forme de divulgations, de croquis, de dessins techniques, de rapports de laboratoire, de manuscrits d'articles (non publiés), de prototypes, etc.

Avec le temps, le rédacteur saura quelle approche correspond le mieux à chaque type de clients. Il pourra fournir à certains un formulaire de divulgation à remplir. Pour d'autres, il lui faudra éventuellement rencontrer une ou plusieurs ou fois le ou les inventeur(s) afin de recueillir toutes les informations relatives à l'invention. Dans tous les cas, il devrait toujours s'efforcer de s'entretenir au moins une fois avec les inventeurs, soit en personne, soit par téléphone, soit par vidéoconférence. Dans le cas contraire, il est très peu probable que l'inventeur puisse fournir au rédacteur assez d'éléments pour que ce dernier puisse se faire une idée suffisamment précise de l'invention. De la même manière, il y a peu de chances que l'inventeur comprenne le contexte juridique et les raisons pour lesquelles des informations lui sont demandées au sujet de son invention.

Dans l'idéal, l'inventeur doit remettre au rédacteur de brevets, suffisamment longtemps avant de le rencontrer, un formulaire de divulgation de l'invention accompagné de tous les documents pertinents. Le rédacteur de brevets examine ces documents dans les meilleurs délais et note toutes les questions qu'il pourrait avoir, aussi bien techniques (par exemple "Comment l'élément A fonctionne-t-il avec l'élément B?") que juridiques ("Qui d'autre pourrait être inventeur?"), ainsi que les points sur lesquels il serait bon de divulguer davantage d'informations.

L'astuce du professionnel

Vous devez *toujours* négocier et discuter vos frais avec vos clients *avant* de les engager, surtout lorsque votre client est un particulier.

Lors de sa rencontre avec l'inventeur, il vérifie qu'il comprend parfaitement l'invention et n'a besoin d'aucune autre information, définit les aspects de l'invention qui sont les plus importants d'un point de vue commercial et s'assure de l'absence de date de forclusion (ou vérifie ces dates, le cas échéant).

L'astuce du professionnel

Un échantillon du formulaire de divulgation d'invention figure à l'annexe B, à la fin du présent manuel. Il convient d'adapter ce formulaire à l'usage que vous en ferez et de veiller à ce qu'il soit conforme aux exigences légales de votre pays. L'échantillon de formulaire de divulgation d'invention peut également être modifié pour faciliter la divulgation totale et complète dans tout autre pays qui intéresse vos clients.

1.2 Savoir reconnaître les inventions brevetables

Lors de l'examen de la divulgation d'une invention ou de sa rencontre avec un inventeur, le rédacteur de brevets doit concentrer toute son attention sur les éléments susceptibles d'être brevetés. Il est probable que le texte de la divulgation et la discussion englobent non seulement des détails concernant la nouveauté brevetable mais également des détails techniques non brevetables. Les inventeurs réalisent fréquemment que ce qu'ils ont prétendument inventé ne sont que des "découvertes" et non des inventions en termes de "brevetabilité". Ils peuvent penser que leur prototype ou le mode de réalisation de l'invention constitue l'invention revendiquée. Ils auront alors besoin d'aide pour examiner le concept nouveau et inventif qui les fonde. Par conséquent, il incombe souvent au rédacteur de brevets de préciser ce qui constitue l'invention brevetable - le concept. Le rédacteur de brevets doit se rappeler que la brevetabilité d'une invention ne peut être déterminée sans une compréhension de l'état de la technique. Étudier avec l'inventeur le problème qu'il pense avoir résolu à l'aide de l'état de la technique permettra au rédacteur de brevets d'élaborer les éléments essentiels des revendications de brevet.

Exemple

Un inventeur explique qu'il est parti d'un élément A bien connu qu'il a combiné à un élément B, et qu'il a ensuite chauffé pendant 5 à 10 minutes la ligne le long de laquelle les deux éléments A et B étaient ainsi joints avant d'y faire adhérer un élément C à l'aide d'époxy.

Le rédacteur de brevets s'aperçoit finalement qu'il n'a jamais entendu parler d'une telle combinaison dans laquelle l'élément C est fixé aux éléments A et B. Pensant qu'elle pourrait remplir les critères d'activité inventive, de nouveauté et de non-évidence, il demande à l'inventeur si, à sa connaissance, cette combinaison d'éléments a déjà été produite par quelqu'un d'autre.

L'inventeur lui explique qu'il y a des années que l'on tente de réaliser cette combinaison d'éléments et que, malgré quelques succès, on n'avait jamais encore réussi à faire en sorte que l'élément C ne se détache pas très rapidement des éléments A et B.

Le rédacteur de brevets lui demande si la solution réside dans le chauffage de la ligne de contact, ce à quoi l'inventeur répond par l'affirmative.

Le rédacteur de brevets en conclut que l'invention sur laquelle devront porter les revendications qu'il va rédiger consiste en une combinaison de l'élément A et de l'élément B, laquelle est ensuite chauffée avant l'application de l'élément C.

L'astuce du professionnel

Ne supposez jamais qu'un inventeur connaît la nature exacte de son invention. Les inventeurs pensent généralement en termes de produits, de découvertes ou de résultats de la recherche et non pas d'inventions ou de revendications de brevet. Vous devrez poser des questions afin de comprendre l'invention, ne soyez *pas* présomptueux. Vous n'êtes pas l'inventeur; votre rôle consiste à aider le client en décrivant au mieux l'invention et en la protégeant par la suite.

1.3 Comprendre l'invention (concept inventif de base)

En temps normal, le rédacteur de brevets ne doit pas essayer de *devenir* l'inventeur mais plutôt s'efforcer de comprendre le mieux possible l'invention afin de rédiger une demande de brevet conférant la protection la plus large permise par la loi. Cela signifie qu'il doit comprendre l'invention suffisamment bien pour pouvoir la décrire d'une manière aussi peu limitative que possible. En d'autres termes, il doit comprendre l'invention suffisamment bien pour savoir quels sont les éléments essentiels et ceux qui n'ont pas besoin d'être décrits.

Comprendre l'invention signifie également que le rédacteur de brevets est en mesure de préparer une demande qui divulgue tous les aspects potentiellement brevetables de l'invention en fournissant assez d'informations pour qu'une personne du métier dans le domaine technique concerné puisse la comprendre et la réaliser. Comprendre l'invention signifie également que le rédacteur de brevets saura, si l'office oppose une antériorité à l'une des revendications de la demande, expliquer les différences entre l'invention et l'état de la technique et la revendication afin de réduire le moins possible l'étendue de la protection demandée.

Exemple

Le rédacteur de brevets comprend que l'invention se compose des éléments A, B et C. Selon la description fournie par l'inventeur, la ligne de contact des éléments A et B a été chauffée avant la fixation de l'élément C. Le rédacteur de brevets pourrait demander à l'inventeur si la surface peut être préparée autrement que par chauffage, car dans ce cas, les revendications pourraient s'étendre au-delà du simple chauffage de la surface. Il pourrait aussi demander à l'inventeur si les surfaces peuvent être chauffées *avant* que l'élément B soit combiné à l'élément A ou si la combinaison *doit* intervenir d'abord.

Dans notre exemple, le rédacteur de brevets peut poser de nombreuses questions à l'inventeur. Les réponses qu'il reçoit l'aident à comprendre l'invention et à rédiger des revendications et une description de meilleure qualité.

Bien entendu, l'inventeur n'a pas toujours toutes les réponses aux questions du rédacteur de brevets. Dans ce cas, il peut réfléchir à des solutions de rechange ou même, s'il a le temps, faire des recherches complémentaires, mais le rédacteur de brevets doit veiller à ce que le mode de réalisation exposé dans la description permette à l'invention de fonctionner. Par conséquent, si l'inventeur n'est pas certain de la réponse à donner à l'une des questions posées par le rédacteur de brevets, il appartient à ce dernier de combler cette lacune en faisant intervenir son jugement professionnel. Il peut s'agir, par exemple, d'orienter l'inventeur vers un ingénieur concepteur pour obtenir des conseils. Bien qu'il puisse parfois combler lui-même les lacunes de la description technique d'une invention, le rédacteur de brevets devra toujours vérifier auprès de l'inventeur que les éléments qu'il a ajoutés sont exacts et reflètent bien l'esprit de l'invention.

Le rédacteur de brevets peut parfois aider l'inventeur à envisager d'autres modes de réalisation possibles de son invention. Il est en effet fréquent que les inventeurs travaillent pour résoudre un problème bien spécifique et ne se posent pas réellement la question de savoir si leurs inventions peuvent être mises en œuvre dans d'autres domaines.

1.4 Qualité d'inventeur

Une demande de brevet telle que déposée doit comprendre le ou les prénom(s) du ou des inventeurs. Avant de déposer une demande de brevet, le rédacteur de brevets doit demander à son client le nom du ou des inventeurs et puis déterminer si les inventeurs mentionnés par le client remplissent les conditions requises pour bénéficier du statut d'*inventeur.* Le rédacteur de brevets ne doit pas oublier que les inventeurs potentiels nommés par le client ne sont pas toujours considérés comme de vrais inventeurs.

Dans certains pays par exemple, il peut être d'usage de lister tous les membres d'une équipe de recherche comme coinventeurs, quel que soit leur degré de contribution à l'invention. Dans certains pays, il est monnaie courante de nommer inventeur un responsable de la recherche-développement ou un professeur qui n'a pas contribué de manière substantielle à l'invention en signe de respect. Identifier à tort les inventeurs peut poser problème après le dépôt de la demande. Cela peut entraîner, par exemple, la contestation du brevet pour fraude ou appropriation illicite et aboutir à l'invalidation ou à l'inexécution du brevet délivré. Cela peut également entraver la création d'une revendication de priorité. Il est primordial de vérifier soigneusement si le nom de l'inventeur indiqué est correct car seule une poignée de pays autorise la modification après le dépôt de la demande de brevet.

Bien que la définition de la qualité d'inventeur varie en fonction des pays, le critère généralement appliqué dans le cadre du système des brevets est que la personne doit avoir contribué de manière créative au concept inventif de l'invention revendiquée. En d'autres termes, la créativité de cette personne aurait dû mener d'une certaine façon aux caractéristiques de l'invention revendiquée qui la distinguent de l'état de la technique. Aux États-Unis d'Amérique par exemple, une personne qui a contribué à la conception de l'invention a droit à la qualité d'inventeur, tandis qu'une personne ayant simplement suivi les instructions de cette personne n'en a pas le droit. De même, au Japon, seule une personne qui s'est largement impliquée dans le processus créatif de l'invention revendiquée a droit à la qualité d'inventeur. En revanche, un superviseur qui gère simplement les inventeurs, une personne qui se borne à suivre les instructions d'un chercheur pour recueillir des données ou procéder à des expériences ou encore une personne qui ne fait que mettre à la disposition des inventeurs des ressources financières et matérielles n'y ont pas forcément droit.

2. Parties classiques d'une demande de brevet

Une fois que le rédacteur de brevets comprend l'invention, il peut commencer à préparer une demande de brevet, qui comprend généralement :

- une requête;
- une description[12];
- des revendications;
- des dessins; et
- un abrégé.

Lorsqu'une invention porte sur des séquences de nucléotides ou d'acides aminés, un listage de séquence, généralement sous forme électronique, peut être requis.

En outre, les lois nationales et régionales sur les brevets peuvent exiger la fourniture de divers autres documents et de déclarations auprès de l'office des brevets concerné. Parmi ces documents figurent : un pouvoir, un document relatif à l'identité de l'inventeur, un document relatif au droit du déposant de demander ou d'obtenir un brevet et tout document contenant une attestation sous serment ou une déclaration relative à la qualité d'inventeur. Le rédacteur de brevets doit vérifier les règles en vigueur sur les territoires dans lesquels la protection est demandée car ces exigences varient d'un pays à l'autre.

Nous allons maintenant décrire brièvement chacune des principales parties de la demande. Les modules IV à VI étudieront plus en détail la manière de rédiger les revendications, tandis que le module VII étudiera la rédaction d'une description et d'un abrégé ainsi que les dessins.

2.1 Requête

La *requête* indique explicitement que le déposant souhaite obtenir une protection par brevet et est signée par le déposant ou son représentant. En général, chaque office des brevets fournit un formulaire de requête spécifique (connu sous le nom de formulaire de demande de brevet dans certains pays) à remplir. Si chaque formulaire de requête est différent, reflétant les spécificités du droit national et régional, il inclut en général les informations suivantes :

- le titre de l'invention;
- le nom et l'adresse du déposant ou de son représentant (par exemple un conseil en brevets);
- l'indication de l'inventeur; et
- des informations relatives à la revendication de priorité, telles que le numéro de la demande et la date de dépôt de la demande antérieure sur laquelle est fondée la priorité.

De manière générale, l'ensemble des informations relatives à la priorité, telles que les informations concernant la demande antérieure sur laquelle est fondée ladite priorité ou les informations concernant une demande principale dans le cas de demandes divisionnaires, doit être inclus dans la demande de brevet, que ce soit sur le formulaire de requête ou dans une fiche des données relatives à la demande.

Aux États-Unis d'Amérique, une telle indication sur des demandes connexes peut être mentionnée dans la section "Renvoi à une demande connexe" plus haut dans le formulaire, après le titre de l'invention.

2.2 Description

La *description* divulgue l'invention de manière suffisamment claire et précise pour permettre à une personne du métier de reproduire l'invention revendiquée. Elle comporte généralement plusieurs sections afin d'être plus lisible.

Bien que le format de la description ne soit pas le même dans tous les pays, elle contient en général les éléments suivants :

i) le *titre de l'invention*, tel qu'il apparaît dans la requête, identifie de manière concise et décrit de manière générale l'invention pour laquelle une protection par brevet est recherchée;
ii) *le domaine technique* auquel se rapporte l'invention peut alors être précisé;
iii) la *technique antérieure* dans le domaine de l'invention, qui peut s'avérer utile à la compréhension de l'invention, sera ensuite présentée;
iv) elle sera suivie par le *résumé de l'invention*, qui décrit l'invention dans son intégralité et la manière dont elle a résolu le problème de la technique antérieure;
v) la description explique ensuite brièvement les *dessins*;
vi) enfin, la description divulgue plus en détail l'invention revendiquée par des *exemples (modes de réalisation)*, en faisant référence aux dessins. Ces exemples jouent souvent un rôle important dans la satisfaction de la condition selon laquelle les revendications doivent être fondées sur la description et de la condition relative au caractère suffisant de la divulgation (voir la section 2.5 du module II).

2.3 Revendications

Les *revendications* définissent l'étendue de la protection exclusive conférée par le brevet sous l'angle des caractéristiques techniques de l'invention. Les revendications constituent, d'un point de vue juridique, la partie la plus importante de la demande de brevet, et permettent de déterminer si une invention remplit les conditions de brevetabilité.

Elles doivent être claires et concises et se fonder entièrement sur la description. Elles sont rédigées de manière particulière. Par exemple :

1. Dispositif, comprenant :
- un crayon ayant une structure allongée et deux extrémités séparées par un centre;
- une gomme fixée à une extrémité du crayon; et
- un éclairage fixé au centre du crayon.

2.4 Dessins

Les *dessins* fournissent un support visuel à la description de l'invention et facilitent souvent une meilleure compréhension de l'invention revendiquée. Ils peuvent inclure des figures, des tableaux, des organigrammes et des diagrammes. Un dessin représentatif figure habituellement sur la page de couverture d'un document de brevet publié.

2.5 Abrégé

L'*abrégé* est un résumé (condensé) de l'invention dont le libellé est limité à un certain nombre de mots. Il comprend généralement les principales caractéristiques énoncées dans les revendications et a principalement une valeur documentaire pour les personnes effectuant des recherches en matière de brevets ou consultant des documents de brevet, car il donne un aperçu de l'invention.

2.6 Format

Bien que ces cinq parties soient le plus souvent incluses dans les exigences relatives au dépôt des demandes de brevet de divers pays et dans les demandes internationales de brevet selon le PCT, leur format détaillé est rarement le même. Par exemple, la description peut être divisée en plusieurs sections mais les intitulés de ces sections peuvent varier d'un pays à l'autre. Certains offices des brevets fournissent un échantillon d'un formulaire de demande afin de veiller à ce que les demandes soient conformes à leurs exigences.

Mots-clés

- Demande (requête)
- Description
- Dessins
- Revendications
- Abrégé
- Événements liés à la prescription
- Accord de non-divulgation
- Demande provisoire
- Formulaire de divulgation d'invention
- Mode de réalisation
- Concept inventif de base
- Revendication de priorité en vertu de la Convention de Paris
- Qualité d'inventeur
- Format unique des demandes (CAF)

Il convient de souligner qu'un format unique des demandes (CAF)[13], établissant des intitulés communs et normalisant l'ordre des sections d'une demande de brevet, a été accepté par l'Office européen des brevets (OEB), l'Office des brevets du Japon (JPO), l'Office coréen de la propriété intellectuelle (KIPO), l'Administration nationale de la propriété intellectuelle de la Chine (CNIPA) et l'Office des brevets et des marques des États-Unis d'Amérique (USPTO). Le CAF vise à alléger les procédures pour les déposants lorsqu'ils demandent la protection par brevet dans plusieurs territoires, leur permettant ainsi de satisfaire aux nombreuses exigences de spécification des territoires susmentionnés.

Testez vos connaissances

- ☐ Quelles sont les parties d'une demande de brevet?
- ☐ Donnez quelques exemples de questions qu'un rédacteur de brevets peut poser à un inventeur lorsqu'il le rencontre pour la première fois.
- ☐ Un inventeur doit d'abord divulguer son invention à un potentiel inventeur avant de déposer une demande de brevet. Que pouvez-vous suggérer à l'inventeur de faire pour conserver la possibilité d'obtenir la protection par brevet à l'avenir?

- ☐ Pour jouir du droit de priorité selon la Convention de Paris, de combien de temps un déposant dispose-t-il pour déposer une demande ultérieure dans un autre pays partie à la Convention de Paris? Une attention particulière doit-elle être accordée à une demande ultérieure dans un pays qui n'est pas signataire de la Convention?
- ☐ Qu'est-ce qu'un formulaire de divulgation d'invention et quand l'inventeur doit-il l'utiliser?
- ☐ L'inventeur sait toujours ce qu'est l'invention. Vrai ou faux?
- ☐ Si le rédacteur de brevets aide à identifier l'invention ou propose des suggestions à l'inventeur, est-ce que cela fait du rédacteur de brevets l'un des inventeurs?
- ☐ Pourquoi est-il important que le rédacteur de brevets comprenne l'invention avant de rédiger le brevet?
- ☐ La description doit divulguer un mode de réalisation permettant à l'invention de fonctionner. Vrai ou faux?
- ☐ Quelle partie de la demande de brevet le rédacteur de brevets doit-il préparer en premier?

Module IV
Principes fondamentaux de la rédaction de revendications

Lorsqu'un inventeur le consulte en vue de déposer une demande de brevet, les premières questions que doit se poser un rédacteur de brevets sont les suivantes :

- Quel est l'objet de l'invention?
- Quel est le concept inventif essentiel de l'invention?
- L'inventeur sait-il ce qu'il veut protéger?
- De quelle manière devrions-nous revendiquer l'invention?

1. Théorie de la revendication de brevet

1.1 Aperçu : inventions, modes de réalisation et revendications

Tout comme les barrières ou clôtures qui marquent les limites d'une propriété immobilière, les revendications fixent (définissent) les contours (la portée) de la protection conférée par un brevet. Elles constituent, par conséquent, une approximation écrite du concept inventif créé par l'inventeur. Si les doctrines juridiques appliquées par les tribunaux dans l'interprétation des revendications peuvent varier d'un pays à l'autre, le principe dominant est que les revendications établissent le périmètre de la protection assurée par le brevet (on parle de *revendication périphérique*). Les revendications servent à indiquer au monde, d'une manière claire et concise, ce que le déposant revendique comme étant son invention. Comme l'a écrit en 1990 un juge de la Cour d'appel pour le circuit fédéral des États-Unis d'Amérique (et de son prédécesseur le Tribunal d'appel en matière de douane et de brevets), "The name of the game is the claim" - autrement dit, "tout repose sur la revendication"[14].

Le rédacteur de brevets doit comprendre les différences qui existent entre trois notions juridiques relatives aux brevets : l'invention, le mode de réalisation et les revendications.

- Une *invention* est un concept formé dans l'esprit de l'inventeur et dépourvu de substance physique.
- Le *mode de réalisation* d'une invention s'entend de la forme concrète que prend cette dernière dans le monde réel.
- Les *revendications* doivent protéger *au minimum* un "mode de réalisation" de l'invention - *mais* les meilleures revendications sont celles qui protègent l'"invention" proprement dite, de manière à ce que personne ne puisse la réaliser, l'utiliser ou la vendre sans porter atteinte aux revendications.

La conclusion qui découle logiquement de ces différences entre l'invention, son ou ses modes de réalisation et les revendications est que les revendications ne définissent pas l'invention. Il n'en reste pas moins que les conseils en brevets utilisent couramment l'expression *invention revendiquée* pour désigner l'objet défini par les revendications dans une demande de brevet ou un brevet délivré.

Exemple

Un inventeur conçoit la première tasse à anse. Il réalise son invention sous la forme d'une tasse en argile rouge pourvue d'une anse. Le rédacteur de sa demande de brevet pourrait revendiquer simplement la réalisation physique de la tasse en argile rouge pourvue d'une anse, mais cela permettrait, par exemple, à des tiers de fabriquer des tasses à anse en matière plastique sans porter atteinte à son brevet.

Si le rédacteur du brevet comprend l'invention, il fera de l'*invention* de la tasse à anse sa revendication la plus large, suivie d'une revendication plus étroite sur le *mode de réalisation* (la tasse à anse en argile rouge). Voir les notions de revendications larges et étroites à la section 1.2 du présent module.

Les premiers brevets ne comportaient pas de revendications, et la portée de la protection dont bénéficiaient les inventions était déterminée, en cas de procédure de justice, par l'examen de la description déposée par l'inventeur. Comme on peut s'en douter, cette manière de procéder finit par être considérée comme trop incommode, et le système des revendications fut mis en place pour que les frontières de la protection revendiquée soient connues d'avance. Les revendications avaient donc initialement pour fonction de donner une indication de l'idée que se faisait l'inventeur de son invention au moment du dépôt de sa demande de brevet. De nos jours, elles définissent la protection conférée par le brevet et sont au cœur de toute invention. En général, les revendications sont la première partie de tout brevet que regarde et analyse avec la plus grande attention l'examinateur ou quiconque s'intéresse à ce brevet, y compris les tribunaux. De plus, dans les pays dont le système prévoit un examen quant au fond (voir le module II, section 1.1), l'examinateur étudie les revendications avant d'accorder un brevet, ce qui garantit dans une certaine mesure aux tribunaux et au public que la protection conférée au brevet ne dépasse pas le maximum dont devrait bénéficier l'inventeur.

Ainsi qu'il est mentionné tout au long du présent manuel, la description de la demande de brevet doit appuyer les revendications. Par conséquent, une fois qu'il a rédigé les revendications et la description, le rédacteur de brevets doit relire les deux pour vérifier que chaque revendication est suffisamment soutenue dans la description. Le choix de la terminologie - mots et phrases - utilisés dans les revendications doivent être les mêmes que ceux de la description; une revendication qui n'est pas supportée par la description peut facilement être rejetée. Si le rédacteur de brevets revendique une table en verre à quatre pieds, il doit s'assurer qu'il est bien fait mention d'une table en verre à quatre pieds dans la description, et non de tables en bois ou de tables à trois pieds, par exemple. Dans les systèmes dans lesquels cette règle est appliquée de manière rigoureuse, par exemple celui de l'Office européen des brevets (OEB), la description devra exposer au moins un mode de réalisation de l'invention comprenant une démonstration claire et précise de la combinaison du verre et des quatre pieds.

Si la forme des revendications de brevet et la manière de les interpréter peuvent différer selon les systèmes de brevet, les règles appliquées pour en déterminer la qualité sont essentiellement les mêmes dans le monde entier. L'OEB résume cela comme suit :

La demande doit comporter "une ou plusieurs revendications".
Ces dernières doivent :

i) "définir l'objet de la protection demandée";
ii) "être claires et concises"; et
iii) "se fonder sur la description".

Étant donné que l'étendue de la protection conférée par le brevet [...] ou la demande de brevet [...] est déterminée par les revendications (interprétées à l'aide de la description et des dessins), il est de la plus haute importance qu'elles soient claires[15]. En général, le concept d'invention est associé au concept de *technologie*, ce dernier étant généralement défini comme l'application de connaissances scientifiques à la résolution de problèmes pratiques. L'OEB recommande que les revendications exposent "les caractéristiques techniques de l'invention" - c'est-à-dire qu'elles ne doivent pas contenir de déclarations relatives, par exemple, à des avantages commerciaux ou à d'autres aspects non techniques -, en prévoyant toutefois que "les déclarations relatives aux buts de l'invention sont admises si elles contribuent à définir cette invention"[16].

De sages conseils dont peuvent bénéficier tous les rédacteurs de demandes de brevet, quel que soit le système juridique auquel ils sont soumis.

1.2 Revendications de portée large et étroite

Si l'examinateur a pour rôle de veiller à ce que les revendications des demandes de brevet typiques *ne dépassent pas* les limites de la portée des inventions auxquelles elles se rapportent (la portée maximale théorique des revendications), à qui appartient-il de faire en sorte que les revendications *approchent* cette portée maximale théorique?

A priori, la réponse est que la tâche de rédiger des revendications aussi larges que possible, couvrant à divers degrés de détail tout un éventail d'aspects de l'invention, incombe au rédacteur du brevet. Il est possible que ce dernier préfère ne pas se limiter à des revendications proches de leur portée maximale théorique, car cela peut ouvrir la voie à des contestations de validité que ni le déposant ni l'examinateur de brevet n'avaient prévues; il aura donc intérêt à prévoir également des revendications plus étroites, pour le cas où les revendications larges seraient invalidées. Un jeu de revendications plus étroites peut être retenu dans une procédure juridique, et s'avérer "suffisamment large" pour démontrer la contrefaçon.

D'une certaine manière, cela est toutefois plus facile à dire qu'à faire. Il est en effet difficile, au moment de la rédaction d'une demande de brevet, de prédire quelle sera l'étendue légitime de la protection conférée à l'invention, car cette dernière ne sera révélée qu'à la lumière de l'ensemble de l'état de la technique pertinente. Une recherche sur l'état de la technique ne sera jamais exhaustive, et le demandeur d'un brevet peut découvrir une fois le dépôt effectué que l'objet initialement revendiqué ne remplissait pas le critère de nouveauté. Pour compliquer encore les choses, de nombreux systèmes juridiques prévoient que les demandes de brevet déposées mais non encore publiées à la date de dépôt peuvent entrer par la suite dans l'état de la technique, et détruire ainsi la nouveauté d'une invention. En règle générale, la description d'une demande de brevet devrait, par conséquent, divulguer l'objet revendiqué sous la forme de modes de réalisation faisant appel au concept inventif de l'invention, et les revendications devraient définir l'objet pour lequel la protection est demandée.

Si certains systèmes de brevet limitent la possibilité, pour un déposant, de modifier des revendications ou de les annuler pour les remplacer par de nouvelles de sa propre initiative, les modifications sont permises au cours de l'instruction de la demande ou de l'examen, en cas d'objection de l'examinateur. Le rédacteur de brevets peut, dans une certaine mesure, modifier des revendications en instance pour éviter un chevauchement avec un élément nouvellement découvert de l'état de la technique, se conformer à une obligation légale non satisfaite, rendre compte d'un changement de l'étendue de la protection souhaitée, etc. Certains systèmes peuvent également prévoir la possibilité de répondre après coup lorsqu'un client ou le rédacteur d'un brevet se rend compte tardivement que les revendications déposées auraient pu être formulées de manière plus large.

La stratégie de revendication est, de toute évidence, une affaire compliquée, sur laquelle nous reviendrons en détail dans le module VI.

1.3 Protection par brevet et atteintes au brevet : règle de l'ensemble des éléments

Ainsi qu'il a été expliqué dans les modules précédents, un brevet confère généralement à son titulaire le droit exclusif, avec certaines exceptions, de décider qui peut fabriquer, utiliser, vendre, offrir à la vente ou importer les produits ou procédés définis par les revendications du brevet. En d'autres termes, les concurrents doivent obtenir l'autorisation du titulaire du brevet pour fabriquer, utiliser, etc., l'invention revendiquée. Sans cette autorisation, ils portent atteinte aux revendications du brevet et, par conséquent, au brevet. Cela signifie que les rédacteurs de brevets doivent toujours s'efforcer, lorsqu'ils écrivent des revendications, de faire en sorte qu'il soit impossible pour les concurrents, existants ou potentiels, de contourner l'invention revendiquée et de profiter des "idées" ou des "concepts inventifs" sans contrepartie.

Exemple

Une revendication de brevet se lit comme ceci :

1. Dispositif d'écriture, comprenant :
   - un crayon ayant une structure allongée comprenant deux extrémités et une partie centrale entre ces extrémités;
   - une gomme attachée à l'une des extrémités du crayon; et
   - une lampe attachée à la partie centrale du crayon.

Selon la règle de l'ensemble des éléments, un concurrent porte atteinte à la revendication s'il produit un dispositif d'écriture comprenant *l'ensemble* des éléments suivants :

i) un crayon ayant une structure allongée comprenant deux extrémités et une partie centrale entre les extrémités;
ii) une gomme attachée à l'une des extrémités du crayon; et
iii) une lampe attachée à la partie centrale du crayon.

Un concurrent produit un dispositif d'écriture comprenant les éléments d'un crayon et une gomme attachée à l'une des extrémités du crayon, mais pas de lampe attachée à la partie centrale du crayon. Un autre concurrent produit un crayon avec une gomme attachée à l'une des extrémités et une lampe *également attachée à l'une des extrémités* du crayon (pas à la partie centrale du crayon).

Dans ces deux cas, il n'est pas porté atteinte au brevet.

Mais qu'entend-on exactement par *porter atteinte* à une revendication de brevet?

Toute plainte contre un tiers pour atteinte à un brevet est liée à un mode de réalisation, lequel peut se rapporter à un objet (par exemple un appareil fabriqué par ce tiers, un composé chimique vendu par ce tiers, etc.) ou à une activité (par exemple un procédé de fabrication utilisée par ce tiers). Dans certains cas, le tiers en question peut lui-même détenir un brevet sur le mode de réalisation attaqué.

Pour savoir si le mode de réalisation attaqué porte atteinte ou non aux revendications du brevet, on procède à une comparaison directe avec l'objet défini par ces revendications.

La règle de base en matière d'atteinte aux revendications de brevet est parfois appelée *règle de l'ensemble des éléments*. Elle signifie, en substance, que pour que l'atteinte au brevet puisse être invoquée contre un tiers, il faut que tous les éléments d'une revendication soient reproduits dans le mode de réalisation attaqué.

Ainsi que l'illustre cet exemple, la comparaison entre le mode de réalisation attaqué et la revendication dont l'atteinte est reprochée doit être effectuée élément par élément - un principe largement adopté dans de nombreux systèmes juridiques. Le terme *élément* est couramment utilisé dans les différents systèmes, et il est notamment synonyme du terme *caractéristique technique* présent dans la Convention sur le brevet européen (CBE) et du terme *limitation* utilisé dans le droit et la pratique des brevets aux États-Unis d'Amérique.

Selon l'objet revendiqué, divers types d'éléments peuvent apparaître, dont les suivants :

- les *éléments structurels*, qui sont définis par ce qu'ils sont, par exemple "une vis", "un DVD", le "peroxyde d'hydrogène", le "talc", etc.;
- les *éléments fonctionnels*, qui sont définis par les fonctions qu'ils remplissent, par exemple "un moyen de fixation", "un support de stockage lisible par ordinateur", "un agent oxydant", "un excipient pharmaceutiquement acceptable", etc.;
- les *éléments relationnels*, qui englobent les relations entre d'autres éléments, par exemple "joint", "en communication électrique", "dissous dans la même solution", etc.;
- les *éléments intentionnels*, qui définissent une intention ou un objectif, et sont généralement introduits par la préposition *de* ou *pour*, par exemple "de coagulation", "pour le traitement du cancer", etc.;

- les *éléments paramétriques*, qui sont des paramètres (c'est-à-dire des valeurs de propriétés directement mesurables), par exemple la résistance à la flexion d'un métal, la résistance d'un conducteur électrique, le point de fusion d'une substance, etc.;
- les *éléments d'activité*, qui englobent les *étapes* utilisées pour définir l'objet des revendications de procédé ou d'activité, et sont généralement introduits par des verbes au gérondif, par exemple "en fixant" ensemble, "en lisant" des informations à partir de, "en réagissant" avec, etc.

2. Format des revendications de brevet

Il n'existe pas de modèle universel de format des revendications de brevet, et le style de rédaction diffère selon les systèmes juridiques. Il n'en reste pas moins qu'un certain nombre de schémas et de styles sont largement acceptés, comme on le verra dans la présente section.

Sauf indication contraire, les règles expliquées dans ce manuel sont celles du Traité de coopération en matière de brevets (PCT).

Une revendication est habituellement rédigée en une seule phrase et au présent. Elle commence par une majuscule et se termine par un point. Il est interdit d'y introduire d'autres points, sauf dans des abréviations. On utilise habituellement des points-virgules pour séparer les paragraphes et les phrases. Bien qu'une revendication de brevet soit rédigée en une seule phrase, cette dernière comporte généralement une ponctuation abondante.

Les revendications doivent être numérotées de façon continue, et leur numéro devient leur identifiant (par exemple, "revendication 1").

Toutes les revendications, dûment regroupées et numérotées, figurent dans une section distincte intitulée "Revendications", qui doit être clairement séparée (par des sauts de page) des autres parties de la demande. Les revendications de brevets apparaissent généralement vers la fin de la demande et du brevet délivré. Certains offices de brevets, tels que l'Administration nationale de la propriété intellectuelle de Chine (CNIPA), l'Office des brevets du Japon (JPO) et l'Office coréen de la propriété intellectuelle (KIPO), placent la section des revendications avant la description dans leurs documents imprimés. Aux États-Unis d'Amérique, la section des revendications et la description sont seulement distinguées par des expressions telles que "Je revendique/nous revendiquons" ou "L'invention revendiquée a pour objet".

2.1 Parties d'une revendication

Une revendication de brevet se compose généralement de trois parties : le préambule, la phrase de transition et la partie caractérisante – quoique certains systèmes de brevet puissent accepter d'autres compositions.

Préambule

Le *préambule* est une formule introductive identifiant la catégorie de l'invention protégée par la revendication. Par exemple, l'invention peut être un dispositif, un article, une composition, un composé, un dispositif, un système, une méthode ou un procédé.

Le préambule est généralement rédigé sous la forme d'un syntagme nominal singulier. Ce dernier peut être accompagné de prémodificateurs tels que des adjectifs, par exemple "une composition chimique". Il peut également être accompagné de postmodificateurs tels que des compléments introduits par une préposition, par exemple "une composition chimique *pour* l'hydratation". Plus on ajoute d'adjectifs ou de compléments, plus la portée du préambule se restreint.

Il est important de choisir le préambule avec soin et de veiller à ce qu'il ne soit ni trop large ni trop restrictif. Il est parfois utile de vérifier que le préambule concorde bien avec le titre de l'invention. L'un des objets de l'invention peut également être mentionné dans le préambule de la revendication, mais pour les raisons mentionnées par ailleurs en ce qui concerne la rédaction de la description (voir le module VII), le rédacteur du brevet doit veiller à ne pas limiter accidentellement la portée de l'invention.

Examinons quelques exemples.

Exemple 1

Un demandeur de brevet a inventé un cuiseur à riz. Étant donné qu'un objet de cette invention est de cuire du riz, le préambule et le titre pourraient être :

"Dispositif pour la cuisson du riz,"

Mais supposons que le déposant sache qu'il est possible d'utiliser son invention pour la cuisson de toute sorte de grains; le préambule plus large pourra alors ressembler à ceci :

"Dispositif pour la cuisson des grains,"

Supposons maintenant que le déposant sache qu'il est possible d'utiliser son invention pour la cuisson des légumes ou pour faire fondre du fromage à fondue; le préambule pourrait alors être encore plus large et se lire comme suit :

"Dispositif pour la cuisson,"

Exemple 2

Un déposant souhaite revendiquer une méthode particulière pour préparer le thé. Le préambule pourrait alors être rédigé ainsi :

"Méthode pour préparer le thé,"

Si l'inventeur estime que sa méthode peut également s'appliquer à la fabrication de toutes les boissons à base de plantes, un préambule plus large pourra se lire comme suit :

"Méthode pour préparer des boissons à base de plantes,"

Si, au lieu de cela, l'inventeur estime que sa méthode pourrait s'appliquer à la confection de n'importe quelle boisson chaude, le préambule pourrait se lire comme ceci :

"Méthode pour préparer des boissons chaudes,"

Les deuxième et troisième de ces préambules sont plus larges, à certains égards, que le premier : le deuxième s'applique à toutes les boissons à base de plantes, qu'elles soient chaudes ou froides, et le troisième s'applique à toutes les boissons chaudes, qu'elles soient à base de plantes ou non. Le rédacteur du brevet peut se fonder sur n'importe lequel de ces préambules pour ajouter des revendications à la demande de brevet, ou même sur les trois - à condition que les caractéristiques qu'elles exposent soient bien celles de l'invention.

L'utilisation de ces préambules peut toutefois présenter un désavantage, en ce sens que l'office des brevets peut considérer qu'une demande se rapporte à plusieurs inventions, et exiger que certaines revendications fassent l'objet d'une demande divisionnaire, ce qui entraîne une augmentation du montant des taxes à payer (voir le module VI, section 11, pour plus de détails sur l'unité d'invention).

Le rédacteur du brevet doit veiller à ce que le préambule se rapporte avec exactitude à l'invention. Cela signifie que si une invention est censée couvrir les "bicyclettes" et que l'inventeur considère que son invention peut être adaptée à tous les types de véhicules non motorisés, il pourra être judicieux de rédiger le préambule de façon suffisamment large pour couvrir toutes les sortes de véhicules terrestres non motorisés, mais peut-être pas les véhicules *motorisés volants*.

Le poids accordé au préambule en cas de litige varie d'un système de brevets à un autre, et les tribunaux ne lui donnent pas nécessairement la même importance qu'à la partie caractérisante de la revendication. Dans certains systèmes, le préambule doit "donner vie" à l'ensemble de la revendication pour être pris en compte par le tribunal dans l'appréciation de la brevetabilité.

Exemple

Une invention comprend un support de montage servant à fixer un téléphone au mur. Il est peu probable que le rédacteur du brevet revendique un téléphone comme faisant partie de cette invention, car cela pourrait avoir pour effet de limiter l'éventail des contrefacteurs potentiels aux personnes qui vendent des téléphones *et* leurs supports de montage plutôt qu'à celles qui vendent seulement des supports de montage.

Par conséquent, le préambule de la revendication relative à ce support de montage pourrait se lire : "Dispositif pour le montage d'un téléphone,"

De cette manière, il est fort probable que le fait de fabriquer, utiliser ou vendre un dispositif de montage seul *et* le fait de fabriquer, etc., un dispositif de montage avec un téléphone soient tous deux considérés comme portant atteinte au brevet.

Phrases de transitions

Il existe deux types de phrases de *transitions* : ouvertes et fermées.

Les *transitions ouvertes* n'excluent pas l'ajout d'éléments ou d'étapes de procédé qui ne sont pas énoncés dans la revendication. Autrement dit, les transitions ouvertes sont inclusives, et non exclusives. Aux États-Unis d'Amérique, par exemple, les termes "comprenant", "incluant", "contenant" et "caractérisé par" sont des transitions ouvertes. Cela signifie que l'interprétation qui leur est donnée est : "incluant les éléments suivants, mais n'excluant pas d'autres éléments". Les termes "comprenant" et "incluant" sont les transitions les plus couramment utilisées dans les demandes de brevet américaines.

Examinons une revendication dans laquelle figure le terme "comprenant".

Exemple

L'invention concerne un crayon muni d'une gomme et d'une lampe. La revendication peut se lire comme ceci :

1. Dispositif, *comprenant* :
   - un crayon ayant une structure allongée comprenant deux extrémités et une partie centrale entre ces extrémités;
   - une gomme attachée à l'une des extrémités du crayon; et
   - une lampe attachée à la partie centrale du crayon.

En utilisant la transition ouverte "comprenant" dans cette revendication, nous avons élargi la portée de cette dernière afin de laisser place à d'autres éléments ou limitations. Cette revendication permet, par exemple, d'inclure un capuchon pour le crayon. Cela signifie que dans une action en contrefaçon, le défendeur ne pourra pas faire valoir que son produit est différent parce qu'il est muni d'un capuchon.

En conclusion, si, dans le langage courant, le terme "comprenant" peut être remplacé par "incluant", "contenant", "englobant" ou "consistant en", en matière de rédaction de revendications de brevet, la sécurité juridique (des tiers) juridique impose généralement qu'il soit interprété d'une manière plus large, comme signifiant "incluant", "contenant" ou "englobant".

Les *transitions fermées* sont l'inverse des transitions ouvertes. Une transition fermée telle que "consistant en" limite la revendication aux éléments spécifiquement mentionnés; la revendication couvre donc *seulement* les éléments cités, et rien d'autre.

Exemple

L'exemple de transition ouverte précédemment cité pourrait donc être récrit comme ceci :

1. Dispositif, *consistant en :*
   - un crayon ayant une structure allongée comprenant deux extrémités et une partie centrale entre ces extrémités;
   - une gomme attachée au crayon; et
   - une lampe attachée au crayon.

L'utilisation du terme "consistant en" a fait que cette revendication est devenue une revendication fermée qui inclut uniquement les trois éléments mentionnés; un crayon, une gomme et une lampe - et rien de plus.

Un rédacteur de brevets peut être amené à formuler une revendication pour un composé chimique "consistant en trois composants A, B et C", dont chacun représente une proportion exprimée en pourcentage. Ce type de revendication est admis dans la plupart des systèmes de brevet. L'ajout de tout autre composant sera toutefois exclu, ce qui signifie que le total des pourcentages en question devra être de 100%. Le rédacteur d'une telle revendication doit savoir que les tiers peuvent éviter la contrefaçon en ajoutant un autre composé chimique, même si son pourcentage est infime. Une autre possibilité consiste à introduire dans la composition un terme suffisamment large (par exemple "métal") pour se référer à une multiplicité de choses.

Un rédacteur de brevets écrira rarement - et qu'après mûre réflexion - une revendication fermée, car elle permettra aux tiers d'éviter facilement la contrefaçon en ajoutant tout simplement un autre élément. Dans certains systèmes, il est possible d'utiliser une transition fermée pour une invention qui représente une simplification d'un dispositif déjà en usage. Étant donné que la version simplifiée comporte moins d'éléments que l'original, certains pays peuvent en effet considérer qu'une revendication fermée permet de surmonter l'obstacle que constitue la référence originale en tant qu'état de la technique (nouveauté). L'office des brevets peut cependant considérer que la référence originale est compris dans l'état de la technique pertinent aux fins de l'appréciation de l'évidence de l'invention (activité inventive). Il est à noter que les transitions fermées sont légèrement plus susceptibles d'être utilisées pour les inventions relatives à certains secteurs bien précis, par exemple la biotechnologie.

Le rédacteur de brevets doit donc non seulement s'assurer de bien savoir quelles sont les transitions susceptibles d'être considérées comme ouvertes ou fermées dans les pays ou régions qui intéressent son client, mais aussi vérifier si l'objet revendiqué et les lois de ces pays ou régions permettent une interprétation des transitions fermées favorable à l'atteinte des objectifs de son client. Faire le mauvais choix de transition peut en effet limiter considérablement l'étendue de la protection conférée par le brevet. En Australie, par exemple, le terme "comprenant" a parfois été interprété comme une transition fermée étroite - soit précisément l'inverse de l'interprétation qui est faite de ce terme dans de nombreux autres pays. Ainsi, une revendication ouverte peut utiliser la transition "comprenant" au Royaume-Uni, alors qu'en Australie, une revendication ayant exactement la même portée pourra utiliser la transition "incluant"[17].

L'astuce du professionnel

L'intérêt de votre client sera presque toujours mieux servi si vous modifiez une revendication de façon à contourner l'état de la technique, mais tout en veillant à ce qu'il reste difficile pour les concurrents d'en faire autant pour la revendication - et la meilleure manière de parvenir à ce résultat est généralement d'ajouter des modifications pour préciser la revendication, plutôt que d'avoir recours à une transition fermée.

Partie caractérisante de la revendication

La *partie caractérisante d'une revendication* est celle qui suit la transition. C'est celle dans laquelle sont exposés les éléments et les limitations de la revendication. Elle explique également la façon dont les différents éléments sont liés les uns aux autres. La partie caractérisante de la revendication énonce tous les éléments de la revendication et les relie entre eux; n'importe quel élément structurel, fonctionnel, relationnel ou paramétrique peut donc en faire partie, de même que toute étape active.

Exemple

La partie caractérisante de la revendication d'un dispositif concernant une table pourrait être rédigée de la manière suivante :

1. Dispositif pour soutenir des objets, comprenant :
   - au moins un pied; et
   - un plateau configuré de manière à être soutenu par au moins un pied.

Dans cette revendication, la partie caractérisante mentionne les deux éléments – "au moins un pied" et "un plateau" soutenu par un pied. En outre, elle relie le pied au plateau.

Une revendication de brevet ne peut pas se limiter à une liste d'éléments – ces derniers doivent être reliés d'une manière ou d'une autre. En général, les offices des brevets n'autorisent pas sciemment les revendications qui se contentent d'énumérer des éléments. La revendication de notre exemple aurait donc toutes les chances d'être *rejetée* si elle était rédigée comme ceci :

1. Dispositif pour soutenir des objets, comprenant :
   - quatre pieds;
   - 16 vis; et
   - un plateau.

Le nombre et les types d'éléments inclus dans une revendication dépendent beaucoup du domaine technique concerné et de l'invention. Dans le domaine de la chimie, par exemple, ces éléments peuvent être des entités chimiques définies comme des variantes et représentées soit par des noms ou des formules spécifiques, soit par des formules générales avec des variables.

L'astuce du professionnel

La plupart des systèmes de brevet privilégient le principe dit de "revendication périphérique", dans lequel les revendications établissent les limites extérieures de la protection demandée. À moins que le pays dans lequel la demande sera déposée ne soit l'un des rares à appliquer encore le principe de "revendication centrale" (selon lequel les revendications doivent identifier le "centre" de l'invention brevetée), il est essentiel que les revendications soient rédigées de manière à établir l'étendue de la protection recherchée.

S'agissant des transitions, nous avons parlé de la transition ouverte "comprenant" et de la transition fermée "consistant en". Ces termes peuvent également être utilisés dans la partie caractérisante de la revendication pour définir les éléments de manière ouverte ou fermée.

2.2 Grammaire d'une revendication et autres détails

Ponctuation

S'il est vrai que la ponctuation n'est pas le sujet le plus passionnant qui soit lorsque l'on parle de revendications de brevet, les offices de brevets imposent quasiment tous des règles à cet égard. Où que ce soit dans le monde, le rédacteur de brevets qui se préoccupe uniquement d'adapter les revendications qu'il rédige aux besoins commerciaux de son client, sans prêter aucune attention aux minuscules détails que représentent les points et les points-virgules, risque fort de voir l'office des brevets rejeter ces revendications, même si elles sont par ailleurs bien rédigées.

Dans un souci de clarté, la ponctuation est souvent plus abondante, dans les revendications, que ce qu'imposent les règles de la grammaire. En règle générale, le préambule est séparé de la transition par une virgule, et la transition est séparée de la partie caractérisante par deux points. La partie caractérisante elle-même est généralement divisée en alinéas qui définissent les éléments logiques de la revendication. Si de nombreuses législations sont silencieuses sur la question de la ponctuation des revendications de brevet, le rédacteur de brevets doit néanmoins faire tout son possible pour rédiger des revendications qui seront interprétées comme il l'entend. Il doit rédiger en ayant l'examinateur présent à l'esprit – et, plus tard les tribunaux et les éventuels preneurs de licence. C'est pourquoi les "éléments" des revendications sont généralement séparés par des points-virgules, l'avant-dernier élément est suivi de "; et", et le dernier se termine par un point.

Le modèle est le suivant :

Préambule, transition :
- élément (n° 1);
- élément (n° 2); et
- élément (n° 3).

Ce qui peut donner ceci en pratique :

Dispositif comprenant :
- une pluralité de pages imprimées;
- une reliure configurée de manière à assembler les pages imprimées; et
- une couverture attachée à cette reliure.

Dans certains pays, par exemple aux États-Unis d'Amérique, un retrait de ligne doit indiquer la séparation des éléments ou combinaisons d'éléments de la revendication, comme le montre l'exemple. D'autres pays acceptent le retrait de ligne, sans toutefois l'imposer.

Principe de reprise des termes

Les éléments d'une revendication de brevet doivent respecter le principe de reprise des termes. Cela signifie que lorsqu'un élément est mentionné pour la première fois, il doit être précédé de l'article indéfini "un" ou "une". Lorsque cet élément est mentionné de nouveau, il doit être précédé de l'article défini "le" ou "la". Il s'agit là non seulement de respect des règles grammaticales, mais aussi de celles de la loi.

L'exemple ci-dessous permettra de mieux comprendre ce principe :

1. Dispositif, comprenant :
   - *un* crayon; et
   - *une* lampe attachée *au* crayon.
2. Dispositif mentionné dans la revendication 1 où *la* lampe est attachée de façon amovible *au* crayon.
3. Dispositif mentionné dans la revendication 2 où *le* crayon est de couleur rouge.

L'astuce du professionnel

> Bien que les termes "le" et "ledit" soient interchangeables en matière de rédaction de revendications (par exemple, "le crayon" ou "ledit crayon"), cette dernière forme tombe de plus en plus en désuétude, et de nombreux pays tendent à privilégier l'utilisation d'un langage simple, même dans leur législation. Si votre brevet fait l'objet d'un litige devant un tribunal des États-Unis d'Amérique et que vos revendications utilisent trop de "jargon juridique", un jury composé de non-spécialistes du droit risque, le cas échéant, de les lire avec un esprit moins ouvert.

Dans la revendication 1, le "crayon", qui apparaît pour la première fois, est précédé d'un article indéfini : "*un* crayon". Dans cette même revendication, nous mentionnons également la lampe pour la première fois, en disant "*une* lampe". En revanche, lorsque nous précisons ensuite que la lampe est attachée au crayon, nous utilisons bien la forme "*au* crayon", autrement dit, "*à le* crayon". Le fait d'utiliser l'article "le" indique que le crayon est celui dont nous avions déjà fait mention dans la revendication – il pourrait y avoir autrement un doute : *s'agit-il du même crayon ou d'un autre crayon?*

Si nous voulons rédiger une autre revendication relative à un autre crayon, il nous faudra différencier le premier crayon du second. Une façon de procéder est de faire tout d'abord mention d'un "premier" élément, puis d'un "second" élément, et ainsi de suite. Une autre possibilité, lorsqu'il n'y a qu'un petit nombre d'éléments, est de dire "un" élément pour désigner le premier élément, puis "un autre" élément pour le second - par exemple :

- Un premier gadget, connecté à un second gadget, où le premier gadget...
- Un bidule, combiné à un autre bidule, où cet autre bidule dispose d'une capacité supérieure à celle du bidule...

Ce principe de reprise des termes vaut pour chaque nouveau jeu de revendications[18]. Ainsi, dans un autre jeu de revendications, le rédacteur du brevet devra appliquer de nouveau ce principe pour l'élément "crayon". Autrement dit, chaque nouvelle revendication doit être rédigée indépendamment des autres.

Si nous rédigeons une nouvelle revendication (revendication 4) pour notre invention de crayon, elle pourra se lire comme ceci :

4. Dispositif, comprenant :
   - *un* crayon; et
   - *une* lampe attachée *au* crayon, où la lampe est attachée de façon amovible *au* crayon.

Numéros de référence et expressions entre parenthèses
Dans certains systèmes de brevet, il est recommandé ou même exigé d'énoncer dans les revendications les numéros de référence attribués à divers éléments sur les dessins de la demande de brevet. Pour les demandes internationales selon le PCT, ces numéros de référence doivent, de préférence, apparaître entre parenthèses après chacun des éléments correspondants dans les revendications. Par exemple, si la figure 1 de la demande de brevet représente une mémoire d'ordinateur à laquelle a été attribué le numéro "123", l'élément mémoire d'ordinateur devra donc être suivi du numéro de référence "(123)" chaque fois qu'il sera mentionné dans les revendications.

Dans les systèmes qui recommandent l'utilisation de numéros de référence, cette façon de procéder peut faciliter la compréhension des revendications en établissant un lien clair entre ces dernières et les dessins. Toutefois, lorsqu'il existe un grand nombre de modes de réalisation différents, il suffit généralement d'indiquer les signes de référence des principaux modes de réalisation dans la ou les revendications.

Dans de nombreux pays, la loi sur les brevets prévoit expressément que les numéros de référence ne doivent *pas* être considérés comme limitant l'étendue de l'objet protégé par les revendications. Ils ont uniquement pour fonction de faciliter la compréhension de ces dernières. Le rédacteur du brevet peut même ajouter lui-même une remarque à cet effet dans la description.

Dans d'autres pays, en revanche, notamment les États-Unis d'Amérique, les rédacteurs de demandes de brevet évitent d'ajouter des numéros de référence, ou même n'y sont pas autorisés, probablement parce que les contrefacteurs et les tribunaux risqueraient autrement de les interpréter comme limitant les revendications. L'ajout de texte à des numéros de référence à l'intérieur des parenthèses peut nuire à la clarté. Les expressions telles que "moyens de fixation (vis 13, clou 14)" ou "ensemble de soupape (siège de soupape 23, élément de soupape 27 et siège de soupape 28)" risquent en effet de ne pas être considérées comme de simples signes de référence, mais comme des "caractéristiques spéciales"[19]. Il peut en résulter une difficulté à déterminer si les caractéristiques ajoutées au numéro de référence sont limitatives ou non.

Les offices de certains pays peuvent également rejeter les termes entre parenthèses - par exemple "brique moulée (béton)" - au motif qu'ils nuisent à la clarté, même s'ils ne sont pas accompagnés de numéros de référence. En revanche, les termes ayant une signification généralement acceptée sont autorisés, par exemple "(méth)acrylate", qui est une abréviation connue pour "acrylique et méthacrylate". Naturellement, l'utilisation de parenthèses dans des formules chimiques ou mathématiques ne peut généralement pas donner lieu à une objection.

Il est important de rappeler que l'ajout de numéros de référence dans une revendication ne signifie pas que les dessins concernés fassent partie intégrante de cette revendication - cette pratique n'est pas autorisée dans la plupart des pays[20]. Les revendications doivent donc être rédigées aussi clairement que s'il n'y avait aucun dessin.

Exemple

Une revendication contenant des numéros de référence pourrait se lire comme ceci :

1. Dispositif, comprenant :
   - une pluralité de pages imprimées (11);
   - une reliure (14) configurée de manière à assembler les pages imprimées (11); et
   - une couverture (21) attachée à cette reliure (14).

Les numéros entre parenthèses sont les numéros de référence figurant sous forme de légendes sur les dessins joints à la demande de brevet.

Vocabulaire des revendications

Nous avons déjà vu que certains termes tels que "comprenant" ont une signification particulière lorsqu'ils sont utilisés dans une revendication. Il en existe d'autres. Des termes tels que "de façon à", "dans lequel", "tel que" et "de manière à", par exemple, sont utilisés pour définir plus précisément une structure ou pour introduire une fonction associée à une structure. Le rédacteur de brevets doit se renseigner sur la manière dont ces termes sont interprétés par les tribunaux des pays ou régions qui intéressent son client, et ensuite les utiliser en conséquence, afin d'obtenir la protection recherchée.

Par exemple, le terme "dans lequel" est généralement utilisé pour décrire une fonction, une opération ou un résultat découlant de la structure ou de la fonction qui les précède dans la revendication; le terme "dans lequel" doit donc être utilisé lorsque le résultat suit nécessairement la structure ou la fonction décrite.

Exemple

Nous voulons revendiquer une chemise pour classer les dossiers. Si nous utilisons le terme "dans lequel", la revendication pourra se lire comme ceci :

1. Chemise pour classer les dossiers, dans laquellela chemise est configurée de sorte à recevoir les dossiers...

Le rédacteur de brevets peut également utiliser le terme "dans lequel/dans laquelle" pour ajouter certains éléments dans une revendication dépendante, ainsi que nous l'expliquerons plus loin, dans la section 3.5 sur la dépendance des revendications.

Éléments multiples

De nombreux offices des brevets exigent que les revendications mentionnent au moins deux éléments. Une revendication aura en effet une portée trop large si elle ne comporte pas suffisamment d'éléments.

La comparaison des deux revendications suivantes permet de comprendre facilement pourquoi cette règle est nécessaire.

Exemple

Comparez :

Ordinateur, comprenant :
- un processeur.

avec :

Ordinateur, comprenant :
- un processeur;
- une mémoire; et

- un bus configuré de sorte à transmettre des données entre la mémoire et le processeur.

La première revendication fournit peu d'informations sur l'ordinateur, si ce n'est qu'il s'agit d'une chose qui contient un processeur. La description nous donnera bien sûr une définition de ce qu'est un processeur, et nous pouvons aussi supposer qu'il existe des processeurs dans l'état de la technique, mais si l'on s'en tient à la manière dont cette revendication est formulée, le déposant semble chercher à obtenir la protection de tout objet contenant un processeur.

Cette revendication est beaucoup trop large : elle pourrait en effet désigner une boîte servant à transporter un processeur, puisqu'on ne nous dit rien de plus, sur les ordinateurs, que le fait que ce sont des boîtes qui contiennent des processeurs.

La seconde revendication apporte des informations complémentaires sur la structure et la définition des ordinateurs. Elle a donc une portée plus restrictive que la première.

2.3 Revendications en deux parties ou revendications de perfectionnement

La plupart des explications fournies dans les sections précédentes concernant les parties et autres détails d'une revendication s'appliquent également aux revendications en deux parties, également connues sous le nom de *revendications de perfectionnement* ou (aux États-Unis d'Amérique) *revendications Jepson*[21]. Dans une revendication en deux parties, le préambule expose l'état de la technique le plus pertinent, et la partie caractérisante détermine le perfectionnement apporté par l'invention. Le préambule et la partie caractérisante sont reliés par une transition spécifique, indiquant qu'il s'agit d'une revendication en deux parties. Les revendications en deux parties comportent donc toujours un préambule, une transition et une partie caractérisante, mais le préambule expose (reconnaît implicitement) *l'élément le plus pertinent* de l'état de la technique, la transition est un terme tel que "caractérisé par" ou "caractérisé en ce que" en Europe ou "dans lequel le perfectionnement comprend" aux États-Unis d'Amérique, et la partie caractérisante introduit le ou les éléments que le déposant considère comme nouveaux (non compris dans l'état de la technique le plus proche).

Exemple 1

1. Crayon muni d'une gomme attachée à l'une des extrémités du crayon, dans lequel le perfectionnement comprend une lampe attachée au crayon.

Dans cette revendication, l'élément pertinent de l'état de la technique est "un crayon muni d'une gomme", et le perfectionnement revendiqué est la lampe attachée.

Nous pourrions récrire cette revendication de la manière suivante, en observant le format standard et sans en modifier la portée :

1. Dispositif d'écriture, comprenant :
- un crayon ayant une structure allongée comprenant deux extrémités;
- une gomme attachée à l'une des extrémités du crayon; et
- une lampe attachée au crayon.

Exemple 2

1. Dispositif d'écriture, comprenant : un crayon ayant une structure allongée comprenant deux extrémités et une partie centrale entre les extrémités; une gomme attachée à l'une des extrémités du crayon; et une lampe attachée au crayon, caractérisée en ce que la lampe est attachée à la partie centrale du crayon.

Dans cette revendication, le déposant reconnaît que le dispositif d'écriture comprenant un crayon muni d'une gomme à une extrémité et d'une lampe est compris dans l'état de la technique pertinent, et indique que le perfectionnement revendiqué réside dans la position de la lampe, qui se trouve à la partie centrale du crayon.

L'exemple 2 montre que la formulation en deux parties met clairement en évidence l'élément de l'invention revendiquée que le déposant considère comme inventif par rapport à l'état de la technique. Le rédacteur du brevet doit toutefois bien comprendre qu'en utilisant ce type de formulation, il indique que le déposant reconnaît sans équivoque que l'objet figurant dans la première partie de la revendication n'était pas nouveau à la date de dépôt (ou de priorité) de la demande de brevet.

Certains systèmes de brevet, comme celui de l'OEB, privilégient l'utilisation des revendications en deux parties dans tous les cas où elle est appropriée. L'OEB recommande aux déposants d'adopter ce type de formulation, par exemple, lorsqu'il est clair que l'invention concerne un perfectionnement notable apporté à une combinaison existante d'éléments ou d'étapes. Comme c'est souvent le cas lorsque des règles établies à des fins d'efficacité administrative, cette "préférence" n'est pas appliquée de façon absolue (un rapide survol des brevets délivrés par l'OEB révèle qu'un grand nombre de revendications ne sont pas en deux parties). Il appartient donc au rédacteur du brevet de décider s'il est dans l'intérêt de son client d'adopter la formulation en deux parties, étant donné que cela implique une reconnaissance explicite du fait que la première partie est comprise dans l'état de la technique. Certains rédacteurs de demandes de brevet préféreront rédiger d'abord leurs revendications de la façon conventionnelle et voir si l'examinateur décide d'appliquer la préférence de l'office et d'exiger une formulation en deux parties. Dans d'autres cas, par exemple si la demande du client est déposée uniquement auprès de l'OEB, l'intérêt de ce dernier sera peut-être mieux servi, compte tenu de la nature de l'invention et de l'état de la technique, si la formulation en deux parties est adoptée d'emblée.

Selon l'OEB, la première partie de ces revendications doit contenir un *préambule* indiquant "la désignation de l'objet de l'invention", c'est-à-dire le domaine technique général du dispositif, du procédé, etc., sur lequel porte l'invention, suivi de la mention des "caractéristiques techniques qui sont nécessaires à la définition des éléments revendiqués mais qui, combinées entre elles, font partie de l'état de la technique"[22]. Cette obligation de citer les caractéristiques faisant partie de l'état de la technique concerne uniquement les revendications indépendantes, et non les revendications dépendantes. Elle ne s'applique, par conséquent, que si les caractéristiques comprises dans l'état de la technique sont pertinentes pour l'invention. Par exemple, si l'invention concerne un appareil photographique, mais que l'activité inventive porte exclusivement sur l'obturateur, il suffit généralement que la première partie de la revendication soit rédigée comme suit : "Appareil photographique comprenant un obturateur focal plan..." Il n'est alors pas nécessaire de mentionner également les autres caractéristiques connues d'un appareil photographique telles que l'objectif et le viseur, à moins qu'il n'y ait lieu de citer d'autres composants comme étant des éléments essentiels d'un appareil photographique.

La seconde partie ou *partie caractérisante* doit exposer les caractéristiques qui représentent la contribution apportée par l'invention à l'état de la technique, c'est-à-dire les caractéristiques techniques pour lesquelles, en liaison avec les caractéristiques indiquées dans la première partie, une protection est recherchée.

Même si l'OEB a une préférence pour les revendications en deux parties, il concède que ce type de revendication est inadapté dans certains cas. Ainsi, la nature de l'invention peut faire que ce type de formulation ne convienne pas, par exemple parce qu'il donnerait une idée fausse ou trompeuse de l'invention ou de l'état de la technique. Voici quelques exemples du type d'invention pour lequel une présentation différente pourrait être nécessaire :

- la combinaison d'entités connues d'importance égale, l'activité inventive résidant seulement dans cette combinaison;
- la modification, sans toutefois rien lui ajouter, d'un processus chimique connu, par exemple par omission d'une substance ou par substitution d'une substance à une autre; ou
- l'établissement d'un système complexe d'éléments étroitement liés entre eux sur le plan fonctionnel, l'activité inventive portant sur la modification de plusieurs de ces éléments ou de leurs liaisons.

Dans les deux premiers de ces exemples, la présentation des revendications en deux parties pourrait être artificielle et inadaptée, et dans le troisième, elle pourrait avoir pour résultat une revendication d'une longueur et d'une complication excessives.

Ce mode de présentation pourrait également se révéler inadapté lorsque l'objet de l'invention est un nouveau composé chimique ou groupe de composés chimiques.

L'OEB indique aussi que d'autres situations peuvent se présenter dans lesquelles le déposant sera en mesure d'invoquer des raisons convaincantes pour construire une revendication autrement qu'en deux parties.

2.4 Variantes et revendications de type Markush

Dans de nombreux systèmes de brevet, une même revendication peut comporter des variantes. Le terme utilisé en langage courant lorsqu'il y a plus d'une variante est "ou". Dans le domaine des brevets, toutefois, et particulièrement dans les revendications, les formes telles que "métal ou matière plastique" sont généralement considérées comme dépourvues de clarté. Si cette façon de procéder est acceptée dans le système concerné, il est possible d'utiliser les phrases "métal ou matière plastique" ou "au moins une composition choisie entre le métal et la matière plastique" pour exprimer un "ou" inclusif, et "soit le métal, soit la matière plastique" pour exprimer un "ou" exclusif.

De nombreux systèmes de brevet permettent de revendiquer plusieurs variantes exclusives d'un même élément dans une seule revendication dite de type Markush, du nom de l'inventeur dont le brevet a donné naissance à cette formule. Ce type de revendication peut faciliter le travail du rédacteur de brevets en lui permettant de rédiger un jeu de revendications complet (voir la section 3 sur les jeux de revendications et les revendications dépendantes). Une revendication, qu'elle soit indépendante ou dépendante, peut porter sur plusieurs variantes, à condition que le nombre et la présentation de ces variantes dans une seule et même revendication ne rendent pas cette dernière obscure ou difficile à interpréter.

La forme la plus couramment utilisée dans la rédaction des revendications de type Markush est "dans lequel l'élément A est choisi parmi le groupe constitant en X, Y ou Z".

Exemple

> Un procédé chimique peut être réalisé à l'aide de "cuivre", "de plomb" ou d'"or". Le rédacteur du brevet pourrait penser à utiliser un terme plus abstrait pour couvrir les trois, par exemple "métal", mais ni lui ni l'inventeur n'ont la certitude que le procédé fonctionnerait avec *n'importe quel* métal. En fait, l'inventeur est sûr qu'il ne fonctionnerait pas avec du mercure. Le rédacteur du brevet ne peut donc pas utiliser le terme plus abstrait "métal" sans fournir plus de précisions.
>
> Supposons que le rédacteur du brevet et l'inventeur ne connaissent pas d'autre terme abstrait pour désigner les trois métaux avec lesquels l'invention fonctionne. Le rédacteur du brevet pourrait rédiger trois revendications indépendantes – l'une pour le "cuivre", l'autre pour le "plomb" et la dernière pour l'"or", mais il peut aussi procéder à un groupement de type Markush, et rédiger simplement une revendication indépendante se lisant ainsi : "un métal choisi dans le groupe constitué par le cuivre, le plomb et l'or".

L'utilisation des groupements de type Markush ne se limite pas aux inventions chimiques; elle peut s'étendre à d'autres domaines techniques, par exemple : "une attache choisie dans le groupe constitué par un clou, une vis et un rivet". Dans la pratique, cependant, ils ne sont ni souhaitables ni nécessaires dans ces autres domaines, car les termes génériques décrivant les variantes (par exemple "une attache") ou les éléments fonctionnels ("un moyen de fixation") ont pour effet d'élargir la définition des variantes.

En revanche, les groupements de type Markush sont communément utilisés dans le domaine de la chimie, pour définir des variantes, par exemple, d'ingrédients chimiques pouvant être utilisés dans une composition, d'étapes dans un procédé chimique ou de valeurs de radicaux dans une formule. Il est très courant d'utiliser une formule de Markush dans une revendication de produit définissant structurellement un groupe de produits chimiques à l'aide d'une formule générale.

Exemple[23]

Revendication 1. Composé de formule :

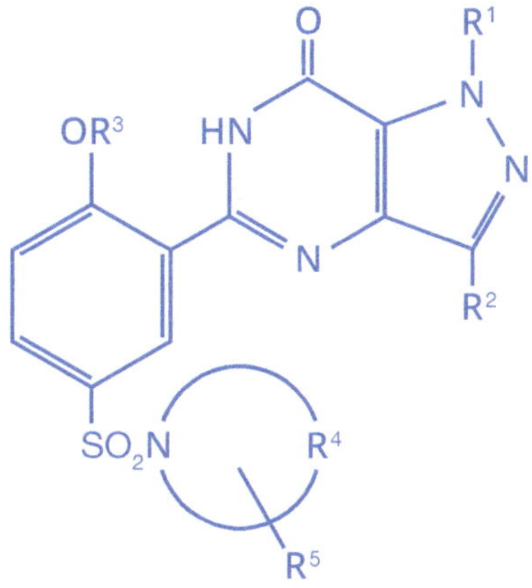

Dans lequel

- R1 est choisi parmi le groupe consistant en H, alkyle en C1-C3, cycloalkyle en C3-C5 et perfluoroalkyle en C1-C3;
- R2 est ...; R4 est ...; R5 est ...; R6 est ...; et
- R7 et R8 représentent chacun indépendamment H, alkyle en C1-C4, (alkoxy en C1-C3) alkyle en C2-C4 ou hydroxy alkyle en C2-C4;
- et leurs sels pharmaceutiquement acceptables.

Selon cette revendication, les composés structurellement définis résultent de toutes les combinaisons des radicaux R1 à R8 (définis par les huit sous-groupes de type Markush correspondants), ainsi que des sels de ces composés, avec tous les acides qui ne sont pas toxiques pour les animaux ou les humains (définis par l'élément fonctionnel "leurs sels pharmaceutiquement acceptables").

Comme toutes les autres, les revendications de type Markush doivent satisfaire au critère de l'unité d'invention. Nous expliquerons dans le module VI, section 11 de quelle manière le principe d'unité d'invention s'applique aux revendications de type Markush.

Si l'intention du rédacteur de brevets est de permettre de choisir plus d'un élément d'un groupement de Markush à la fois (en plus d'en choisir seulement un), la revendication doit le mentionner expressément; à défaut, la revendication sera interprétée comme ne permettant pas de choisir plus d'un élément à la fois. Par exemple, la phrase "dans lequel le solvant est choisi parmi le groupe consistant en A, B ou C" est interprétée comme permettant de choisir *seulement* A ou B ou C comme solvant, mais pas deux de ces derniers. S'il est possible d'utiliser différentes combinaisons de ces éléments, la formulation à utiliser devrait donc être "dans lequel le solvant est choisi parmi le groupe consistant en A, B, C et leurs combinaisons" (ou une formulation équivalente).

Il est important d'éviter toute ambiguïté dans un groupement de Markush. De plus, le rédacteur de brevets doit vérifier qu'un groupement de Markush constitue bien la méthode appropriée pour revendiquer l'invention, avant de s'engager dans cette voie. Dans l'exemple ci-dessus, si l'invention pouvait également fonctionner avec du fer, le groupement de Markush proposé ne protégerait pas directement les modes de réalisation de l'invention utilisant le fer. Le rédacteur de brevets ne doit pas oublier qu'il doit toujours s'efforcer de rédiger des revendications couvrant l'ensemble de modes de réalisation brevetables de l'invention.

Il convient de faire preuve de la plus grande prudence lorsque l'on utilise un groupement de Markush, car il suffit qu'une seule des variantes qu'il comporte soit considérée comme faisant partie de l'état de la technique pour que la revendication soit considérée dans son intégralité comme non nouvelle, et donc rejetée. Les groupements de type Markush sont très utiles pour rédiger des revendications indépendantes remplissant la condition d'unité d'invention, mais il peut être préférable, pour le déposant, de revendiquer leurs variantes dans un jeu de revendications dépendantes séparées (voir la section 3 du présent module).

2.5 Éléments fonctionnels et revendications de type "moyen plus fonction"

Certains des exemples cités précédemment nous ont permis de voir qu'il est possible de définir un élément revendiqué en indiquant la fonction qu'il remplit plutôt que sa nature. En général, une revendication fonctionnelle est admissible à condition qu'une personne du métier puisse mettre en œuvre l'élément concerné sans difficulté et sans devoir faire preuve d'inventivité.

Les éléments fonctionnels peuvent être introduits de différentes manières :

- l'élément peut être défini par une phrase caractérisant sa fonction, par exemple "un support de stockage lisible par ordinateur", "un agent oxydant" ou "un excipient pharmaceutiquement acceptable";
- l'élément peut être défini par un terme structurel impliquant lui-même une fonction, par exemple "un réchaud", "une attache" ou "un solvant";
- un élément fonctionnel peut également être introduit par une phrase qui le suit immédiatement, par exemple :
  - "assurant [un fonctionnement quelconque]";
  - "créant [une propriété physique ou chimique]";
  - "afin que [quelque chose se produise]";
  - "ce qui permet [à un effet de se produire]";
  - "de manière à [ce qu'un but soit atteint]"; ou
  - "configuré(e) pour [obtenir un résultat quelconque]".

Une autre possibilité concerne les revendications de type "moyen plus fonction", qui décrivent des éléments n'ayant pas de structure définie, mais représentant des moyens d'exécuter les fonctions divulguées dans la description. L'interprétation de ces revendications varie selon les systèmes de brevet, et finit même, parfois, par varier à l'intérieur d'un même système juridique. Une revendication de ce type peut, par exemple, être considérée comme divulguant le moyen d'exécuter la fonction décrite dans la description, et aussi les équivalents raisonnables de ce moyen. Autrement dit, une revendication de type "moyen plus fonction" peut ne pas inclure tous les éléments nécessaires à l'exécution d'une fonction, ni même un seul de ces éléments. Les revendications de type "moyen plus fonction" peuvent être interprétées de façon large ou étroite dans un même système juridique, étant donné qu'elles ne définissent pas spécifiquement la structure nécessaire à l'exécution de la fonction. En fait, une énergie considérable est parfois déployée de part et d'autre, dans les litiges en matière de brevets, pour déterminer si une revendication *est ou non* de type "moyen plus fonction".

Le libellé classique d'une revendication de ce type comprend le terme "moyen" suivi d'une fonction. Par exemple, si l'invention est un cuiseur à riz, la revendication de type "moyen plus fonction" peut être rédigée comme suit :

1. Dispositif pour cuire le riz, comprenant :
   - un *moyen* pour contenir le riz; et
   - un réchaud pour chauffer le moyen contenant le riz.

Dans cet exemple, il faut noter qu'au lieu de nommer directement la structure qui contient le riz (par exemple "un bol"), il est fait état d'un dispositif qui a pour fonction de contenir du riz. Nous avons ainsi évité d'utiliser un nom spécifique, et décrit à la place sa fonction. Nous évitons ainsi qu'un concurrent utilise simplement autre chose qu'un bol comme contenant pour le riz.

Il n'est pas nécessaire que tous les éléments d'une revendication de type "moyen plus fonction" soient des moyens. En fait, chacun des éléments peut être traité de façon différente. Si une revendication se compose de trois éléments, dont deux sous la forme "moyen plus fonction" et un relatif à un élément structurel (comme le "réchaud" ci-dessus), l'élément structurel sera interprété conformément à sa signification habituelle dans le domaine concerné, tandis que chacun des deux éléments de type "moyen plus fonction" sera interprété en déterminant d'abord la fonction concernée, puis, dans un deuxième temps, la structure divulguée dans la description pour l'exécution de cette fonction.

Les revendications de type "moyen plus fonction" sont utiles dans certains pays ou régions où elles sont interprétées d'une manière plus large que les revendications mentionnant spécifiquement un élément structurel. Elles le sont même dans les systèmes de brevet qui, sans nécessairement leur donner une interprétation large, les interprètent néanmoins différemment des revendications dans lesquelles les limites structurelles sont clairement énoncées. La "différence", quelle qu'elle soit, permet de viser une protection plus large – à condition que les deux types de revendications figurent dans la demande de brevet. Il faut se rappeler aussi que l'interprétation des revendications par les tribunaux tend à évoluer : un tribunal qui interprétait de façon étroite les revendications de type "moyen plus fonction" au cours de la première année de validité d'un brevet d'une durée de 20 ans peut avoir adopté une interprétation plus large le jour où ce brevet est contesté pour la première fois, 11 ans plus tard.

Quoi qu'il en soit, le rédacteur de brevets doit garder à l'esprit qu'une revendication de type "moyen plus fonction" doit être accompagnée, dans la description, d'une description définissant clairement la structure nécessaire à l'exécution de la fonction énoncée. La description d'une demande de brevet doit toujours contenir suffisamment d'informations sur la structure, quel que soit le type de revendication.

Lorsqu'il utilise une revendication de type "moyen plus fonction", le rédacteur de brevets doit éviter plus particulièrement de faire référence inutilement à la structure ou s'assurer d'indiquer clairement, dans la description, quelles sont les structures qui remplissent la fonction, afin d'éviter de fournir à la partie adverse, en cas de litige, des arguments favorisant une interprétation étroite de cette revendication. Par exemple, si le terme "moyens de fixation" apparaît dans la revendication, la description devra clairement définir ces moyens de fixation, en disant par exemple qu'il s'agit de "rubans, adhésifs, rivets ou l'un quelconque de ces moyens de fixation". Autrement, le titulaire du brevet risquera de voir les tribunaux adopter une interprétation beaucoup plus étroite des "moyens de fixation" que celle qu'il avait envisagée.

Si les éléments d'une revendication sont tous définis par les fonctions qu'ils remplissent, que ce soit selon la formulation "moyen plus fonction" ou autrement, il existera également un risque élevé de rejet de la demande, au motif que la revendication constitue un simple desideratum (un résultat souhaité, sans explication de la manière dont il est atteint). Le domaine défini par les revendications doit être aussi précis que le permet l'invention.

Il est possible de faire figurer dans un même brevet des revendications de type "moyen plus fonction" et des revendications qui ne dépendent pas de ce type de formulation.

3. Jeux de revendications

Les descriptions de brevets contiennent généralement plus d'une revendication. Nous avons déjà vu les exemples suivants :

1. Dispositif, comprenant :
   - un crayon; et
   - une lampe attachée *au* crayon.

2. Dispositif mentionné dans la revendication 1 où *la* lampe est attachée de façon amovible *au* crayon.

3. Dispositif mentionné dans la revendication 2 où *le* crayon est de couleur rouge.

Un jeu de revendications inclura généralement une ou plusieurs revendications indépendantes (ou principales) et un certain nombre de revendications dépendantes ou secondaires (ou sous-revendications), relevant d'une ou plusieurs revendications indépendantes ou dépendantes. Dans l'exemple ci-dessus, la revendication 1 est une revendication indépendante, et les revendications 2 et 3 sont des revendications dépendantes.

Toutes les demandes de brevet doivent contenir au moins une revendication *indépendante* consacrée aux caractéristiques essentielles de l'invention, c'est-à-dire les caractéristiques qui permettent de remplir les conditions de brevetabilité, soit la nouveauté et l'activité inventive.

Chaque revendication indépendante peut être suivie d'une ou plusieurs *revendications dépendantes*, relatives à des modes de réalisation plus spécifiques de l'invention décrite dans la revendication indépendante. *Les revendications dépendantes contiennent des références à d'autres revendications.* Une revendication dépendante qui fait référence à une autre revendication inclura toutes les caractéristiques de l'autre revendication, même si elles ne sont pas mentionnées expressément. Dans d'autres cas, une revendication dépendante peut aussi définir une ou plusieurs caractéristiques susceptibles d'être ajoutées valablement à plusieurs revendications qui la précèdent (indépendantes ou dépendantes). Plusieurs possibilités s'ensuivent : une revendication dépendante peut faire référence à une ou plusieurs revendications indépendantes, à une ou plusieurs revendications dépendantes ou à ces deux types de revendications.

Il est relativement rare qu'une demande de brevet comporte une seule revendication. Cela s'explique par le fait que les rédacteurs de demandes de brevet s'efforcent généralement de rédiger un jeu de revendications large, susceptible de protéger divers aspects de l'invention à divers degrés de détail - c'est-à-dire un certain nombre de revendications dont chacune a une portée différente. Cela dit, même si les lois sur les brevets ne fixent généralement pas de limite supérieure au nombre de revendications, multiplier le nombre de revendications n'est pas la meilleure façon de procéder - notamment en raison des coûts que cela entraîne pour le client.

Un rédacteur de brevets doit tenir compte des coûts, ainsi que d'un certain nombre d'autres facteurs lorsqu'il prépare un jeu de revendications. Tout d'abord, de nombreux offices de brevets exigent des taxes de dépôt supplémentaires au-delà d'un certain nombre de revendications, et ces taxes de revendications ne sont pas nécessairement remboursées si une modification est effectuée ultérieurement pour réduire le nombre de revendications. Les autres taxes, par exemple les taxes d'examen et les taxes de délivrance, peuvent également varier selon le nombre de revendications. Certains offices comptent seulement les revendications numérotées (revendication 1, revendication 2, etc.) pour calculer les taxes; d'autres offices, par exemple l'Office des brevets et des marques des États-Unis d'Amérique (USPTO), imposent une taxe supplémentaire pour chaque revendication se référant à plus d'une autre revendication (voir 3.3 "Revendications dépendantes multiples"), qu'elle soit numérotée ou non.

Deuxièmement, rédiger des revendications manifestement trop larges ou trop étroites ne contribue pas à assurer au demandeur de brevet une protection sérieuse pour son invention. Une revendication trop large risque fort d'être rejetée pour défaut de nouveauté ou d'activité inventive. À l'inverse, une revendication trop restrictive peut être d'une utilité limitée, même si le brevet est accordé, car les concurrents du titulaire pourront éviter facilement d'y porter atteinte en le contournant.

Troisièmement, les lois sur les brevets prévoient généralement que les revendications doivent être claires et concises; une prolifération de revendications indépendantes risque donc de compliquer les choses à l'excès, et le nombre de revendications doit être raisonnable par rapport à la nature et à la complexité de l'invention revendiquée.

3.1 Revendications indépendantes

Dans une demande de brevet, les revendications indépendantes sont celles dont la portée est la plus large. Certaines sont plus larges que d'autres, mais une revendication indépendante est toujours plus large que toute revendication qui dépend d'elle. Une revendication indépendante est une revendication autonome qui n'a pas besoin d'être limitée par une autre revendication pour être complète. Chaque jeu de revendications débute par une revendication indépendante.

L'astuce du professionnel

> Quand vous rédigez un jeu de revendications, réfléchissez bien au fait que vous devez trouver le juste équilibre entre l'étendue de la protection recherchée, le coût probable de cette protection et la nécessité de satisfaire aux exigences de la législation applicable.

Une demande de brevet peut contenir plus d'une revendication indépendante. Par exemple, une seule invention peut englober plusieurs aspects d'une invention, et il peut être impossible de les couvrir tous dans une même revendication indépendante. D'une manière générale, il est bon de rédiger plusieurs revendications indépendantes couvrant chacune un aspect de l'invention.

La question des types de revendications, dont nous allons parler, diffère de celle de la portée des revendications. Un rédacteur de brevets peut donc être bien avisé de rédiger plusieurs revendications de dispositif indépendantes, chacune portant sur un aspect différent du dispositif concerné. Si elles portent sur le même aspect, il sera tout de même bon qu'il rédige plusieurs revendications, de portée et de largeur différente. Cette manière de procéder pourra jouer un rôle important dans la protection de l'invention contre différentes formes de contrefaçon. Le rédacteur d'une revendication a évidemment pour objectif d'empêcher les concurrents de fabriquer des produits relevant du même concept inventif; parallèlement, une revendication a peu de chances d'être très utile si les seules personnes susceptibles d'y porter atteinte sont les utilisateurs du produit (autrement dit les clients).

Selon la règle dite de l'*unité d'invention*, des revendications indépendantes multiples contenues dans un même brevet ne peuvent porter que sur une invention ou sur une pluralité d'inventions liées entre elles de telle sorte qu'elles ne forment qu'un seul concept inventif général (pour plus de détails sur l'unité d'invention, voir le module VI, section 11). Cela ne signifie pas qu'il soit impossible de revendiquer plusieurs inventions dans une même demande de brevet, mais que l'office ne délivrera pas de brevet si elles ne se rapportent pas toutes à une seule et même invention de base.

L'astuce du professionnel

> Vous devez vous efforcer de faire en sorte que le nombre de revendications nécessaire à la protection de l'invention de votre client soit accordé. L'expérience vous apprendra jusqu'où vous pouvez aller avant d'atteindre le seuil au-delà duquel le coût de ces revendications (taxes additionnelles de revendication, annuités, etc.) deviendra excessif par rapport aux résultats escomptés.

L'Office des brevets et des marques des États-Unis d'Amérique (USPTO) exige une taxe additionnelle pour chaque revendication indépendante au-delà des trois premières. Certains offices, notamment l'OEB, peuvent limiter le nombre de revendications indépendantes à une seule dans chaque catégorie (par exemple, une revendication indépendante de produit et une revendication indépendante de procédé dans une même demande), afin de décourager les demandeurs dans le dépôt de nombreuses revendications indépendantes dans un système privilégiant l'efficacité administrative. L'OEB prévoit cependant des exceptions à cette règle :

i) Exemples de plusieurs produits ayant un lien entre eux ...
fiche et socle de prise de courant
transmetteur - récepteur
produit(s) chimique(s) intermédiaire(s) et produit final
gène - construction génétique - hôte - protéine - médicament
[...]

ii) Exemples de plusieurs utilisations inventives différentes d'un produit ou d'un dispositif ...
revendications portant sur d'autres utilisations médicales lorsqu'une première utilisation médicale est connue ...
[...]

iii) Exemples de solutions alternatives à un problème particulier ...
un groupe de composés chimiques
deux procédés ou plus de fabrication de tels composés[24]

Le dépôt de revendications de portée différente peut constituer une assurance contre une contestation de la validité d'un brevet sur le fondement de l'état de la technique - parfois dans une procédure engagée longtemps après qu'un examinateur de brevet ait approuvé la demande et que le brevet ait été délivré. Étant donné qu'il n'est pas rare que les éléments les plus pertinents de l'état de la technique soient découverts par le présumé contrefacteur dans le cadre d'une procédure pour atteinte à un brevet, l'utilisation de revendications de portée différente permettra de mieux défendre l'inventeur face à des antériorités qui lui étaient précédemment inconnues, de même qu'au rédacteur du brevet ou même à l'examinateur.

Une revendication indépendante doit généralement énoncer les caractéristiques essentielles à la définition de l'invention. Bien que la règle varie selon les offices de brevets, ces caractéristiques n'ont habituellement pas besoin d'être mentionnées lorsque les termes génériques utilisés sous-entendent qu'elles existent (par exemple, il n'est pas obligatoire, en général, de mentionner la présence de roues dans une revendication relative à une bicyclette. Lorsque la brevetabilité dépend d'un effet technique, la revendication doit indiquer toutes les caractéristiques techniques de l'invention qui sont essentielles pour obtenir cet effet technique. En d'autres termes, les revendications doivent être claires et se rapporter à ce qui constitue le cœur de l'invention.

Si une revendication porte sur un procédé permettant d'obtenir un produit X, le procédé revendiqué doit être tel que, lorsqu'il est mis en œuvre de manière raisonnable par une personne du métier, le résultat auquel il aboutit nécessairement est le produit X; sinon, il y a contradiction interne et, par conséquent, absence de clarté de la revendication. Dans le cas d'une revendication de produit, si le produit est d'un type bien connu et que l'invention réside dans le fait de lui avoir apporté certaines modifications, il suffit que la revendication indique clairement le produit et précise ce qui est modifié et de quelle façon. Les mêmes remarques valent pour les revendications qui portent sur un appareil.

3.2 Revendications dépendantes

Les rédacteurs de demandes de brevet écrivent généralement une combinaison de revendications de portée large et étroite, afin de rendre compte efficacement de toute l'étendue de l'invention. Concrètement, ils rédigent d'abord la revendication indépendante la plus large, puis un certain nombre de revendications dépendantes de portée plus restrictive, à différents degrés, que la revendication indépendante.

Les revendications dépendantes constituent aussi une "position de repli" pour le rédacteur de brevets. En effet, même s'il effectue une recherche sur l'état de la technique, il ne peut pas avoir la certitude d'avoir trouvé toutes les antériorités pertinentes publiées à travers le monde; il y a toujours un risque qu'un examinateur de brevets découvre un élément de l'art antérieur qui détruit la nouveauté ou l'activité inventive de l'invention revendiquée. En revanche, si un examinateur trouve un élément de l'art antérieur qui exclut la brevetabilité de la revendication indépendante large, mais pas celle des revendications dépendantes plus étroites, un brevet pourra tout de même être accordé, avec une protection moins étendue. Les revendications dépendantes plus étroites ne sont pas aussi "fortes" que la revendication indépendante, mais elles peuvent suffire à assurer au déposant ce qu'il recherche, c'est-à-dire un avantage concurrentiel sur le marché.

Format et structure des revendications dépendantes

Une revendication dépendante est une revendication qui "dépend" (pas au même sens que dans le libellé des brevets) d'une autre revendication – soit une revendication indépendante, soit une autre revendication dépendante. Ses liens de dépendance sont indiqués par une référence à la revendication principale. Par exemple "2. Le dispositif de la revendication 1, comprenant encore..." indique que la revendication 2 dépend de la revendication 1.

Une revendication dépendante est construite d'une manière plus concise, qui évite la répétition intégrale du texte de la revendication à laquelle elle se réfère. La référence à une autre revendication signifie que le contenu de la revendication dépendante inclut tous les éléments de la revendication principale, auxquels s'ajoutent les nouveaux éléments qu'elle introduit elle-même. Les revendications dépendantes sont généralement plus courtes que les revendications indépendantes, de sorte que les personnes ayant peu d'expérience en matière de brevets croient parfois qu'elles ont une portée plus large que les revendications indépendantes, alors qu'en fait, c'est tout le contraire.

Exemple

Une revendication indépendante (revendication 1) se lit comme suit :

1. Dispositif, comprenant :
   - un crayon; et
   - une gomme attachée au crayon.

Une revendication dépendante (revendication 2) se lit comme suit :

2. Dispositif de la revendication 1, comprenant en outre :
   - une lampe attachée au crayon.

Une revendication dépendante (revendication 3) se lit comme suit :

3. Dispositif de la revendication 2, comprenant en outre :
   - un bouton pousse-mine attaché au crayon.

Une autre revendication dépendante (revendication 4) se lit comme suit :

4. Dispositif de la revendication 2,
   - dans lequel la lampe est une lumière LED.

L'intégralité de la revendication dépendante 2 comprend le texte intégral de la revendication 2, auquel *s'ajoute* le texte intégral de la revendication 1. La revendication 2 se lit donc, *en fait*, comme ceci :

2. Dispositif, comprenant :
   - un crayon;
   - une gomme attachée au crayon; et
   - une lampe attachée au crayon.

De la même façon, la revendication 3, qui dépend de la revendication 2, laquelle se réfère elle-même à la revendication 1, a, en fait, la même portée que celle qu'aurait la revendication indépendante suivante :

3. Dispositif, comprenant :
   - un crayon;
   - une gomme attachée au crayon;
   - une lampe attachée au crayon; et
   - un bouton pousse-mine attaché au crayon.

Comme le montre l'exemple ci-dessus, toutes les revendications dépendantes qui se rapportent à une revendication indépendante ont le même préambule. Bien qu'il ne s'agisse pas d'une pratique universelle, une revendication indépendante peut être introduite par l'article indéfini "Un" ou "Une", tandis qu'une revendication dépendante peut commencer par l'article défini "Le", "La" ou "Les".

Les revendications dépendantes sont toujours de portée plus restrictive que la revendication dont elles dépendent. Par exemple, les crayons d'un concurrent non munis d'une lampe ne seront pas considérés comme des contrefaçons de la revendication 2, mais ils peuvent porter atteinte à la revendication 1, qui est plus large.

Le préambule est généralement suivi d'un mot ou d'une phrase qui indique une dépendance par rapport à une autre revendication. Ce mot ou phrase comprend l'ensemble de ce qui est énoncé dans la revendication principale. La phrase utilisée dans notre exemple est "Le dispositif de la revendication 1...". D'autres exemples courants sont "Le dispositif selon la revendication 1" et "Le dispositif exposé dans la revendication 1". Les formulations "tel que revendiqué dans", "tel qu'exposé dans" ou "tel qu'énoncé dans" peuvent également être utilisées pour indiquer la dépendance d'une revendication par rapport à une autre.

Dans une revendication dépendante, la référence à une autre revendication est immédiatement suivie d'au moins une caractéristique additionnelle, qui n'est pas présente dans cette autre revendication. Cela peut se faire de trois façons :

i) en ajoutant au moins un nouvel élément, E, généralement introduit par l'énoncé "comprenant en outre E" (par exemple, dans notre revendication dépendante 2, une lampe attachée au crayon est un nouvel élément qui ne se trouvait pas dans la revendication 1);
ii) en choisissant au moins un élément, E1, dans un élément plus large, E, mentionné dans la revendication principale, ce qui s'exprime généralement par l'énoncé "dans lequel E est E1" (par exemple, dans notre revendication dépendante 4, le concept plus large de la lampe est réduit à une lumière LED), ou en ajoutant une caractéristique à au moins un élément de la revendication dépendante (par exemple, "dans lequel la lampe est attachée de façon amovible"); ou
iii) en combinant i) et ii).

Les revendications dépendantes doivent être groupées de manière à permettre de comprendre et interpréter aussi facilement que possible les liens entre les revendications et leur signification. Toutes les demandes dépendantes doivent faire référence à au moins une demande qui les précède, et ne peuvent pas faire référence à une demande qui les suit. Une revendication dépendante ne peut en aucune façon élargir l'étendue de la protection de l'invention définie dans la revendication dont elle dépend.

On peut se représenter les relations qui lient les revendications indépendantes et dépendantes sous la forme d'un "arbre", dans lequel chaque revendication est représentée par son numéro, et ses liens avec les autres par des lignes ou des flèches. L'arbre des revendications de notre exemple pourrait ressembler à ceci :

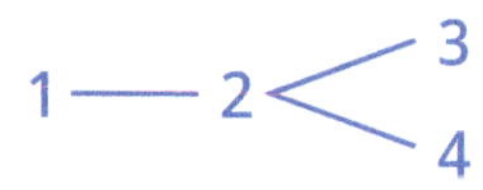

Il arrive que l'examinateur de brevets trouve dans l'état de la technique un élément qui exclut la brevetabilité d'une revendication indépendante, mais pas celle d'une revendication dépendante. Le rédacteur du brevet et son client peuvent alors décider de batailler pour faire reconnaître la brevetabilité de la revendication principale, mais ils peuvent aussi choisir de retirer purement et simplement la revendication indépendante rejetée (ainsi que les revendications qui en dépendent) et de rédiger une nouvelle revendication indépendante dans laquelle seront combinées les limitations de la revendication indépendante annulée et celles de la revendication dépendante qui est recevable. Le rédacteur du brevet peut également modifier ensuite les autres revendications de la demande, afin de les faire dépendre de la nouvelle revendication indépendante (qui était auparavant une revendication dépendante).

Exemple

Une demande contient une revendication indépendante (revendication 1) et 10 autres revendications qui, en dernière analyse, dépendent de la revendication 1[25].

Les trois premières revendications se lisent comme suit :

1. Dispositif, comprenant :
   - un crayon; et
   - une gomme attachée au crayon.

2. Dispositif de la revendication 1, comprenant en outre :
   - une lampe attachée au crayon.

3. Dispositif de la revendication 2, comprenant en outre :
   - un bouton pousse-mine attaché au crayon.

L'examinateur a rejeté la revendication 1, mais a conclu à la recevabilité de la revendication 2, et n'a élevé une objection concernant la revendication 2 qu'en raison de son lien de dépendance avec la revendication 1 qu'il a rejetée.

Si le client accepte cette façon de procéder, le rédacteur du brevet pourra récrire la revendication 2 de manière à ce qu'elle devienne une nouvelle revendication indépendante 1, en énonçant spécifiquement toutes les limitations de la revendication 1 (comme nous l'avons fait précédemment). L'ancienne revendication 2 sera donc maintenant renumérotée pour devenir la revendication 1 :

1. Dispositif, comprenant :
   - un crayon;
   - une gomme attachée au crayon; et
   - une lampe attachée au crayon.

La revendication 3 dépend déjà de l'ancienne revendication 2, qui est maintenant la revendication 1. La revendication 3 n'a donc pas besoin d'être modifiée sur le fond, mais seulement pour la rattacher à la revendication 1 et la renuméroter pour qu'elle devienne la revendication 2 :

2. Dispositif de la revendication 1, comprenant en outre :
   - un bouton pousse-mine attaché au crayon.

Une fois la modification déposée par le rédacteur de brevets, la demande est normalement acceptée par l'examinateur, et le client se voit finalement délivrer un brevet comportant 10 revendications au lieu de 11.

La formulation exacte diffère selon les systèmes de brevet, mais la demande de modification de la revendication 2 pour en faire une revendication indépendante pourrait prendre la forme suivante :

12. Dispositif, comprenant :

   - un crayon;
   - une gomme attachée au crayon; et
   - une lampe attachée au crayon.

La partie biffée indique quels sont les mots supprimés, et la partie soulignée indique quels sont les mots ajoutés.

La modification peut aussi consister à apporter à la revendication 1 originale les limitations trouvées dans la revendication 2 originale :

1. Dispositif, comprenant :

   - un crayon;
   - une gomme attachée au crayon; et
   - une lampe attachée au crayon.

La question des modifications sera examinée plus en détail dans le module IX, section 3.

L'astuce du professionnel

N'oubliez pas que si les revendications indépendantes sont considérées comme recevables par un examinateur de brevets, les revendications qui en dépendent le seront aussi. Aucune modification ne sera donc nécessaire de votre part.

Une revendication dépendante peut seulement ajouter des éléments à la revendication dont elle dépend ou la limiter; elle ne peut pas retirer d'éléments ou de limitations. En d'autres termes, une revendication dépendante peut seulement restreindre la portée de la revendication à laquelle elle se réfère, et non l'élargir. Par exemple, la revendication dépendante 4 ne peut pas être rédigée comme suit :

4. Dispositif mentionné dans la revendication 2 où la lampe *n'est pas* attachée au crayon.

Cette formulation ne conviendrait pas, car elle retire un élément à la revendication principale, à savoir la lampe.

Une revendication dépendante peut également être utilisée à l'appui d'une interprétation plus large d'une revendication indépendante. Par exemple, si une revendication 1 porte sur "une boîte" et qu'une revendication dépendante 2 se lit "où la boîte est en bois", il semble en découler clairement que l'objet de la revendication 1 peut être fait de n'importe quelle matière, qu'il s'agisse de bois ou non. Bien sûr, il sera toujours possible d'affirmer que la boîte de la revendication 1 pourrait être faite d'une matière autre que le bois; en cas de litige, il sera cependant tout aussi possible pour la partie adverse de déclarer que la description ne concerne pas une boîte faite d'une matière autre que le bois. Si la revendication 2 précise que "la boîte est en bois", il devient beaucoup plus clair que la revendication 1 se rapporte à une boîte faite de n'importe quelle matière. Cela n'empêchera toujours pas la partie adverse de soutenir que rien, dans la description, ne concerne les boîtes qui ne sont pas en bois, mais cette fois, le titulaire du brevet pourra faire valoir que l'examinateur de brevets lui-même a dû se poser la question du caractère suffisant de la divulgation (voir le module II, section 2.5) et conclure que la revendication 1 couvre les boîtes en bois et celles faites d'une matière autre que le bois.

Revendications dépendantes renvoyant à des revendications en deux parties et revendications de Markush

Dans tous les exemples de revendications dépendantes présentés jusqu'ici, la revendication indépendante dont ces dernières dépendaient était rédigée en une seule partie. Voyons maintenant ce qui se passe lorsqu'une revendication dépendante se réfère à une revendication indépendante présentée en deux parties. Dans un tel cas, la revendication dépendante inclut, par définition, toutes les caractéristiques énoncées dans la revendication indépendante – c'est-à-dire dans les deux parties séparées par l'expression "caractérisé en ce que" ou "caractérisé par". Ces expressions n'ont donc pas besoin de figurer dans une revendication dépendante (bien que leur utilisation soit autorisée).

Exemple

La revendication 1 est rédigée en deux parties comme suit :

1. Dispositif d'écriture, comprenant : un crayon comprenant deux extrémités et une gomme attachée au crayon; caractérisé en ce que la gomme est attachée à l'une des extrémités du crayon.

Une revendication dépendante 2 ayant pour but d'ajouter un élément supplémentaire constitué par une lampe attachée au dispositif d'écriture de la revendication 1 pourrait se lire comme ceci :

2. Dispositif d'écriture de la revendication 1, comprenant en outre une lampe attachée au crayon.

Si la revendication indépendante 1 est de type Markush, une revendication dépendante pourra définir un sous-ensemble plus étroit du groupement contenu dans cette revendication 1.

Exemple

En reprenant l'exemple de la section 2.4 du présent module, un jeu de revendications pourra se lire comme ceci :

1. Composé de formule :

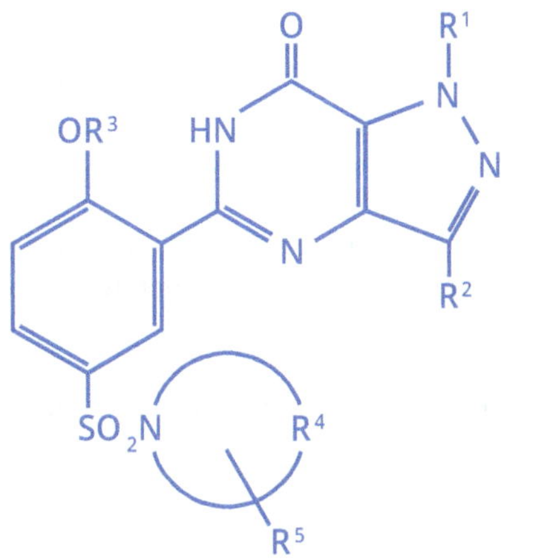

dans lequel

- R1 est choisi parmi le groupe consistant en H, alkyle en C1-C3, cycloalkyle en C3-C5 et perfluoroalkyle en C1-C3;
- R2 est ...; R4 est ...; R5 est ...; R6 est ...; et
- R7 et R8 représentent chacun indépendamment H, alkyle en C1-C4, (alkoxy en C1-C3) alkyle en C2-C4 ou hydroxy alkyle en C2-C4;
- et leurs sels pharmaceutiquement acceptables.

2. Composé revendiqué dans la revendication 1, dans lequel R1 est choisi parmi le groupe consistant en H, méthyle ou éthyle; R2 est alkyle en C1-C3; ...; R7 est ... .

3. Composé revendiqué dans la revendication 2, dans lequel R1 est méthyle; R2 est n-propyle; ...

La revendication 2 a une portée plus étroite que la revendication 1 car elle donne une définition restrictive d'un ensemble de valeurs pour les radicaux R1 à R7. La revendication 3 est dépendante de la revendication 2, ce qui a pour effet de réduire encore la portée du groupement de Markush.

3.3 Revendications dépendantes multiples

Format et structure des revendications dépendantes multiples

Les revendications dépendantes multiples sont des sous-ensembles de revendications dépendantes. Le préambule d'une revendication dépendante multiple se réfère à plus d'une revendication, dans le cadre d'une alternative, par exemple "Dispositif de la revendication 1 *ou* de la revendication 2" ou "Dispositif de *l'une des* revendications 1 et 2". Cela signifie que la revendication dépend de la revendication 1 ou de la revendication 2, mais pas des deux.

À l'image des revendications dépendantes, la partie caractérisante d'une revendication dépendante multiple doit restreindre la portée de la revendication dont elle dépend.

Exemple

Reprenons l'exemple de notre crayon :

1. Dispositif, comprenant : un crayon et une lampe attachée au crayon.
2. Dispositif de la revendication 1, où la lampe est attachée de façon amovible au crayon.

Une autre revendication pourrait s'ajouter ici sous forme de revendication dépendante multiple rédigée comme ceci :

3. Dispositif mentionné dans les revendications 1 *ou* 2, comprenant en outre une gomme.

Cette revendication dépendante multiple 3 concerne un dispositif comprenant soit :
- une lampe attachée au crayon et une gomme; soit
- une lampe attachée de façon amovible au crayon et une gomme.

Un dispositif comportant l'un ou l'autre de ces éléments pourra donc être considéré comme portant atteinte à cette revendication.

Cela signifie que lorsqu'il écrit un jeu de revendications, le rédacteur d'un brevet peut en fait choisir d'utiliser seulement des revendications dépendantes ou des revendications dépendantes multiples.

Les deux jeux de revendications ci-dessous sont équivalents tant du point de vue de leur portée que la protection qu'ils confèrent.

Exemple

Variante A, avec une revendication dépendante multiple (3) :

1. Dispositif, comprenant : un crayon et une lampe attachée au crayon.
2. Dispositif de la revendication 1, où la lampe est attachée de façon amovible au crayon.
3. Dispositif des revendications 1 ou 2, comprenant en outre une gomme.

Variante B, avec seulement des revendications dépendantes (2 à 4) :

1. Dispositif, comprenant : un crayon et une lampe attachée au crayon.
2. Dispositif de la revendication 1, où la lampe est attachée de façon amovible au crayon.
3. Dispositif de la revendication 1, comprenant en outre une gomme.
4. Dispositif de la revendication 2, comprenant en outre une gomme.

Les relations des revendications dépendantes multiples avec une revendication indépendante et plusieurs revendications dépendantes peuvent être représentées sous la forme d'un arbre des revendications (voir la section 3.2).

Notre exemple pourrait être illustré comme ceci :

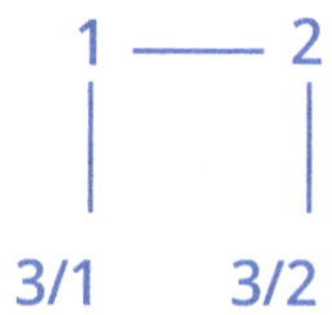

Ici, "3/1" et "3/2" indiquent que la revendication 3 est une revendication dépendante multiple qui dépend de la revendication 1 ou de la revendication 2; par conséquent, 3/1 se rattache à la revendication 1 et 3/2 se rattache à la revendication 2.

De nombreuses autres façons de faire référence, dans une revendication dépendante multiple, à plus d'une revendication dans le cadre d'une alternative sont généralement acceptées par les systèmes de brevet, par exemple :

- "Crayon selon la revendication 1 ou la revendication 2, dans lequel..."
- "Crayon selon la revendication 1 ou la revendication 2, comprenant en outre..."
- "Crayon selon l'une des revendications 1, 3 ou 9 à 13 inclusivement, dans lequel..."
- "Crayon selon l'une des revendications 1, 4, 5 à 7, dans lequel..."
- "Crayon selon l'une des revendications 2 ou 3, comprenant en outre ..."
- "Crayon selon l'une des précédentes revendications, dans lequel..."

Les formulations qui auraient pour effet le cumul de plusieurs revendications ne sont *pas* permises, par exemple "selon les revendications 1 et 2", "selon les revendications 1 à 3", "tel qu'exposé dans les revendications 1, 2 et/ou 3", etc.

Avantages et inconvénients des revendications dépendantes multiples

Les revendications dépendantes multiples ont généralement pour effet de réduire le nombre des revendications numérotées comprises dans une demande. Cela peut influencer la décision du client de les utiliser ou non, car d'un côté, il peut être plus pratique de grouper plusieurs revendications dépendantes, alors que de l'autre, le barème de l'office de brevets concerné peut rendre prohibitif le montant des taxes de revendication.

Aux États-Unis d'Amérique, les revendications dépendantes multiples donnent lieu à une taxe supplémentaire, de sorte que les rédacteurs de brevets les utilisent peu. À l'Office européen des brevets, en revanche, les taxes de revendication sont calculées sur la base du nombre de revendications numérotées (revendication 1, revendication 2, etc.), ce qui signifie que l'utilisation de revendications dépendantes multiples peut limiter le montant des taxes à acquitter. Présenter un nombre équivalent de revendications dépendantes fait facilement augmenter le coût d'un dépôt.

D'autres considérations sont à prendre en compte en ce qui concerne l'utilisation des revendications dépendantes multiples. D'une manière générale, il n'est pas permis d'apporter de modifications de fond aux caractéristiques divulguées lors du dépôt d'un brevet en y ajoutant des éléments nouveaux. Certains offices tels que l'OEB permettent aux déposants de justifier plus facilement une modification dans certains cas, si elle est apportée sous forme de revendication dépendante multiple.

Prenons un exemple.

Exemple

Un jeu de revendications se compose uniquement de revendications dépendantes :

Revendication 1. Composé, comprenant : un élément A choisi parmi le groupe consistant en A1 et A2; un élément B choisi parmi le groupe consistant en B1, B2 et B3.
Revendication 2. Le composé de la revendication 1, dans lequel A est A1.
Revendication 3. Le composé de la revendication 1, dans lequel A est A2.
Revendication 4. Le composé de la revendication 1, dans lequel B est B1.
Revendication 5. Le composé de la revendication 1, dans lequel B est B2.
Revendication 6. Le composé de la revendication 1, dans lequel B est B3.

Un examinateur ayant trouvé dans l'état de la technique des références à plusieurs combinaisons de A et B à l'exception de A1 et B3, le déposant souhaite modifier la revendication de la manière suivante :

[nouvelle] Revendication 1. Composé, comprenant : un élément A1; et un élément B3.

En l'absence d'une indication spécifique concernant cette combinaison particulière dans la demande telle que déposée, l'OEB soulèverait probablement une objection à l'égard de cette modification, au motif que le choix des deux caractéristiques ne ressort pas de manière claire et non ambiguë de la demande telle que déposée. Par contre, selon la jurisprudence de l'OEB, une telle objection ne serait pas soulevée si une revendication dépendante portait spécifiquement sur un composé comprenant les éléments A1 et B3.

Le jeu de six revendications ci-dessus ne décrit malheureusement pas cette combinaison spécifique.

S'il avait utilisé des revendications dépendantes multiples, le déposant pourrait, en revanche, revendiquer plusieurs combinaisons avec le même nombre de revendications :

Revendication 1. Composé, comprenant : un élément A choisi parmi le groupe consistant en A1 et A2; et un élément B choisi parmi le groupe consistant en B1, B2 et B3.
Revendication 2. Composé de la revendication 1, dans lequel A est A1.
Revendication 3. Composé de la revendication 1, dans lequel A est A2.
Revendication 4. Composé de l'une des revendications 1 à 3, dans lequel B est B1.
Revendication 5. Composé de l'une des revendications 1 à 3, dans lequel B est B2.
Revendication 6. Composé de l'une des revendications 1 à 3, dans lequel B est B3.

Étant donné qu'elle renvoie, entre autre, à la revendication 2, la revendication 6 englobe la combinaison spécifique des éléments A1 et B3.

Déposer un nombre important de revendications à dépendances multiples peut également être très pratique pour un titulaire de brevets. Cela peut lui permettre de modifier facilement ses revendications lorsqu'un tiers conteste la validité de son brevet ou s'il décide de sa propre initiative de limiter la portée de la protection dont bénéficie ce dernier, par exemple pour aboutir à une revendication très restrictive (et très forte), protégeant un seul de ses produits commerciaux, à savoir celui qui risque d'être imité. Il convient de rappeler, toutefois, que ce type de modification sera seulement admissible s'il n'étend pas la portée de la protection conférée par le brevet délivré.

À titre d'exemple à cet égard, regardons ce qui se passerait pour nos deux groupes de six revendications - celles à dépendances multiples et celles qui ne le sont pas - en cas d'action en nullité.

Exemple

Supposons que le seul mode de réalisation concerné soit "Préambule-P comprenant A1 et B3" (par exemple, le seul principe actif pharmaceutique dont la vente est autorisée, qui est également celui que les concurrents veulent exploiter).

Dans une action en nullité, un document de l'état de la technique divulguant un "Préambule-P comprenant A2 et B3" détruirait la nouveauté de la revendication 1 et de la revendication 6 du premier jeu ci-dessus, ce qui aurait pour effet d'invalider les revendications acceptées qui protègent le mode de réalisation concerné.

Toutefois, ce document de l'état de la technique ne serait *pas* destructeur de nouveauté pour la revendication 6 du deuxième jeu ci-dessus, dépendante de la revendication 2. Cette revendication se lirait "Préambule-P comprenant A1 et B3", et protège ainsi le mode de réalisation concerné.

L'astuce du professionnel

Il faut savoir que lorsqu'une demande de brevet contient une revendication dépendante multiple renvoyant à une autre revendication dépendante multiple, elle devient plus compliquée. Si vous utilisez les revendications dépendantes multiples de manière excessive et sans nécessité, vous risquez d'aboutir à une situation dans laquelle les combinaisons des caractéristiques des différentes revendications sont si nombreuses qu'elles deviennent difficiles à comprendre.

Revendications dépendantes "multiples-multiples"

Jusqu'ici, toutes les revendications dépendantes multiples dont nous avons parlé renvoyaient soit à une revendication indépendante, soit à une seule revendication dépendante - mais une revendication dépendante multiple peut-elle servir de base à *une autre* revendication dépendante multiple? La réponse est affirmative pour certains systèmes de brevet, notamment ceux de l'OEB et du Japon, mais négative pour d'autres, par exemple les États-Unis d'Amérique et la République de Corée.

La revendication 4 ci-dessous est un exemple de revendication "multiple-multiple" :

Revendication 1. Un dispositif, comprenant : un crayon et une lampe attachée au crayon.
Revendication 2. Le dispositif de la revendication 1, dans lequel la lampe est attachée de façon amovible au crayon.
Revendication 3. Le dispositif des revendications 1 ou 2, comprenant en outre une gomme.
Revendication 4. Le dispositif de l'une des revendications 1 à 3, dans lequel la lampe est une lumière LED.

3.4 Revendications comprenant toutes les caractéristiques d'une autre revendication

Certains offices, par exemple l'OEB, acceptent qu'une revendication contienne une référence à une autre revendication, en comprenant l'ensemble des caractéristiques définies dans cette dernière, sans être nécessairement une revendication dépendante. Il peut s'agir, par exemple, d'une revendication se référant à une revendication de catégorie différente (par exemple : "Dispositif pour la mise en œuvre du procédé selon la revendication 1 ..." ou "Procédé de fabrication du produit selon la revendication 1 ..."). De même, dans un cas tel que celui d'une fiche et d'un socle de prise de courant, une revendication portant sur une pièce et comportant une référence à l'autre pièce avec laquelle il y a coopération (par exemple "Fiche destinée à coopérer avec le socle de prise de courant selon la revendication 1 ...") comporte les caractéristiques d'une autre revendication, mais n'est pas une revendication dépendante. Dans d'autres systèmes de brevet, par exemple celui des États-Unis d'Amérique, une revendication indépendante ne peut pas contenir de référence à une autre revendication.

Il est en tout cas important d'examiner attentivement les caractéristiques englobées par ce type de référence, afin de déterminer dans quelle mesure elles sont essentielles à l'invention revendiquée. Le rédacteur du brevet doit également vérifier au préalable que cette manière de procéder est autorisée dans les pays ou régions qui intéressent son client.

Un type de référence fréquemment utilisé dans les revendications relatives à des inventions mises en œuvre par ordinateur est une référence définitoire à une autre revendication, dans laquelle différents types de revendications (pour une méthode mise en œuvre par ordinateur, un appareil de traitement de données, un produit constitué par un programme d'ordinateur, un support de stockage lisible par ordinateur, etc.) sont rédigés dans le but d'obtenir une protection complète.

Exemple

Une revendication 1 relative à une méthode mise en œuvre par ordinateur expose les étapes essentielles i) à x). Une revendication relative à un appareil de traitement de données pourrait se lire comme suit :

2. Un appareil de traitement de données comprenant des moyens d'exécuter la méthode définie selon la revendication 1.

De la même façon, une revendication portant sur un produit logiciel pourrait se lire ainsi :

3. Un produit constitué par un programme d'ordinateur comprenant des instructions qui, lorsque le programme est exécuté par un ordinateur, ont pour résultat la mise en œuvre, par l'ordinateur, de la méthode définie selon la revendication 1.

On trouve également ce type de référence à une autre revendication dans le domaine pharmaceutique, lorsqu'un certain nombre de revendications de différents types sont prévues, par exemple des revendications sur un nouveau composé chimique, une composition pharmaceutique comprenant ce composé et une méthode pour le fabriquer, etc.

Exemple[26]

Revendication 1. Un composé de formule :

dans lequel

- R1 est choisi parmi le groupe constitué de de H, alkyle en C1-C3, cycloalkyle en C3-C5 et perfluoroalkyle en C1-C3;
- R2 est ...; R3 est ...; R4 est ...; R5 est ...; R6 est ...; et
- R7 et R8 représentent chacun indépendamment H, alkyle en C1-C4, (alkoxy en C1-C3) alkyle en C2-C4 ou hydroxy alkyle en C2-C4;
- et leurs sels pharmaceutiquement acceptables.

Revendication 2. Un composé selon la revendication 1, dans lequel R1 est choisi parmi le groupe constitué de H, méthyle et éthyle; R2 est alkyle en C1-C3; [...].

Revendication 3. Un composé selon la revendication 2, dans lequel R1 est méthyle; R2 est n-propyle; [...].

Revendication 4. Un composé selon la revendication 3, dans lequel le composé est choisi parmi [sept noms chimiques systématiques]; ainsi que leurs sels pharmaceutiquement acceptables.

Revendication 5. Une composition pharmaceutique comprenant un composé de la formule (I) ou un sel pharmaceutiquement acceptable de celui-ci, tel que défini dans l'une des revendications 1 à 4, contenant en outre un support ou diluant pharmaceutiquement acceptable.

Revendication 6. Un composé de la formule (I) ou un sel pharmaceutiquement acceptable de celui-ci, tel que défini dans l'une des revendications 1 à 4, destiné à être utilisé en médecine.

Revendication 7. Une utilisation d'un composé de la formule (I) ou un sel pharmaceutiquement acceptable de celui-ci, tel que défini dans l'une des revendications 1 à 4, en vue de la fabrication d'un médicament pour le traitement de l'angine, de l'hypertension et [...].

Ici, les revendications 1 à 4 se rapportent à des composés de certaines formules et à "leurs sels pharmaceutiquement acceptables". La revendication 5, qui concerne une composition pharmaceutique, fait référence aux caractéristiques de "l'une des revendications 1 à 4". La revendication 5 englobe ainsi toutes les caractéristiques des revendications 1 à 4 en faisant une référence multiple à ces dernières. En faisant, de la même façon, une référence multiple aux revendications 1 à 4, la revendication 6 couvre le premier usage médical du composé, et la revendication 7 en couvre un deuxième.

La référence aux caractéristiques de plusieurs revendications permet de réduire considérablement le nombre de revendications.

Figure 3 : Portée des revendications 1, 2 et 3 et de leurs modes de réalisation

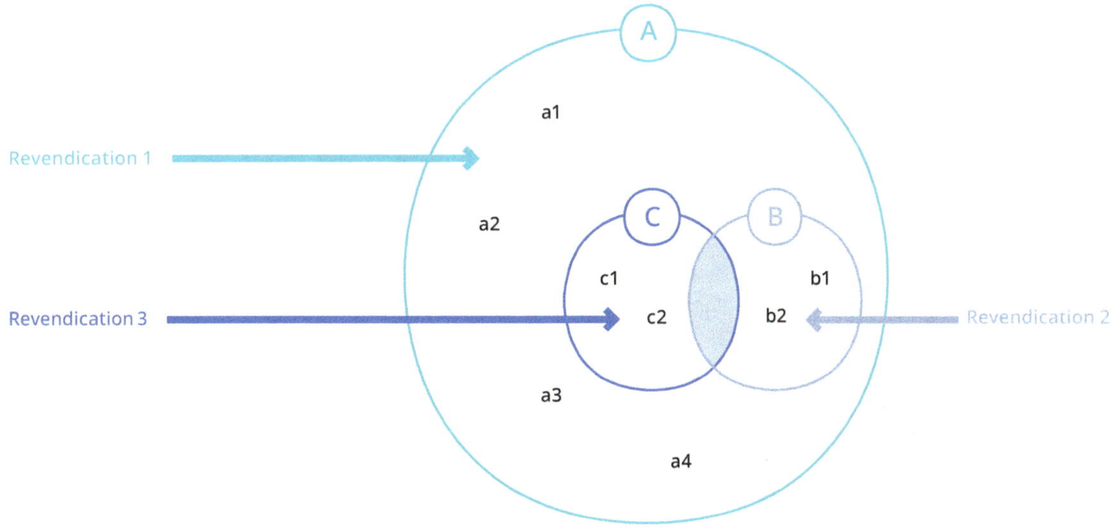

Dans certains systèmes, comme celui du brevet européen, si un procédé revendiqué donne lieu à un produit défini par une revendication de produit et que cette dernière est admissible, il n'est pas nécessaire d'examiner séparément la nouveauté et l'activité inventive de la revendication de procédé, à condition que toutes les caractéristiques du produit telles que définies dans la revendication de produit découlent inévitablement du procédé revendiqué. Cela s'applique également dans le cas d'une revendication relative à l'utilisation d'un produit, lorsque celui-ci remplit les critères de brevetabilité et est utilisé avec les caractéristiques revendiquées. Dans tous les autres cas, l'admissibilité de la revendication à laquelle il est fait référence n'implique pas nécessairement celle de la revendication indépendante comportant la référence (voir également le module VI, section 12, concernant le point de vue de la revendication).

3.5 Jeux de revendications basés sur la théorie des ensembles

Comme nous l'avons vu dans le module IV, section 1.1, à l'instar d'une clôture qui marque les limites d'une parcelle de terrain protégée en tant que propriété immobilière, une revendication délimite une portion d'un domaine technique pour laquelle la protection par brevet est demandée. La plupart des offices de brevets suivent aujourd'hui le principe dit de "revendication périphérique", selon lequel les revendications établissent les contours ou limites extérieures de l'étendue de la protection demandée.

Examinons, à titre d'exemple, trois revendications de portée différente.

Exemple

Revendication 1. Tasse pourvue d'une anse.
Revendication 2. Tasse pourvue d'une anse, où la tasse est faite en argile.
Revendication 3. Tasse pourvue d'une anse, comprenant en outre une cuillère attachée de façon amovible à l'anse.

Sur la figure 3, toute la région délimitée par la courbe fermée rouge (ensemble A) représente la portée de la revendication 1. La revendication 1 couvre *toutes* les tasses qui sont pourvues d'une anse, indépendamment de la matière dont elles sont faites, de leur forme ou de tout autre élément additionnel.

La région délimitée par la courbe violette (ensemble B) représente la portée de la revendication 2. Étant donné que la revendication 2 porte sur un certain type de tasse (faite en argile) parmi celles couvertes par la revendication 1, l'ensemble B est compris dans la région délimitée par l'ensemble A.

De la même façon, la portée de la revendication 3 est représentée par la région délimitée par la courbe verte (ensemble C).

La région à rayures bleues, qui est celle où se chevauchent les ensembles A, B et C, représente une tasse qui possède tous les éléments (limitations) des revendications 1, 2 et 3. Dans le langage des revendications de brevet, la région rayée en bleu peut être décrite comme ceci :

Revendication 4. Une tasse pourvue d'une anse, où la tasse est faite en argile, et la tasse comprend en outre une cuillère attachée de façon amovible à l'anse.

Les modes de réalisation de chaque revendication sont désignés par : a1, a2, b1, c1, etc. Par exemple, a1 à a4 sont représentés dans la région de l'ensemble A, mais en dehors de celles des ensembles B et C. Cela signifie que les modes de réalisation a1 à a4 concernent des tasses pourvues d'une anse, mais ne se limitent *ni* à la tasse faite en argile *ni* à la tasse pourvue d'une anse à laquelle une cuillère est attachée de façon amovible. Par exemple, le mode de réalisation a1 peut s'appliquer à une tasse pourvue d'une anse en métal avec une couche isolante appliquée sur la surface intérieure de la tasse (sans cuillère attachée à l'anse). Le mode de réalisation a2 peut s'appliquer à une tasse en bois (sans cuillère attachée à l'anse). De la même façon, le mode de réalisation b1 peut s'appliquer à n'importe quelle tasse en argile pourvue d'une anse, mais n'ayant pas de cuillère attachée à l'anse (parce que le mode de réalisation b1 est à l'extérieur de la région de l'ensemble C).

Les diagrammes de Venn (dont la figure 3 est un exemple) sont utilisés en théorie des ensembles pour illustrer toutes les relations logiques possibles entre différents ensembles. Les relations entre revendications, par exemple entre une revendication indépendante et une revendication dépendante, ainsi que les relations entre une revendication et ses modes de réalisation, peuvent être expliquées au moyen de la théorie des ensembles.

Illustrer les relations entre une revendication indépendante et des relations dépendantes

En théorie des ensembles, un *ensemble* est une collection ou un rassemblement d'objets distincts appelés *membres*, qui appartiennent à cet ensemble. Un ensemble est défini par une phrase telle que "Les personnes qui sont dans cette salle de classe". L'ensemble de *tous* les éléments dont il est question dans un contexte donné est appelé *ensemble universel* des éléments en question (toutes les personnes du monde, par exemple).

Notons qu'une phrase définitoire n'est pas une proposition ou un énoncé complet par lequel quelque chose (le prédicat) est affirmé ou nié à propos de quelqu'un ou quelque chose (le sujet), par exemple "Les personnes qui sont dans cette salle de classe sont intéressées par la rédaction des brevets". Une déclaration peut être vraie ou fausse, mais une *phrase définitoire*, qui se limite à définir un ensemble de membres, n'est ni vraie ni fausse en elle-même.

Pour utiliser la terminologie des ensembles, *une revendication de brevet est une phrase définitoire d'une région (portée) occupée par un objet technique* au sein d'un univers technique donné. Les objets techniques peuvent être de natures très diverses et d'une grande variété (entités électromécaniques, entités chimiques, matières biologiques, procédés pour l'obtention de produits, méthodes industrielles pour faire quelque chose, etc.).

Figure 4 : **Portées de la revendication indépendante 1 et des revendications dépendantes 2 et 3**

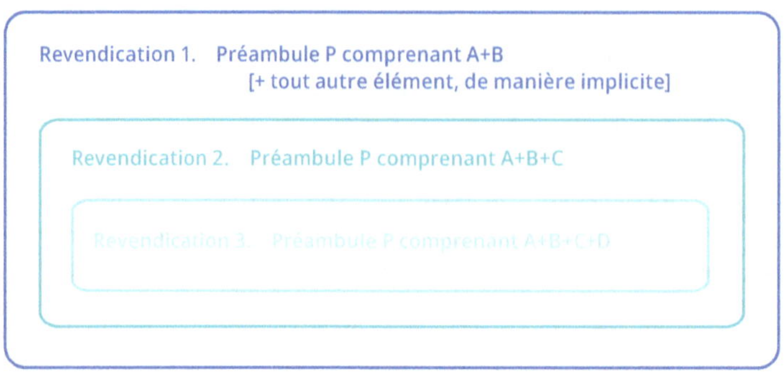

Dans un contexte didactique, la portée d'un ensemble est généralement représentée par une courbe fermée – le plus souvent, un cercle ou une ellipse (comme dans le diagramme de Venn). De la même manière, la portée d'une revendication (c'est-à-dire une région couvrant l'objet revendiqué) peut être représentée par une courbe fermée, quoique la forme la plus courante soit un rectangle, comme sur la figure 4. L'ensemble *universel* ne sera pas représenté dans ces schémas, mais il sera déterminé par le libellé du *préambule de la revendication*.

L'ensemble A2 est un *sous-ensemble* de l'ensemble A1 (c'est-à-dire que A1 inclut A2), si chaque membre de A2 est un membre de A1. La notation utilisée à cet égard est "A2 ⊂ A1", où l'appartenance est indiquée par la lettre grecque epsilon. En particulier, si A2 est complètement contenu dans A1 et que A2 ne peut pas avoir la même portée que A1, A2 est un sous-ensemble propre de A1, ce qui est représenté par A2 ⊂ A1. Ainsi qu'il sera expliqué plus tard, lorsque la portée d'une revendication de brevet A2 est un sous-ensemble de la portée d'une autre revendication A1, on dit que *la revendication A2 est dépendante de la revendication A1*.

En théorie des ensembles, si A2 ⊂ A1 et A3 ⊂ A2, alors A3 ⊂ A1. En matière de revendications de brevet, si la revendication 2 est dépendante de la revendication 1 et que la revendication 3 est dépendante de la revendication 2, alors la revendication 3 est dépendante de la revendication 1 – une situation qui est illustrée à la figure 4.

Dans le groupe de revendications représenté à la figure 4, la revendication 1 est *la seule revendication indépendante*, parce qu'elle est la seule qui ne dépend pas d'une revendication précédente. La revendication 2 est dépendante de la revendication 1, et la revendication 3 est dépendante de la revendication 2. Logiquement, la revendication 3 est également dépendante de la revendication 1, car la portée de la revendication 3 est également un sous-ensemble de la portée de la revendication 1.

La dépendance ou non d'une revendication par rapport à une autre est liée aux objets qu'elles revendiquent l'une et l'autre et à l'existence ou non d'une référence de l'une à l'autre. Dans le groupe de revendications représenté par la figure 4, le libellé de la revendication 3 signifie qu'elle est *dépendante* de la revendication 2, qui est donc sa *revendication de base*; le libellé de la revendication 2 indique qu'elle est dépendante de la revendication 1, et a donc cette dernière comme revendication de base; et la revendication 1 est rédigée sous forme de *revendication indépendante*. Ce qui n'est pas illustré dans la figure 4, c'est la possibilité qu'une revendication dépendante soit rédigée sous forme de *revendication dépendante multiple*, avec *plusieurs revendications de base*. En d'autres termes, la figure 4 montre seulement l'étendue de l'objet couvert par chacune des revendications, mais pas nécessairement la forme sous laquelle elles sont rédigées.

Examinons maintenant un jeu de revendications plus complexe en nous basant sur la relation de dépendance simple entre trois revendications illustrée par la figure 4.

La figure 5 illustre la même chaîne de dépendance que la figure 4 pour les revendications 1 à 3, en y ajoutant trois revendications dépendantes (revendications 4 à 6) dont la portée ne se chevauche pas, c'est-à-dire qui n'ont pas d'objets mutuellement exclusifs – une structure parfois nommée *pyramide de dépendances*, dont le sommet est ici dans la revendication 3. Sur les deux figures 4 et 5, la revendication 1 est la seule revendication *indépendante*, c'est-à-dire la seule qui n'est dépendante d'aucune autre.

Dans l'exemple illustré par la figure 5, la portée des revendications 4 à 6 découle de trois variantes distinctes d'un élément D, défini dans la revendication 3 comme un groupement de Markush, par exemple avec l'expression "D est un élément choisi dans le groupe composé de D1, D2 et D3" ou, plus simplement, avec l'expression "l'élément D étant D1, D2 ou D3". Lorsqu'un élément particulier (par exemple, D1) est choisi parmi un élément plus large (par exemple, D, qui est un terme plus général ou un groupement de Markush, comme c'est ici le cas), le symbole de sous-ensemble peut être utilisé pour indiquer la relation avec l'élément choisi (D1 ⊂ D).

Figure 5 : **Portée de la revendication indépendante 1 et des revendications dépendantes 2 à 6**

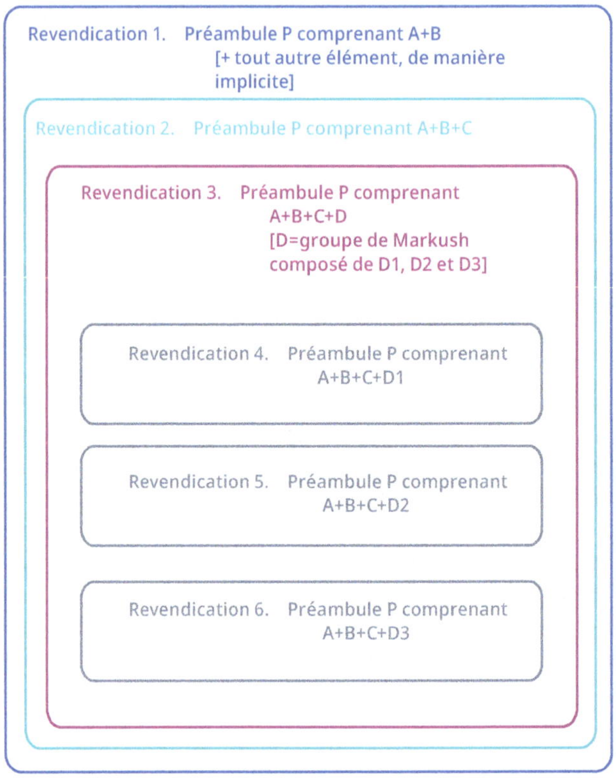

La situation illustrée sur la figure 6 est différente de celles des figures 4 et 5. Ici encore, la revendication 1 est la seule revendication indépendante. Les revendications 2 et 4 sont dépendantes de la revendication 1, et forment ensemble un groupe de dépendance. Compte tenu de leur portée respective, les revendications 1, 2 et 4 forment une chaîne de dépendance. Les revendications 1, 3 et 4 forment une autre chaîne de dépendance.

La figure 6 montre que la revendication 3 dépend uniquement de la revendication 1, et qu'il n'existe pas de relation de dépendance entre les revendications 2 et 3 – c'est-à-dire que la revendication 3 ne dépend pas de la revendication 2, et que la revendication 2 ne dépend pas de la revendication 3. Il y a cependant un chevauchement partiel entre la portée de la revendication 2 et celle de la revendication 3, car la portée de la revendication 4 est un sous-ensemble à la fois de la portée de la revendication 2 et de celle de la revendication 3. Du point de vue de la rédaction des revendications, la revendication 4 peut dépendre soit de la revendication 2, soit de la revendication 3.

Figure 6 : **Portée de la revendication indépendante 1 et des revendications dépendantes 2, 3 et 4**

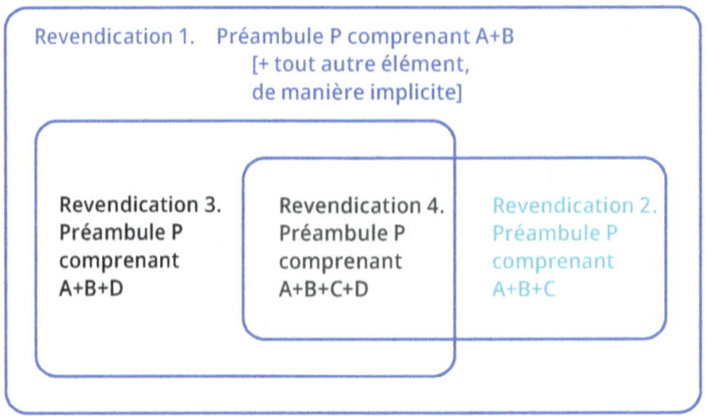

Analyse de la dépendance des revendications comme aide à l'appréciation de la validité et du caractère contrefaisant

L'analyse des relations de dépendance entre les revendications de brevet est d'une grande utilité aux examinateurs dans l'appréciation de la brevetabilité des inventions (notamment en ce qui concerne la nouveauté et l'activité inventive), ainsi qu'aux juges, lorsque la validité des revendications de brevets délivrés est contestée devant les tribunaux. L'analyse des relations de dépendance entre les revendications facilite également l'appréciation du caractère contrefaisant dans une procédure juridique.

Figure 7 : a) Les revendications 1 à 5 remplissent le critère de nouveauté; b) Les revendications 1 à 3 sont dépourvues de nouveauté, mais les revendications 4 et 5 remplissent le critère de nouveauté

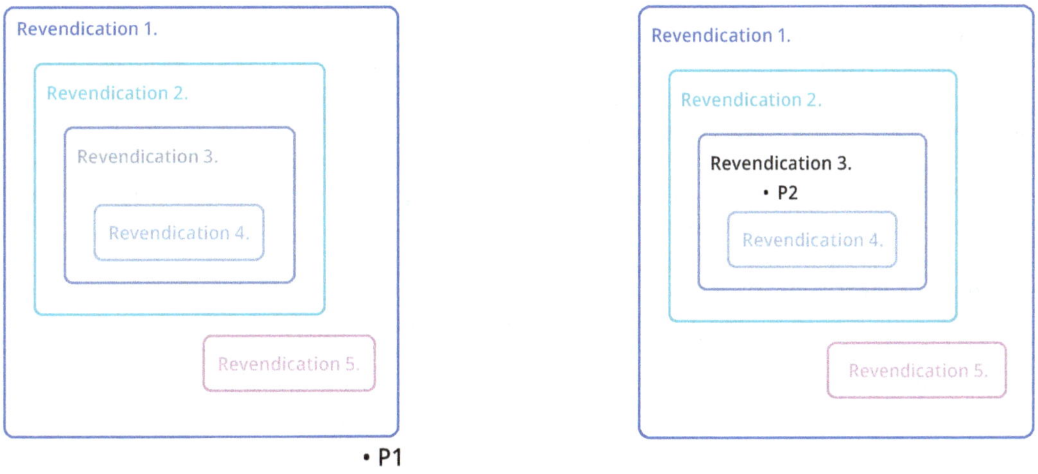

Cette analyse commence par la séparation des différents groupes de dépendance (chaîne de dépendance), dont chacun est formé d'une seule revendication indépendante et de toutes les revendications qui en dépendent. Chacun de ces groupes de dépendance est ensuite examiné séparément. Prenons comme exemple le groupe de dépendance constitué par les revendications 1 à 5, dont la portée respective est représentée sur les schémas des figures 7a et 7b. La revendication 1 est la seule revendication indépendante dans chaque cas. Les revendications 1 à 4 sont agencées en une seule chaîne de dépendance : la portée de chaque revendication englobe celle des revendications suivantes dans la chaîne, la portée de la revendication 4 étant la plus restrictive. Il n'y a pas de chevauchement entre la portée de la revendication 5 et celle de la revendication 2 ni, par conséquent, celles de la revendication 3 ou de la revendication 4.

Regardons tout d'abord l'examen de la nouveauté, qui consiste à comparer la portée d'une revendication à un élément de l'état de la technique. On voit que la figure 7a et 7b fait référence à une antériorité (P1 et P2), représentée par un petit cercle. Par exemple, la figure 7a illustre une situation dans laquelle la référence à l'état de la technique P1 n'est pas comprise dans la portée de la revendication indépendante (revendication 1). Cela signifie que la revendication indépendante remplit le critère de nouveauté par rapport à l'élément P1 de la technique antérieure. Dans une telle situation, l'appréciation de la nouveauté des revendications se trouve grandement simplifiée, car on peut alors conclure, par définition, que la nouveauté des autres revendications des chaînes de dépendance de la revendication 1 (revendications 2 à 5) par rapport à l'élément de l'état de la technique P1 est également établie. S'il est possible de parvenir à la même conclusion pour tous les éléments révélés par la recherche d'antériorités, on peut alors conclure que les revendications 1 à 5 répondent toutes à l'exigence de nouveauté.

Dans la situation illustrée par la figure 7b, la référence à l'état de la technique P2 est comprise dans la portée de la revendication 3, c'est-à-dire également dans celle des revendications 1 et 2, mais pas dans la portée de la revendication 4. Cela signifie que les revendications 1, 2 et 3 ne sont pas valides parce qu'elles ne remplissent pas la condition de nouveauté par rapport à la technique antérieure, mais que ce n'est pas le cas pour la revendication 4. La référence à l'état de la technique P2 n'est pas comprise dans la portée de la revendication 5, de sorte que cette dernière répond également à l'exigence de nouveauté. Il est important de ne pas considérer, comme le font assez souvent les non-spécialistes, que l'invalidité d'une revendication indépendante entraîne nécessairement celle de toutes les revendications qui en dépendent. De plus, le fait que la revendication 4 remplisse la condition de nouveauté ne signifie pas qu'elle soit valide, car elle doit également satisfaire à d'autres critères de brevetabilité tels que ceux qui concernent l'activité inventive.

Voyons maintenant de quelle manière il faut procéder pour apprécier la contrefaçon littérale d'un brevet dont les groupes de dépendance sont ceux illustrés par la figure 8a et 8b. Nous supposons que toutes les revendications ont été considérées comme valides. Avant de pouvoir déclarer qu'il a été porté atteinte à un brevet, il convient d'établir deux choses :

i) qu'au moins l'un des actes interdits par la législation sur les brevets (par exemple, fabriquer, utiliser ou vendre l'invention revendiquée sans le consentement du titulaire de brevets) est constitué - nous considérerons ici que cet aspect a été prouvé; et
ii) que le "mode de réalisation attaqué" (par exemple, un produit vendu par l'auteur présumé de l'atteinte) lié à l'acte interdit en question est compris dans la portée d'au moins une revendication valide du brevet - une décision qui implique une comparaison de la portée des revendications concernées et du mode de réalisation attaqué.

La figure 8a illustre une situation dans laquelle le mode de réalisation Q1 pour lequel est attaqué l'auteur présumé de l'atteinte n'est pas compris dans la portée de la revendication indépendante, soit la revendication 1. Il s'ensuit qu'il n'a pas été porté atteinte à la revendication 1. Dans une telle situation, l'appréciation de l'atteinte aux autres revendications se trouve considérablement simplifiée, puisque l'on peut conclure, par définition, qu'il n'a été porté atteinte à aucune des revendications de la chaîne de dépendance de la revendication 1.

La figure 8b illustre une situation dans laquelle le mode de réalisation attaqué est compris dans la portée de la revendication 3. Cela signifie que le mode de réalisation attaqué Q2 comporte tous les éléments de la revendication 3. Par conséquent, tous les éléments des revendications 1 et 2 devraient également être trouvés dans le mode de réalisation attaqué Q2, et il est porté atteinte aux revendications 1, 2 et 3. En revanche, étant donné que le mode de réalisation attaqué Q2 n'est pas compris dans la portée de la revendication 4, ce qui signifie qu'il ne comporte pas tous les éléments de la revendication 4, il n'y a pas d'atteinte à la revendication 4. De la même façon, Q2 ne porte pas non plus atteinte à la revendication 5 dans cet exemple. Il convient donc, ici aussi, de ne pas considérer que l'atteinte à la revendication indépendante entraîne une atteinte à toutes les revendications qui en dépendent - une autre erreur que font assez souvent les non-spécialistes.

3.6 Exemple schématique de rédaction d'un jeu de revendications

L'élaboration d'un jeu de revendications est fortement influencée par les informations et les idées fournies par les inventeurs, l'état de la technique connue, les intérêts commerciaux du déposant et surtout, bien entendu, la compétence rédactionnelle de la personne qui formule ces revendications.

Figure 8 : a) Pas d'atteinte aux revendications 1 à 5; b) Atteinte aux revendications 1 à 3, mais pas aux revendications 4 et 5

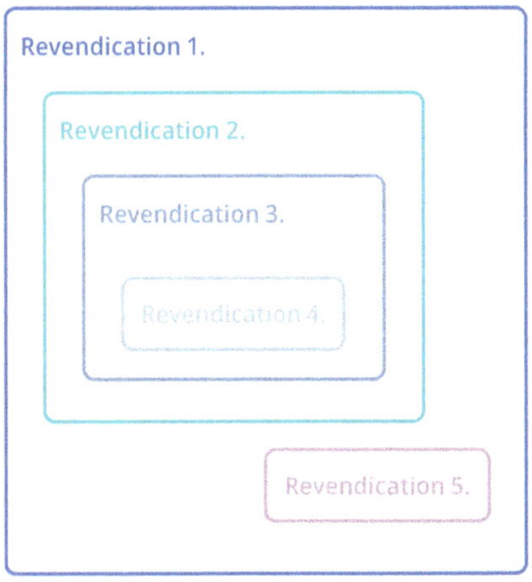

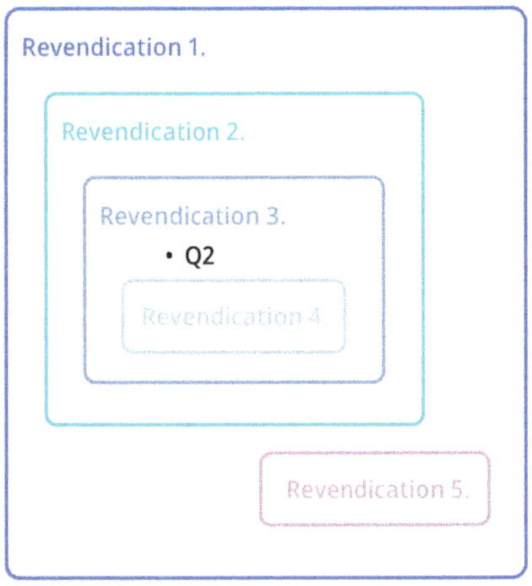

Le processus commence généralement par une séance de remue-méninges réunissant le rédacteur du brevet et le ou les inventeurs, avec les objectifs initiaux suivants (au moins à titre provisoire) :

- déterminer en quoi consiste l'invention;
- choisir un type de revendication pour la première revendication indépendante (qui pourra ensuite être complétée par d'autres revendications indépendantes); et
- choisir un préambule à un niveau approprié pour le groupe de dépendances correspondant à la revendication indépendante.

Tout cela doit être fait en tenant compte des modes de réalisation spécifiques existants (exemples, dessins, etc.), ainsi que de l'état de la technique connue le plus proche.

La revendication indépendante exposera les *caractéristiques essentielles* de l'invention. Il s'agit des caractéristiques nécessaires à l'obtention de l'effet technique qui sous-tend la solution au problème technique sur lequel porte la demande (problème qui découle généralement de la description). La revendication indépendante en question doit, par conséquent, englober toutes les caractéristiques qui sont décrites explicitement dans la description comme étant nécessaires au fonctionnement de l'invention. Pour obtenir la protection la plus étendue possible, les caractéristiques essentielles seront exposées d'une manière aussi large que possible, tout en prenant en compte le fonctionnement de l'invention et l'état de la technique.

Toutes les revendications (indépendantes et dépendantes) doivent comporter un argument relatif à l'existence d'une activité inventive (ou d'une stratégie à cet effet), par exemple l'obtention d'un effet ou d'un résultat inattendu. Une revendication de produit doit définir les éléments ou les caractéristiques techniques qui donnent lieu à cet effet ou avantage, et non l'effet ou l'avantage lui-même. Il importe de ne pas rédiger la revendication comme un "simple *desideratum*" (l'exposé d'un résultat, sans explication de la manière dont il est atteint).

Les revendications dépendantes concernent des *modes plus particuliers* de réalisation de l'invention - c'est-à-dire une divulgation plus spécifique de l'invention que celle exposée dans la revendication indépendante. Si la revendication indépendante est nouvelle, chacune des revendications qui en dépendent le sera aussi, par définition. Certaines revendications dépendantes doivent cependant être rédigées de manière à offrir des "positions de repli", pour le cas où il s'avérerait, au cours de la procédure (ou d'un litige), que la revendication indépendante ne remplit pas le critère de nouveauté ou d'activité inventive. Il est donc très important d'établir, au cours de la phase de remue-méninges, l'*ordre d'importance* des divers éléments de l'invention (essentiels et non essentiels) pour le déposant, compte tenu des conditions de brevetabilité, du contexte commercial et des possibilités futures de faire respecter les droits attachés au brevet (dans l'exemple schématique ci-dessous, l'ordre d'importance des éléments est représenté par l'ordre alphabétique de leurs symboles).

Lorsqu'un élément est défini par un terme d'un mode de réalisation préféré (par exemple, A11), le rédacteur du brevet doit réfléchir, avec l'aide de l'inventeur, à des termes plus larges qui, même s'ils plaisent moins, permettent de rédiger des revendications de plus large portée (par exemple, A11 $\subset$ A1 $\subset$ A). Le rédacteur du brevet et l'inventeur doivent également penser à d'autres éléments qui seraient clairement considérés comme des équivalents techniques par une personne du métier dans le contexte de l'invention. L'ajout de variantes dans un groupement de Markush peut parfois contribuer à élargir la portée d'une revendication - et il faut toujours garder à l'esprit la possibilité d'élargir le champ d'une revendication en rédigeant une définition large et fonctionnelle au lieu d'une définition structurelle.

En règle générale, on rédige une revendication dépendante pour chaque caractéristique choisie ou ajoutée. Dans certains cas (par exemple celui d'une formule de Markush), plusieurs caractéristiques (par exemple les valeurs de radicaux chimiques) peuvent être choisies simultanément (voir la section 2.3 du présent module). Une revendication dépendante qui ajoute une caractéristique choisie parmi un groupe ou précise un élément ne peut dépendre que des revendications précédentes qui fournissent elles-mêmes un *antécédent* pour cet élément. Une revendication dépendante qui ajoute un élément n'a pas besoin d'antécédent; elle peut dépendre de n'importe laquelle des revendications précédentes du groupe, et elle peut (mais ne devrait pas nécessairement) avoir une relation de dépendance multiple avec plusieurs des revendications précédentes ou avec toutes ces dernières.

Dans les chaînes de dépendance, il est possible d'ajouter des éléments de manière successive, par ordre décroissant d'importance.

Maintenant que nous avons ces généralités à l'esprit, examinons un exemple (pas nécessairement le meilleur) d'approche schématique de la rédaction d'un groupe de revendications à dépendance unique.

Ce groupe de revendications à dépendance unique est destiné à être inclus dans la première demande de brevet dont la priorité est revendiquée dans la demande PCT ultérieure déposée auprès de l'OEB, qui entre dans la phase nationale ou régionale auprès des offices de la Chine, des États-Unis d'Amérique, du Japon, de la République de Corée et de l'OEB lui-même.

Exemple

Après une phase de brainstorming, l'inventeur et le rédacteur du brevet ont conclu ce qui suit :

i) "Dispositif d'écriture" constitue une désignation appropriée pour l'objet revendiqué.
ii) Les inventeurs ont fait un prototype, "Dispositif d'écriture ayant A11, B11, C1, D, E et F", qui sera divulgué en détail dans la section *Description des modes de réalisation* de la demande de brevet (probablement avec des dessins s'il s'agit d'une invention électromécanique).
iii) Seuls les éléments A11, B11 et C1 (tels quels ou élargis) du prototype sont considérés comme des éléments essentiels de l'invention.
iv) L'ordre d'importance des autres éléments du prototype est D > E > F (ce qui signifie que l'élément le plus important est D, suivi de E puis de F, qui est le moins important). Bien qu'il ne soit pas compris dans le prototype, l'élément G est également intéressant, mais il est moins important que l'élément F.
v) Un élément ayant deux variantes mutuellement exclusives, H1 et H2, est considéré comme utile pour différencier deux secteurs du marché.
vi) L'état de la technique le plus proche connu des inventeurs et du rédacteur du brevet est un document divulguant "un dispositif d'écriture ayant A11 et B11".
vii) S'agissant des trois éléments essentiels du prototype, un élargissement de portée est fortement souhaitable, de A11 vers A1, et de A1 vers A (A11 $\subset$ A1 $\subset$ A).
viii) Un élargissement de portée est très raisonnablement souhaitable, de B11 vers B1, et de B1 vers B (B11 $\subset$ B1 $\subset$ B).
ix) Il est raisonnable de penser qu'une personne du métier considérerait l'élément C1 du prototype comme étant l'équivalent de C2, C3 et C4, de sorte qu'il est raisonnable d'utiliser un groupement de Markush composé des quatre éléments.

En conséquence, il sera logique de rédiger la revendication indépendante suivante :

[présentation type]

Revendication 1. Dispositif d'écriture comprenant :
- l'élément A;
- l'élément B; et
- l'élément C choisi parmile groupe consistant ende C1, C2, C3 et C4.

La revendication 1 est rédigée selon la présentation type.
Selon le cas, un examinateur de l'OEB pourrait demander que la revendication 1 soit rédigée en deux parties. Compte tenu du fait que "un dispositif d'écriture ayant A11 et B11" est compris dans la technique antérieure, la revendication 1 se lirait ainsi :

[présentation en deux parties]

Revendication 1. Dispositif d'écriture comprenant : l'élément A; et l'élément B; caractérisé en ce qu'il comprend en outre l'élément C choisi parmi le groupe consistant en de C1, C2, C3 et C4.

Indépendamment de la présentation adoptée pour la revendication 1 et avant de rédiger des revendications dépendantes qui ajoutent des éléments *supplémentaires*, le rédacteur du brevet recommande de prévoir des positions de repli, c'est-à-dire des revendications dépendantes qui ajoutent des éléments choisis parmi les éléments larges de la revendication 1.

Dans ce cas, l'ajout des valeurs sélectionnées suivra l'ordre A > B > C (c'est-à-dire l'ordre d'importance de ces éléments), eu égard à la différence des degrés de soutien à un élargissement de portée des éléments du prototype A11, B11 et C1. Les deux premières revendications dépendantes se liront donc comme ceci :

Revendication 2. Dispositif d'écriture de la revendication 1, dans lequel l'élément A est A1.
Revendication 3. Dispositif d'écriture de la revendication 2, dans lequel l'élément A1 est A11.

Jusque-là, les revendications 1 à 3 forment une chaîne de dépendance qui n'a qu'une seule dépendance, comme cela est recommandé lorsque des ajouts successifs d'éléments sélectionnés sont effectués.

Toutefois, lorsqu'un élément supplémentaire est ajouté aux revendications dépendantes ci-dessous, une rédaction sous forme dépendante multiple est fortement recommandée pour l'OEB, pour les raisons expliquées au point 3.3 du présent module. Les revendications 4 à 6 se liront donc comme suit :

Revendication 4. Dispositif d'écriture selon n'importe laquelle des revendications 1 à 3, dans lequel l'élément B est B1.
Revendication 5. Dispositif d'écriture de la revendication 4, dans lequel l'élément B1 est B11.
Revendication 6. Dispositif d'écriture selon n'importe laquelle des revendications 1 à 5, dans lequel l'élément C est C1.

Des revendications ajoutant les éléments restants par ordre d'importance (D > E > F > G) sont maintenant rédigées, en plaçant les deux variantes mutuellement exclusives H1 et H2 à la fin :

Revendication 7. Dispositif d'écriture selon n'importe laquelle des revendications 1 à 6, comprenant en outre l'élément D.
Revendication 8. Dispositif d'écriture selon n'importe laquelle des revendications 1 à 7, comprenant en outre l'élément E.
Revendication 9. Dispositif d'écriture selon n'importe laquelle des revendications 1 à 8, comprenant en outre l'élément F.

Revendication 10. Dispositif d'écriture selon n'importe laquelle des revendications 1 à 9, comprenant en outre l'élément G.
Revendication 11. Dispositif d'écriture selon n'importe laquelle des revendications 1 à 10, comprenant en outre l'élément H1.
Revendication 12. Dispositif d'écriture selon n'importe laquelle des revendications 1 à 10, comprenant en outre l'élément H2.

Le jeu de revendications se compose de 12 revendications numérotées (soit 3 de moins que le maximum de 15 au-delà duquel une taxe de revendication est imposée par l'OEB à la date de rédaction du présent document); un simple calcul permet cependant de voir que ce jeu couvre en réalité un total de 844 revendications.

Le jeu de revendications de l'exemple ci-dessus convient pour l'OEB et tout office de brevets qui accepte les revendications à dépendances multiples de revendications dépendantes multiples – ce qui n'est pas le cas de l'USPTO.

Avant l'ouverture de la phase nationale devant l'Office des brevets et des marques des États-Unis d'Amérique d'une demande internationale selon le PCT ayant le jeu de revendications ci-dessus, le déposant doit faire usage de la faculté qui lui est offerte par le PCT[27] de modifier ces revendications pour qu'elles répondent aux exigences de cet office national. Le plus grand soin doit être apporté à la rédaction d'une revendication conforme aux règles de l'USPTO. Si la personne qui en est chargée n'est pas la même que celle qui a rédigé la demande selon le PCT, elle doit recevoir des instructions spécifiques concernant les détails qui sous-tendent le jeu de revendications original. Le risque existe, en effet, que toutes les dépendances multiples soient tout simplement supprimées, et que chacune des revendications "selon n'importe laquelle des revendications 1 à x" devienne une revendication "selon la revendication 1", cela ayant pour effet la création d'une *pyramide de dépendances* avec, à son sommet, la revendication 1. Ainsi que nous l'avons expliqué dans la section 3, une telle structure pyramidale n'est généralement pas recommandée, car elle n'offre pas de bonnes positions de repli s'il s'avère que la revendication 1 ne remplit pas la condition de nouveauté.

Examinons, en nous appuyant sur notre dernier exemple, une approche systématique (pas nécessairement la meilleure) de l'adaptation de revendications initialement rédigées dans le style de l'OEB (en deux parties) au style des groupes de dépendance de l'USPTO.

Exemple

En premier lieu, les revendications originales 1 à 3 conviennent l'une comme l'autre pour l'USPTO, parce qu'elles n'ont pas de dépendances multiples.

Les revendications originales 4 et 6 à 12 *sont* à dépendances multiples.

Le rédacteur du brevet doit donc "déconstruire" ces dépendances multiples en revendications dépendantes simples, ce qu'il fera comme ceci :

i) chaînes de dépendance donnant la portée la plus large aux éléments;
ii) chaînes de dépendance donnant la portée la plus étroite aux éléments; et
iii) chaînes de dépendance donnant une portée intermédiaire aux éléments (si cela est possible sans dépasser le nombre de 20 revendications, au-delà duquel une taxe de revendications additionnelles est perçue).

Dans l'exemple ci-dessus, les étapes i) et ii) permettent de rédiger les 20 revendications acceptées par l'USPTO ("Revendications US-").

D'abord, l'étape i) :

Revendications US-1 à 3 = Revendications 1 à 3 rédigées selon le format standard, comme pour l'OEB.
Revendication US-4. Dispositif d'écriture de la revendication 1, dans lequel l'élément B est B1.

Revendication US-5. Dispositif d'écriture de la revendication 4, dans lequel l'élément B est B11.
Revendication US-6. Dispositif d'écriture de la revendication 1, dans lequel l'élément C est C1.
Revendication US-7. Dispositif d'écriture de la revendication 1, comprenant en outre l'élément D.
Revendication US-8. Dispositif d'écriture de la revendication 7, comprenant en outre l'élément E.
Revendication US-9. Dispositif d'écriture de la revendication 8, comprenant en outre l'élément F.
Revendication US-10. Dispositif d'écriture de la revendication 9, comprenant en outre l'élément G.
Revendication US-11. Dispositif d'écriture de la revendication 10, comprenant en outre l'élément H1.
Revendication US-12. Dispositif d'écriture de la revendication 10, comprenant en outre l'élément H2.

Ensuite, l'étape ii) :

Revendication US-13. Dispositif d'écriture de la revendication 3, dans lequel l'élément B est B11.
Revendication US-14. Dispositif d'écriture de la revendication 13, dans lequel l'élément C est C1.
Revendication US-15. Dispositif d'écriture de la revendication 14, comprenant en outre l'élément D.
Revendication US-16. Dispositif d'écriture de la revendication 15, comprenant en outre l'élément E.
Revendication US-17. Dispositif d'écriture de la revendication 16, comprenant en outre l'élément F.
Revendication US-18. Dispositif d'écriture de la revendication 17, comprenant en outre l'élément G.
Revendication US-19. Dispositif d'écriture de la revendication 18, comprenant en outrel'élément H1.
Revendication US-20. Dispositif d'écriture de la revendication 18, comprenant en outre l'élément H2.

On constatera que, selon la manière dont elles sont rédigées, la revendication US-4 dépend de la plus large des trois premières revendications (la revendication 1) et ajoute B1, l'élément choisi le plus large de B, tandis que la revendication US-13 dépend de la plus étroite des trois premières revendications (la revendication 3) et ajoute B11, qui est l'élément choisi le plus étroit de B. De la même façon, la revendication US-6 dépend de la revendication la plus large (la revendication 1), tandis que la revendication US-14 dépend de la revendication étroite US-13, et toutes deux ajoutent l'élément choisi C1. Toujours selon la manière dont elles sont rédigées, la revendication US-7, qui ajoute l'élément supplémentaire D, dépend de la revendication la plus large (la revendication 1), ce qui signifie que les revendications US-8 à 12, qui dépendent toutes de la revendication US-7, visent une protection large. En revanche, la revendication US-15, qui ajoute l'élément supplémentaire D, dépend de la revendication plus étroite US-14, laquelle renvoie à la revendication 13 qui dépend de la plus étroite des trois premières revendications (la revendication 3), ce qui signifie que les revendications US-15 à 20, qui dépendent toutes de la revendication US-14, visent une protection étroite.

Compte tenu des règles appliquées aux États-Unis d'Amérique en matière de modification de revendications et d'ajout d'éléments, il est probable que dans ce jeu de 20 revendications, l'USPTO acceptera, après modification, toute revendication ayant une portée située entre celles de la revendication US-1 (la plus large) et des revendications US-19 à 20 (les plus étroites).

Mots-clés

- Revendication
- Invention
- Mode de réalisation
- Revendications de portée large et étroite
- Règle de l'ensemble des éléments
- Préambule
- Transition
- Partie caractérisante
- Élément
- Limitation
- Ponctuation de la revendication
- Reprise des termes
- Revendication en deux parties
- Variantes
- Revendication de type Markush
- Élément fonctionnel
- Revendication "moyen plus fonction"
- Revendication indépendante
- Revendication dépendante
- Revendication dépendante multiple

Testez vos connaissances

☐ Quelle est la différence entre une invention et un mode de réalisation (d'une invention)?
☐ Quelle est la partie d'une demande de brevet qui définit l'étendue de la protection conférée par cette demande?
☐ En quoi est-il avantageux qu'une demande de brevet comprenne à la fois des revendications de portée large et étroite?
☐ Quelles sont les trois parties d'une revendication? Expliquez chaque partie.
☐ Quelle est la différence entre une transition ouverte et une transition fermée?
☐ Une revendication de brevet peut prendre la forme d'une simple liste d'éléments (de l'invention) sans lien apparent entre eux. Vrai ou faux?
☐ Expliquez en quoi consiste le principe de reprise des termes dans le cadre d'une revendication de brevet.
☐ Une revendication dépendante peut dépendre d'une autre revendication, qui peut être une revendication indépendante ou une autre revendication dépendante. Vrai ou faux?
☐ Qu'est-ce qu'une revendication dépendante multiple?
☐ Qu'est-ce qu'une revendication "multiple-multiple"?
☐ Qu'est-ce qu'une revendication de type Markush?
☐ Qu'est qu'une revendication de type "moyen plus fonction"?

Module V
Types de revendications

Pour qu'une invention puisse être efficacement protégée, il faut souvent que la demande de brevet contienne plusieurs types de revendications. Nous verrons donc dans ce chapitre quelques-uns des types ou catégories de revendications que le professionnel peut rédiger afin d'assurer à son client une protection aussi complète que possible.

1. Principaux types de revendications

On dit parfois qu'il n'existe que deux types fondamentaux de revendications : celles qui portent sur une entité physique (produit, dispositif) et celles qui portent sur une activité (procédé, utilisation).

Les *revendications de produit* peuvent concerner, par exemple :

- "un mécanisme de direction auquel est intégré un circuit de réaction automatique ..."
- "un vêtement tissé comprenant ..."
- "un insecticide constitué par X, Y, Z"
- "un système de communication comprenant plusieurs stations émettrices et réceptrices"

Les *revendications de procédé* concernent toutes les sortes d'activités impliquant l'utilisation d'un objet matériel pour la mise en œuvre d'un procédé; cette activité peut être exercée sur des objets, sur une énergie, sur d'autres procédés (par exemple, dans les procédés de commande) ou sur le vivant.

1.1 Revendications de produit

Une revendication de produit concerne :

i) une substance ou des compositions (par exemple un composé chimique ou un mélange de composés); ou
ii) toute entité physique (par exemple un appareil, un article, un objet, un dispositif, une machine ou un système dans lequel plusieurs dispositifs fonctionnent conjointement).

La législation des États-Unis d'Amérique utilise l'expression *composition de matières* à l'égard de la première de ces catégories, et les termes *machine* et *fabrication* à l'égard de la deuxième.

Par exemple, une revendication relative à un trépied pour un appareil photographique ou à un lève-vitre est une revendication de produit portant sur une entité physique. Pour simplifier, nous parlerons ici de *revendication de dispositif* ou *d'appareil*. Pour rédiger une revendication de ce type, le rédacteur de brevets commence par définir la nature et parfois la fonction du dispositif dans un préambule. Ensuite, il répertorie les éléments essentiels de l'invention, c'est-à-dire ceux qui sont nécessaires au fonctionnement du dispositif réalisé sous sa forme la plus fondamentale (l'essence de l'invention). La nouveauté de l'invention réside dans ces composants essentiels.

D'une manière générale, un tiers porte atteinte à une revendication de produit lorsqu'il fabrique, utilise, offre à la vente, vend ou importe à ces fins, sans le consentement du titulaire du brevet, le produit couvert par cette revendication.

L'astuce du professionnel

> Une fois que vous pensez avoir saisi raisonnablement l'essence de l'invention, relisez la revendication, puis relisez-la encore, pour voir combien de mots vous pouvez en retirer sans rien perdre de l'essence de l'invention. Il est parfois utile de faire participer le ou les inventeurs à cet exercice, car cela peut les aider à affiner leur conception de l'invention.

1.2 Revendications de procédé ou de méthode

Une revendication de procédé concerne :

i) un procédé dont le résultat est un produit (par exemple un procédé de fabrication); ou
ii) un procédé dont le résultat n'est pas un produit (par exemple un procédé de calcul de données ou un procédé de diagnostic de la sécurité d'un système).

Les termes *procédé* et *méthode* sont généralement acceptés comme synonymes dans la rédaction de revendications.

Une revendication de méthode pourrait ressembler à ceci :

1. Une méthode pour préparer du thé, la méthode comprenant :

   - faire bouillir de l'eau;
   - ajouter du sucre à l'eau bouillante;
   - incorporer des feuilles de thé à l'eau bouillante pour former une mixture;
   - ajouter du lait à cette mixture; et
   - filtrer la mixture.

Dans cet exemple, les étapes du processus de préparation du thé sont énoncées l'une après l'autre, dans l'ordre où elles sont exécutées. De nombreux systèmes de brevet considèrent toutefois, aux fins de l'appréciation de l'état de la technique comme de la contrefaçon, que sauf mention contraire, les étapes énoncées dans une revendication de méthode peuvent être exécutées dans n'importe quel ordre. Dans l'exemple ci-dessus, l'étape "faire bouillir de l'eau" doit avoir lieu avant l'étape "ajouter du sucre à l'eau bouillante", mais l'étape "ajouter du sucre à l'eau bouillante" peut être exécutée à n'importe quel moment, par exemple après avoir ajouté le lait. Le rédacteur du brevet doit être à la recherche de termes et de limitations qu'il peut retirer de ses revendications sans augmenter le risque d'atteinte au brevet; ici, il pourrait se demander si l'ajout de "lait" et de "sucre" est toujours nécessaire pour préparer le thé conformément à l'invention de son client.

D'une manière générale, l'atteinte à une revendication de procédé est constituée lorsqu'un tiers utilise ce procédé sans le consentement du titulaire du brevet. En outre, si le procédé faisant l'objet d'une revendication débouche sur un produit, le fait d'utiliser, offrir à la vente, vendre ou importer à ces fins, sans autorisation, le produit obtenu directement par ce procédé constitue également une atteinte à la revendication de procédé concernée.

Certaines législations acceptent une forme particulière de revendication de procédé nommée *revendication d'utilisation*, qui porte sur l'utilisation d'un produit dans un procédé. L'Office européen des brevets (OEB) considérera, par exemple, qu'une revendication d'utilisation rédigée sous la forme "utilisation de la substance X comme insecticide" équivaut à une revendication de procédé rédigée sous la forme "procédé pour tuer les insectes, utilisant la substance X". Ce type de revendication n'est toutefois pas accepté dans tous les systèmes de brevet : aux États-Unis d'Amérique, par exemple, les revendications d'utilisation doivent être rédigées sous forme de revendications de procédé.

Nous étudierons les revendications d'utilisation de plus près dans la section 2.3.

1.3 Préambule avec le terme "pour"

Si une revendication commence par une expression telle que : "dispositif pour la mise en œuvre du procédé…", elle pourra être interprétée dans de nombreux pays comme revendiquant simplement un dispositif convenant/adapté à la mise en œuvre du procédé. En conséquence, dans ces pays, un dispositif possédant par ailleurs toutes les caractéristiques spécifiées dans la revendication, mais ne convenant pas au but recherché ou exigeant d'être modifié pour pouvoir être ainsi utilisé, ne devrait normalement pas être considéré comme antériorisant l'objet de la revendication ou portant atteinte à cette dernière. Il en va de même pour une revendication portant sur un produit destiné à un usage particulier. Par exemple, si une revendication porte sur "un moule pour acier liquide", cela signifie que certaines limitations s'appliquent au moule; un bac à glaçons en plastique ayant un point de fusion nettement inférieur à celui de l'acier ne serait donc pas couvert par la revendication.

De même, une revendication portant sur une substance ou une composition pour une utilisation particulière devrait être interprétée comme désignant une substance ou une composition qui convient à un usage particulier. Un produit connu qui est de prime abord identique à la substance ou à la composition définie dans la revendication, mais se présente sous une forme qui le rendrait *impropre* à l'utilisation indiquée, ne priverait pas la revendication de son caractère de nouveauté; en revanche, si le produit connu se présente sous une forme qui le rend *propre* à l'utilisation indiquée bien que cette dernière ne soit pas prévue dans la description, cela sera considéré comme destructeur de nouveauté dans un grand nombre de systèmes de brevet. Une exception à ce principe général d'interprétation existe dans certains systèmes qui ont des règles spécifiques concernant les revendications portant sur l'utilisation d'une substance ou d'une composition connue dans une méthode de traitement chirurgical, thérapeutique ou de diagnostic.

Examinons maintenant un exemple de revendication de dispositif.

Exemple

1. Dispositif pour soutenir un appareil photographique, comprenant :
   - un support pivotant configuré pour maintenir l'appareil photographique; et
   - un ensemble de plusieurs pieds disposés de sorte à soutenir le support pivotant.

Le préambule de cette revendication indique qu'il s'agit d'un dispositif pour soutenir un appareil photographique, et la partie caractérisante précise que les éléments essentiels de ce dispositif sont un support pivotant pour l'appareil photographique et des pieds disposés de sorte à soutenir le support pivotant.

Étant donné que, comme nous l'avons vu, le rédacteur d'un brevet devrait toujours être à la recherche de termes qu'il peut retirer d'une revendication sans affaiblir la protection que celle-ci confère, nous pourrions nous demander si, dans cet exemple, il est absolument indispensable que le support du trépied soit "pivotant".

Contrairement aux revendications de dispositif ou de produit, lorsque la revendication de procédé commence par une formule telle que "Procédé pour refondre des couches galvaniques", les termes "pour refondre" ne doivent pas être compris comme signifiant que le procédé convient uniquement à la refonte des couches galvaniques, mais comme désignant une caractéristique fonctionnelle relative à la refonte des couches galvaniques et, par conséquent, comme définissant l'une des étapes du procédé revendiqué.

Il convient de faire une distinction pour les revendications ayant pour objet un procédé (ou une méthode) comprenant des étapes physiques dont le résultat est un produit. Dans un tel cas, la mention de la finalité du procédé signifie qu'il doit seulement être *adapté* à l'utilisation indiquée, et n'est pas utilisé comme une méthode à part entière permettant d'obtenir le produit. Par conséquent, si l'état de la technique divulgue une méthode sans indiquer le produit qui en est le résultat recherché, cela constituera une antériorité par rapport à une revendication portant sur la même méthode, mais indiquant quel est ce produit.

2. Types particuliers de revendications

2.1 Revendications de produit caractérisé par son procédé d'obtention

Les revendications de produit dans lesquelles ce dernier est défini par son procédé de fabrication (par exemple "Produit X susceptible d'être obtenu par le procédé Y") ne sont admissibles dans certains systèmes que si le produit en tant que tel remplit les conditions de brevetabilité, c'est-à-dire, notamment, s'il est nouveau et implique une activité inventive. Toutefois, un produit ne devient pas nouveau simplement parce qu'il est fabriqué au moyen d'un nouveau procédé, de sorte que de nombreux systèmes de brevet interpréteront une revendication dans laquelle le produit est défini par un procédé comme une revendication portant sur le produit en tant que tel. Que les expressions "susceptible d'être obtenu", "obtenu", "directement obtenu" ou toute autre formulation équivalente soient utilisées ou non dans une *revendication de produit caractérisé par son procédé d'obtention*, il n'en demeure pas moins que celle-ci porte sur le produit en tant que tel et lui confère donc une protection absolue.

Lorsqu'une revendication porte sur un produit caractérisé par son procédé d'obtention, le produit en question ne peut pas être considéré comme nouveau s'il est identique à un produit connu. La charge de la preuve des éléments susceptibles de distinguer un produit caractérisé par son procédé d'obtention incombe au déposant, qui doit démontrer, par exemple en mettant en évidence les différences des propriétés des produits, que la modification des paramètres du procédé a pour résultat un produit différent. Dans les systèmes tels que celui de l'OEB, le *but* du procédé est également pris en considération pour déterminer les caractéristiques d'un produit obtenu par un procédé. Par opposition, dans l'évaluation d'une méthode ou d'un procédé d'obtention d'un produit, l'indication du but du procédé (élaboration d'un produit) signifie simplement que celui-ci *convient* à ce but.

Dans la plupart des systèmes de brevet, par exemple celui de l'OEB, si l'objet d'un brevet est un procédé d'obtention d'un produit, les droits qu'il confère s'étendent aux produits obtenus directement par ce procédé; cela s'applique aussi bien aux procédés ayant pour résultat des produits représentant une transformation complète de leurs matériaux qu'aux procédés de modification superficielle (par exemple peinture ou polissage).

D'autres systèmes de brevet traitent les revendications définissant un produit par un procédé comme des revendications de méthode. Au Japon, ce type de revendication a été jugé indéfini (dépourvu de clarté), et n'est utilisé que dans des situations particulières, par exemple lorsqu'il serait impossible ou irréalisable de définir les éléments structurels ou caractéristiques du produit revendiqué à la date de dépôt.

L'astuce du professionnel

> Vérifiez toujours non seulement si une revendication définissant un produit par son procédé d'obtention est admissible, mais aussi qu'elle représente la meilleure voie à suivre pour protéger l'invention de votre client dans le pays qui l'intéresse. Vous pouvez rédiger une revendication de ce type parmi d'autres, et choisir par la suite si vous l'utiliserez ou non, en fonction de la législation du pays concerné, de l'état de la technique, etc.

Les revendications définissant un produit par son procédé d'obtention sont couramment utilisées pour les entités chimiques difficiles ou impossibles à définir structurellement, comme les polymères ou les aliments.

Exemple

Cette revendication de produit caractérisé par son procédé d'obtention vise à protéger une boisson à l'avoine :

1. Suspension de céréales homogène et stable ayant le goût et l'arôme de l'avoine naturelle, comprenant des ß-glucans intacts de la matière de départ, et ayant une viscosité inférieure à 0,5 Pas à température ambiante, pouvant être obtenue par :
- a) broyage à sec ou humide d'avoine ou autre traitement thermique ou à l'eau d'avoine pour obtenir une farine;
- b) mise en suspension de la farine d'avoine dans l'eau, si la farine a été obtenue par broyage;
- c) traitement de la suspension par ß-amylase, ...;
- [...]
- g) application à la suspension d'un traitement à ultra-haute température (UHT) pour obtenir un produit stérile tout en inactivant les enzymes ajoutées.

2.2 Revendications portant sur les paramètres

Les *paramètres* sont des valeurs caractéristiques de propriétés mesurables (par exemple, le point de fusion d'une substance, la résistance à la flexion d'un acier, la résistance d'un conducteur électrique), et peuvent parfois être définis par des combinaisons mathématiques de plusieurs variables.

De nombreux systèmes de brevet acceptent qu'un produit soit défini au moyen de paramètres si l'invention ne peut pas être définie autrement ou s'il n'est pas possible de la définir d'une manière plus précise sans limiter outre mesure la portée des revendications, et si le résultat peut être vérifié directement et avec succès au moyen de tests et de procédures exposés de manière satisfaisante dans la description, ou connus de la personne du métier, et ne nécessitant pas une somme déraisonnable d'expérimentations.

Par exemple, la mention revendiquée peut porter sur un cendrier qui permet, grâce à sa forme et à ses proportions, d'éteindre automatiquement un mégot de cigarette incandescent. La forme et les dimensions du cendrier peuvent varier considérablement d'une manière difficile à définir, tout en produisant l'effet souhaité. Dans la mesure où la construction et la forme du cendrier sont précisées aussi clairement que possible dans la revendication, les proportions peuvent y être définies par rapport au résultat escompté, à condition que la description contienne des indications suffisantes pour permettre à une personne du métier de déterminer les dimensions nécessaires à l'aide d'essais courants.

L'OEB, par exemple, permet qu'un produit soit caractérisé principalement par ses paramètres dans les cas où il n'est pas possible de définir l'invention autrement de façon plus satisfaisante, à condition que ces paramètres soient déterminés de manière claire et fiable par des indications stipulées dans la description ou des procédures objectives réalisées habituellement dans le domaine technique. Il en est de même pour une caractéristique relative à un procédé qui est définie par des paramètres. L'OEB estime cependant que ce type de revendication sert parfois à cacher un défaut de nouveauté; le rédacteur de brevets peut donc s'attendre à ce que l'examinateur vérifie minutieusement de telles revendications avant de les accepter.

L'astuce du professionnel

Vous devez penser avant tout au degré de protection qu'offrirait ce type de revendication : en supposant qu'elle soit acceptée, les concurrents de votre client pourraient-ils tout de même la mettre en échec en introduisant une référence à un élément de l'état de la technique dont ni vous ni votre client n'aviez connaissance à la date du dépôt? Rappelez-vous que votre rôle est de protéger l'invention *et* d'aider le déposant à atteindre ses objectifs commerciaux - deux choses qui sont souvent beaucoup plus difficiles à faire que de rédiger une revendication en respectant les exigences minimales d'un système juridique donné.

Un autre cas dans lequel la caractérisation d'un produit au moyen de paramètres peut être justifiée est celui d'une invention portant sur un polymorphe. Il n'est pas possible de revendiquer différents polymorphes (formes cristallines) d'un composé chimique par leur formule, car celle-ci est la même pour tous. Les polymorphes sont différenciés par leur structure cristalline, de sorte qu'ils ne peuvent être revendiqués qu'au moyen de paramètres définissant, par exemple, leur spectre infrarouge ou leurs caractéristiques de diffraction de rayons X.

2.3 Revendications d'utilisation générale

Bien qu'une revendication de produit ait pour but de protéger toutes les utilisations de ce produit, la protection d'une utilisation nouvelle et inventive d'un produit peut également être recherchée au moyen d'une revendication d'utilisation (un sous-type de la revendication de procédé de base). Chaque revendication d'utilisation est associée à un but précis de l'utilisation, ce but étant considéré, dans certains systèmes de brevet, comme un élément fonctionnel ou une caractéristique technique de la revendication.

Dans certains offices, notamment l'OEB, une revendication d'utilisation rédigée sous la forme "utilisation d'une substance X comme insecticide" sera acceptée pour des utilisations non médicales (c'est-à-dire des utilisations autres qu'à des fins de traitement, de chirurgie ou de diagnostic sur les humains ou les animaux), et sera traitée comme équivalent à une revendication de procédé ou de méthode rédigée sous la forme "procédé pour tuer les insectes, utilisant la substance X". Une revendication ayant cette forme ne devrait donc pas être interprétée comme une revendication de produit pour la substance X, susceptible d'être reconnue, par exemple par d'autres additifs, comme étant destinée à être utilisée en tant qu'insecticide. De la même façon, une revendication portant sur "l'utilisation d'un transistor dans un circuit d'amplification" équivaudrait à une revendication relative à "un procédé d'amplification utilisant un circuit comprenant un transistor", et ne devrait être interprétée ni comme une revendication de produit portant sur un "circuit d'amplification dans lequel le transistor est utilisé" ni comme une revendication de procédé sous la forme "le procédé consistant à utiliser le transistor en vue de réaliser un tel circuit".

Ce type de revendication d'utilisation n'est toutefois pas accepté partout, notamment aux États-Unis d'Amérique, où l'"utilisation" ne fait pas partie des catégories protégeables en vertu de la législation.

2.4 Revendications d'utilisations médicales

Si la caractéristique essentielle d'une invention est une nouvelle façon d'utiliser un produit connu à des fins médicales (par exemple, pour traiter une maladie particulière), le rédacteur du brevet doit examiner soigneusement les lois et pratiques du pays concerné, car elles peuvent remettre en question non seulement la forme des revendications, mais aussi la brevetabilité de l'invention. Même si la forme des revendications est plus ou moins similaire ou identique, la protection réelle conférée par un brevet peut varier d'un pays à l'autre, que ce soit sur la base de différences d'interprétation, de conceptions diverses de ce qui constitue une atteinte directe ou indirecte aux droits et, peut-être, d'exonérations de responsabilité pour atteinte aux brevets.

En général, ces différences ont pour origine l'exclusion de la brevetabilité des méthodes diagnostiques, thérapeutiques et chirurgicales pour le traitement des humains ou des animaux. Dans certains des pays qui ont mis en œuvre cette exclusion dans leur législation, la pratique a néanmoins donné naissance à des formes de rédaction qui ne couvrent pas la méthode de traitement, mais revendiquent un produit connu pour un usage médical nouveau.

Si l'état de la technique mentionne une substance, une revendication pour une "substance X" sera rejetée pour défaut de nouveauté. S'il s'avère par la suite que la substance connue – utilisée jusqu'alors à une certaine fin non médicale (par exemple, en tant qu'insecticide, colorant, aliment, produit phytosanitaire, matériau de construction, etc.) – est efficace dans le traitement d'une maladie, une demande de brevet peut être déposée pour la revendiquer spécifiquement pour cet usage médical, qui sera désigné comme sa *première indication médicale* (également appelée *première utilisation* ou *nouvelle utilisation*). Autrement dit, la caractéristique nouvelle et inventive essentielle de la revendication est une utilisation médicale de la substance X.

Si la même situation se reproduit, mais que cette fois la substance X se révèle efficace pour un usage médical totalement différent, la revendication suivante sur cette substance portera sur une *deuxième indication médicale* (ou *deuxième utilisation*).

Ces revendications, si elles sont accordées, protègent un produit connu pour un usage médical précis.

Alors que les lois sur les brevets de certains pays excluent expressément la protection par brevet de la première, de la deuxième ou de toute autre utilisation médicale d'un produit connu, d'autres permettent de la revendiquer, pour autant que toutes les conditions de brevetabilité soient remplies. Généralement, un ou plusieurs des types de revendications suivants sont autorisés selon la législation concernée (les exemples de revendications présentés se rapportent tous à une utilisation nouvelle de la zidovudine, 3'-azido-3'-déoxythymidine ou AZT, déjà connue, pour le traitement du SIDA).

Revendications de type suisse Les revendications de type suisse sont généralement rédigées sous la forme "utilisation de la substance X dans la fabrication d'un médicament pour le traitement de l'affection Y" :

1. Utilisation de la 3'-azido-3'-deoxythymidine dans la fabrication d'un médicament pour le traitement ou la prophylaxie du SIDA.

Cette forme a été la seule autorisée par l'OEB entre 1985 et 2010, et elle est toujours acceptée dans de nombreux pays. Il s'agit d'une revendication de procédé, qui couvre le procédé de fabrication d'un médicament connu pour une nouvelle utilisation médicale. Par conséquent, les personnes qui fabriquent le produit pharmaceutique breveté portent directement atteinte à cette revendication de type suisse.

Revendications de produit à but limité Les revendications de produit à but limité se présentent sous la forme "substance X pour utilisation dans le traitement de l'affection Y" :

1. 3'-azido-3'-deoxythymidine pour utilisation dans le traitement ou la prophylaxie du SIDA.

Cette formulation est imposée par l'OEB depuis 2011, et certains signataires de la Convention sur le brevet européen (CBE) l'introduisent actuellement dans leur législation, par exemple la loi 24/2015 sur les brevets en Espagne.

Revendications d'utilisation Dans les pays qui acceptent les revendications d'utilisation pour la protection de la première utilisation médicale, la deuxième ou toute utilisation médicale ultérieure (par exemple, l'Allemagne, le Canada et l'Australie), il est possible de rédiger une revendication sous la forme "utilisation de la substance X pour le traitement de l'affection Y" :

1. Utilisation de la 3'-azido-3'-deoxythymidine pour le traitement ou la prophylaxie du SIDA.

Substance utilisée pour traiter une maladie particulière Un exemple de ce type de revendication pourrait se lire :

1. 3'-azido-3'-deoxythymidine chaque fois qu'elle est utilisée ou destinée à être utilisée dans le traitement ou la prophylaxie du SIDA chez un humain.

En outre, certains pays peuvent autoriser des revendications portant sur des formulations pharmaceutiques destinées à un usage particulier.

Revendications de méthode de traitement Les revendications de méthode de traitement sont généralement rédigées de la manière suivante : "une méthode de traitement d'un être humain atteint de [l'affection Y] comprenant l'administration d'une quantité efficace de [la substance X]".

1. Une méthode de traitement d'un être humain atteint du SIDA comprenant l'administration par voie orale à cet être humain d'une quantité efficace de 3'-azido-3'-deoxythymidine.

Ce type de formulation est accepté aux États-Unis d'Amérique et en Australie, deux pays dont les systèmes de brevet n'excluent pas la brevetabilité des méthodes diagnostiques, thérapeutiques et chirurgicales pour le traitement du corps humain ou animal. Aux États-Unis d'Amérique, les médecins ne peuvent pas être poursuivis pour atteinte aux droits de brevet; c'est donc aux fabricants ou distributeurs du produit breveté que sont opposées les revendications de méthode de traitement, pour atteinte indirecte aux brevets, qu'ils y aient participé ou y aient été incités. La législation australienne ne prévoit pas d'exemption de responsabilité pour atteinte aux brevets en faveur des médecins. Cela étant, les entreprises pharmaceutiques titulaires de ces brevets n'ont aucun intérêt commercial à poursuivre leurs clients, c'est-à-dire les médecins qui prescrivent des médicaments portants atteinte à leurs droits et les patients qui les achètent et les consomment.

L'astuce du professionnel

Pour obtenir la meilleure protection possible pour des utilisations médicales précises, vous devez veiller à ce que la description donnée dans la première demande, sur laquelle est fondée la priorité, vous permette de choisir la forme de revendication qui sera la plus appropriée pour le ou les pays dans lesquels vous pourriez déposer ensuite des demandes.

Exemple

Un composé chimique nouveau, la substance X, est préparé par un procédé spécifique, le procédé Z. Les documents fournis démontrent que la substance X est utilisée spécifiquement dans le traitement de l'affection Y. Étant donné que dans ce cas, l'invention concerne un nouveau produit *et* sa première utilisation médicale, la demande de brevet déposée auprès de l'OEB devrait comprendre au minimum les types de revendications suivants.

Revendication de produit (portant sur le produit *en tant que tel*)

Revendication 1. Produit X.
- Générale/revendication de première utilisation médicale :

Revendication 2. Produit X pour utilisation en tant que principe actif pharmaceutique.
- Spécifique/revendication de deuxième utilisation médicale :

Revendication 3. Produit X pour utilisation dans le traitement de l'affection Y.

Selon le cas, il peut être utile d'ajouter une revendication de procédé d'élaboration :

Revendication 4. Procédé d'élaboration du produit X, comprenant ... [étapes du procédé Z].

Dans ce jeu de revendications, si une revendication de produit (revendication 1) est nouvelle et non évidente, toute revendication relative à une utilisation de la substance X (revendications 2 et 3) et toute revendication relative à un procédé d'élaboration du produit X (revendication 4) sera automatiquement considérée comme nouvelle et non évidente.

En tout état de cause, et bien qu'une revendication de produit protège toutes les utilisations et tous les procédés d'élaboration du produit sur lequel elle porte, il est généralement prudent d'ajouter des revendications de différents types dans le jeu de revendications, non seulement afin de pourvoir à une protection exhaustive des caractéristiques essentielles de l'invention, mais aussi pour limiter les risques d'invalidation ultérieure.

Le rédacteur du brevet doit toujours garder présent à l'esprit, ce faisant, que les lois et les pratiques en matière de brevets varient considérablement dans ce domaine.

2.5 Revendications de composition

Les revendications de composition sont utilisées lorsque l'invention revendiquée concerne la nature chimique des matières ou composants utilisés. Par exemple, une revendication portant sur une solution pour le cuivrage électrolytique peut être rédigée ainsi :

1. Solution pour le cuivrage électrolytique, comprenant :

   a) une solution alcaline de sulfate de cuivre, de 30 à 50 grammes par litre;
   b) de l'acide sulfurique, représentant de 2 à 4 fois la solution d'acétate de cuivre; et
   c) une solution aqueuse d'un substrat favorable à la modification du pH dans une quantité suffisante pour ajuster le pH à une valeur de située entre 3,5 et 5,0.

Il appartient au rédacteur du brevet de revendiquer chacun des éléments d'une manière aussi étroite ou aussi large que nécessaire eu égard à l'état de la technique, à la portée de l'invention et aux autres facteurs pertinents. Par exemple, dans la revendication ci-dessus, les éléments a) et b) sont de portée plus étroite que l'élément c), dans la mesure où le nom exact du composé est énoncé dans les éléments a) et b), contrairement à l'élément c) qui le désigne de manière générique. Par conséquent, tout substrat favorable à la modification du pH qui remplit la fonction d'ajuster le pH de la solution à une valeur située entre 3,5 et 5,0 sera conforme à la limitation établie dans l'élément c).

2.6 Revendications de biotechnologie

D'une manière générale, la biotechnologie concerne toutes les utilisations pratiques d'organismes vivants. Le brevet US 141,072 revendiquant une "levure exempte de germes organiques de maladie en tant qu'article manufacturé", délivré à Louis Pasteur en 1873, est parfois considéré comme le tout premier brevet relatif à un micro-organisme.

Les inventions des domaines de la biologie et des sciences de la vie peuvent être destinées à des usages commerciaux ou thérapeutiques. Les inventions de biotechnologie peuvent donc porter, entre autres, sur l'ADN complémentaire, l'ADN recombiné, les fragments d'ADN, les protéines, les anticorps monoclonaux, les ADN et les ARN antisens, les vecteurs recombinés et les vecteurs d'expression.

Un jeu de revendications de biotechnologie relatives à une invention portant sur des acides nucléiques et des protéines encodées pourrait être rédigé comme suit :

1. Polynucléotide isolé comprenant un individu choisi parmi le groupe consistant en :

   a) un polynucléotide codant un polypeptide comprenant les acides aminés 1 à 255 comme décrit dans SEQ ID N° 2; et
   b) un polynucléotide qui s'hybride au polynucléotide a) et lui est complémentaire à au moins 95%.

2. Le polynucléotide de la revendication 1 comprenant les nucléotides 1 à 1080 de SEQ ID N° 1.

Dans l'exemple ci-dessus, notez que la séquence génétique est référencée dans la revendication mais n'est pas énoncée dans son intégralité.

De nombreux systèmes de brevet ont des exigences et des règles de dépôt spécifiques pour les inventions de biotechnologie et les listages de séquences (voir également le module VI, section 14, sur les exclusions à la brevetabilité, et le module VI, section 15, sur le critère d'application industrielle).

Lorsqu'une invention fait intervenir un matériel biologique et qu'il n'est pas possible de la décrire par écrit d'une manière suffisante pour permettre à une personne du métier de la réaliser et de l'utiliser, un accès au matériel biologique concerné peut être nécessaire pour remplir les conditions de brevetabilité prévues par la législation. De nombreux pays ont mis en place un système de dépôt afin de permettre l'accès au matériel biologique dans le cadre des procédures en matière de brevets.

Une revendication pour une invention relative du matériel biologique pourrait se lire, par exemple, de la manière suivante :

1. Semence de cultivar de coton dénommé PHY 78 Acala, dans lequel un échantillon représentatif de semence du cultivar a été déposé à l'ATCC sous le n° PTA-5666.

Cet exemple indique qu'un échantillon de la semence de cultivar de coton revendiquée a été déposé auprès de l'ATCC (American Type Culture Collection), et qu'un numéro de référence ("PTA-5666") lui a été attribué pour qu'il soit possible d'y accéder.

Le Traité de Budapest sur la reconnaissance internationale du dépôt des micro-organismes aux fins de la procédure en matière de brevets a été établi en 1977 afin de faciliter la reconnaissance du matériel biologique déposé dans des demandes de brevet à travers le monde[28]. En vertu de ce traité, les parties contractantes qui permettent ou exigent le dépôt de micro-organismes dans le cadre de la procédure de demande de brevet doivent reconnaître les dépôts effectués à cette fin auprès d'une autorité de dépôt internationale, que celle-ci soit installée à l'intérieur ou à l'extérieur de leur territoire. Une autorité de dépôt internationale est une institution scientifique - généralement une "collection de cultures" - dont le Gouvernement de l'État contractant du Traité de Budapest sur le territoire elle est située confirme qu'elle remplit et continuera de remplir les conditions énumérées dans ce traité.

2.7 Revendications d'inventions mises en œuvre par ordinateur

La plupart des systèmes de brevet excluent de la brevetabilité les idées abstraites, les logiciels ou programmes d'ordinateur en tant que tels, les actions purement intellectuelles et les méthodes en vue de faire des affaires en tant que telles. S'il est vrai que la protection des inventions mises en œuvre par ordinateur dépasse le cadre du présent manuel, il importe aussi que les rédacteurs de demandes de brevet sachent comment les inventions de leurs clients peuvent être interprétées dans les pays qui intéressent ces derniers.

Les demandes de brevet relatives à des logiciels ou matériels informatiques qui exécutent des algorithmes spécialisés comportent habituellement des revendications de produit (se rapportant à un appareil, un dispositif, un système), des revendications de méthode et des revendications d'utilisation.

La première revendication (revendication 1) d'une demande portant sur une invention mise en œuvre par ordinateur est souvent une revendication de méthode. Cela est dû au fait que la plupart de ces brevets décrivent notamment les aspects dynamiques (le comportement) des logiciels. En d'autres termes, un programme d'ordinateur exécute un algorithme, qui est essentiellement une méthode.

Il est également important d'inclure des revendications de produit dans les demandes de brevet se rapportant à ce type d'invention. En règle générale, les inventions mises en œuvre par ordinateur le sont sur du matériel d'utilisation courante (par exemple, un PC ou un appareil électronique portable), de sorte qu'il n'est pas nécessaire d'énoncer de caractéristiques spéciales pour ces appareils. Dans les nombreux systèmes de brevet qui permettent qu'une revendication de produit renvoie à une ou plusieurs revendications de méthode (voir le module IV, section 3.4), l'une des façons de rédiger une telle revendication de produit consiste à simplement renvoyer à la fois à la revendication indépendante et aux revendications dépendantes. Cela permettra au rédacteur du brevet de faire référence à l'ensemble des revendications de méthode dans une seule revendication de produit.

Exemple

1. Méthode mise en œuvre par ordinateur pour faire passer un serveur d'un mode d'attente à un mode d'activation complète, la méthode comprenant les étapes suivantes :
   - envoyer, d'un client au serveur, qui est en mode d'attente, un signal d'activation, le signal d'activation étant adapté pour faire passer le serveur du mode d'attente au mode d'activation complète;

- recevoir, par le serveur, le signal d'activation; et
- faire passer le serveur du mode d'attente au mode d'activation complète en réponse à la réception du signal d'activation.

Les revendications 2 à 10 sont également des revendications de méthode, et sont suivies de :

11. Système de traitement de données comprenant des moyens pour réaliser [chacune des étapes de] la méthode selon l'une quelconque des revendications 1 à 10.

Pour adapter le jeu de revendications à une législation qui ne permet pas une telle référence, le rédacteur du brevet reformule chaque étape de la méthode en utilisant l'expression "des moyens pour ..." :

11. Système de traitement de données comprenant :
    - des moyens pour envoyer, d'un client au serveur, qui est en mode d'attente, un signal d'activation, le signal d'activation étant adapté pour faire passer le serveur du mode d'attente au mode d'activation complète;
    - des moyens pour recevoir, par le serveur, le signal d'activation; et
    - des moyens pour faire passer le serveur du mode d'attente au mode d'activation complète en réponse à la réception du signal d'activation.

Lorsqu'il rédige une revendication pour un pays tel que les États-Unis d'Amérique, où le terme "moyen" peut ne pas recevoir une interprétation large, le rédacteur de brevets a la possibilité d'opter pour une formulation plus générique, par exemple "un transmetteur pour envoyer" au lieu de "des moyens pour envoyer".

Les types de revendications acceptés pour ces inventions varient d'un pays à l'autre; ils peuvent comprendre les revendications de support lisible par ordinateur, les revendications de structure de données, les revendications de signal propagé et les revendications de produit de programme d'ordinateur. Certaines formes de revendications spécialisées pour les inventions mises en œuvre par ordinateur sont courantes dans certains pays, notamment celles se rapportant au numérique. Ces dernières, qui sont généralement des modifications de types de revendications plus courants, dépassent le cadre du présent manuel.

Une *revendication de support lisible par ordinateur*, également appelée *"revendication Beauregard"*[29] aux États-Unis d'Amérique, a pour but de protéger une invention lorsqu'elle est mise en œuvre sur un support particulier (par exemple un CD-ROM). Ces revendications, dont la formulation peut varier, permettent au titulaire du brevet de poursuivre non seulement les fabricants et les utilisateurs d'un logiciel contrefaisant, mais aussi les vendeurs de ce logiciel, ce qui inclut les détaillants et les grossistes.

L'astuce du professionnel

N'oubliez pas que dans chaque système juridique, les pratiques évoluent en même temps que la technologie - vous devez donc vous tenir au courant des développements législatifs dans les domaines et les pays qui vous intéressent, ainsi que vos clients.

L'une des façons les plus courantes de rédiger une telle revendication consiste à ajouter à une revendication de méthode un préambule de "support lisible par ordinateur" :

1. Support de stockage lisible par ordinateur contenant des instructions qui, lorsqu'elles sont exécutées par un ordinateur, font mettre en œuvre à cet ordinateur une méthode d'utilisation d'un système informatique pour [une fonction spécifique], la méthode comprenant : ...

Une *revendication de structure de données*, également appelée "revendication Lowry"[30] aux États-Unis d'Amérique, a pour but de protéger une invention informatisée qui comprend une structure de données informatiques nouvelle. Parmi les différentes formulations possibles, la suivante est l'une des plus courantes :

1. Mémoire de stockage de données pour l'accès par un programme d'application exécuté dans un système de traitement des données, comprenant :

- une structure de données stockées dans la mémoire, la structure de données incluant des informations d'une base de données utilisée par le programme d'application et incluant :
  - un premier objet de données configuré pour...;
  - un second objet de données configuré pour...; et
  - un troisième objet de données configuré pour... .

Mots-clés

- Revendications de produit, d'appareil ou de dispositif
- Revendications de méthode ou de procédé
- Revendications de produit caractérisé par son procédé d'obtention
- Revendications portant sur les paramètres
- Revendications d'utilisation
- Revendications d'utilisationss médicales
- Revendications de composition
- Revendications de biotechnologie
- Listages de séquences
- Dépôt de matériel biologique
- Revendications d'inventions mises en œuvre par ordinateur
- Revendications de support lisible par ordinateur
- Revendications de structure de données

Testez vos connaissances

☐ Sachez faire la distinction entre une revendication de produit (appareil ou dispositif) et une revendication de méthode ou de procédé.

☐ Lorsque le préambule d'une revendication se lit "Un moule pour acier fondu", cela signifie que dans de nombreux pays, la revendication concerne un moule convenant à l'acier fondu. Vrai ou faux?

☐ Le produit X fabriqué par le procédé A est déjà connu. Un inventeur a conçu un nouveau procédé de fabrication B pour produire le produit X. Étant donné que le procédé B est nouveau, la revendication "Produit X obtenu par le procédé B" remplit le critère de nouveauté par rapport à l'état de la technique dans tous les pays. Vrai ou faux?

☐ Les revendications qui définissent une invention par un résultat à atteindre sont faciles à rédiger et offrent une bonne protection. Vrai ou faux?

☐ Une revendication rédigée sous la forme "L'utilisation d'une substance ABC comme..." est acceptable dans tous les systèmes de brevet. Vrai ou faux?

☐ La substance X est utilisée comme édulcorant depuis de nombreuses années. Un concept inventif essentiel d'une nouvelle invention est l'utilisation de la substance X comme composé antiseptique. Quels types de revendications pourriez-vous rédiger, compte tenu des différences entre les pratiques nationales en matière de brevets?

☐ En quoi une revendication de support lisible par ordinateur ressemble-t-elle à une revendication de méthode?

☐ Que prévoit le Traité de Budapest en ce qui concerne les brevets de biotechnologie?

☐ En quoi la revendication suivante est-elle mal formulée?

☐ Appareil pour la récolte du maïs, comprenant :

  - une batteuse pour couper le maïs;
  - transférer le maïs coupé dans une trémie; et
  - un pivot rotatif attaché à la batteuse.

Module VI
Stratégie en matière de revendications de brevet

1. Commencer par rédiger les revendications

Lorsqu'il écrit une demande de brevet, le rédacteur de brevets doit commencer par les revendications car celles-ci vont l'aider et aider l'inventeur à se faire une idée plus précise de l'invention. Il sera bien plus facile de rédiger la description et les autres éléments de la demande de brevet lorsque l'invention aura été définie clairement.

2. Revendications de portée large et étroite

Rédiger une combinaison de revendications de portée large et étroite permet de montrer l'ensemble des domaines d'application de la nouveauté de l'invention. La démarche idéale consiste à rédiger un jeu de revendications allant de la portée la plus large à la plus étroite. Dans la pratique, il peut être plus facile de commencer par une revendication de portée étroite, puis progressivement d'en retirer des éléments ou de remplacer les termes de portée étroite par des termes de portée plus large pour arriver à la revendication la plus large possible. Lorsque le rédacteur de brevets estime être parvenu à la revendication la plus large possible, il peut entreprendre la rédaction d'un jeu de revendications dépendantes en s'appuyant sur celle-ci.

Exemple

Le client a inventé un nouvel appareil permettant de transmuter le plomb en or. La réalisation matérielle de l'invention se compose d'une structure métallique en forme de boîte, d'un moteur électrique, d'une cuvette permettant de retenir les déchets de plomb et d'un élément de transmutation qui change le plomb en or. Le client montre cette réalisation matérielle de l'invention au rédacteur de brevets.

Cette réalisation matérielle est le point de départ du rédacteur. "L'invention" est en réalité une notion abstraite dont la portée est plus étendue que la réalisation matérielle, mais celle-ci constitue l'élément le plus connu du rédacteur de brevets. Il rédige la revendication suivante :

1. Appareil permettant de transmuter le plomb en or, comprenant :
   - une structure métallique en forme de boîte;
   - un moteur électrique monté dans la structure métallique;
   - une cuvette permettant de retenir les déchets de plomb, située sur une surface de la structure métallique; et
   - un élément de transmutation du plomb en or fixé sous la cuvette et à l'intérieur de la structure métallique, et conçu de manière à être alimenté en électricité par le moteur électrique.

Le rédacteur de brevets relit cette première version de la revendication. Elle décrit de manière à la fois globale et précise les aspects inventifs de la réalisation matérielle de l'invention du client.

En écrivant cette première version, le rédacteur a déjà omis certaines caractéristiques car il sait qu'elles ne peuvent constituer une nouveauté brevetable pour cette invention particulière, par exemple la couleur du boîtier; il examine ensuite attentivement la revendication pour voir s'il est possible d'élargir encore davantage sa portée.

Il remarque tout d'abord que la "structure métallique en forme de boîte" ne constitue pas un élément essentiel de cette invention, et que comme il a employé le terme "comprenant", il peut probablement supprimer complètement cet élément; après tout, un concurrent pourrait contourner la protection du brevet en plaçant l'appareil dans un élément différent d'une "structure métallique en forme de boîte". Le rédacteur de brevets réécrit donc la revendication comme ceci :

1. Appareil permettant de transmuter le plomb en or, comprenant :
   - *un moteur électrique;*
   - *une cuvette permettant de retenir les déchets de plomb;* et
   - un élément de transmutation du plomb en or associé fonctionnellement à la cuvette et conçu de manière à être alimenté en électricité par le moteur électrique.

Le rédacteur de brevets relit à nouveau la revendication, toujours en s'efforçant de l'élargir afin de rendre fidèlement compte de l'essence de l'invention.

Il remarque que l'expression "moteur électrique" est relativement précise. Il s'efforce de trouver tous les termes connexes qui lui viennent à l'esprit, par exemple "moteur", "source d'énergie" et "source d'alimentation électrique", et il se demande s'il est essentiel que l'invention soit alimentée par un moteur. Au demeurant, la source d'énergie doit-elle être électrique? Pour différentes raisons, il convient avec le client de choisir le terme "source d'énergie". La revendication devient alors la suivante :

1. Appareil permettant de transmuter le plomb en or, comprenant :
   - *une source d'énergie;*
   - une cuvette permettant de retenir les déchets de plomb; et
   - un élément de transmutation du plomb en or associé fonctionnellement à la cuvette et conçu de manière à être alimenté en *énergie par la source d'énergie.*

Le rédacteur de brevets relit la revendication une fois de plus. Il constate que l'élément appelé "cuvette" ne doit pas nécessairement être une cuvette pour que l'invention puisse récupérer correctement le plomb, et que par ailleurs il a parlé de "déchets de plomb" au lieu de parler simplement de "plomb". Comme il sait que l'invention peut fonctionner avec n'importe quel type de plomb, il décide de supprimer le terme "déchet" qui est inutilement restrictif; puis il se dit que la cuvette peut être remplacée par un récipient de n'importe quelle forme. En conséquence, il décide d'employer le terme abstrait de "récupérateur de plomb" pour décrire n'importe quel type de récipient permettant de retenir le plomb, et il réécrit la revendication comme suit :

1. Appareil permettant de transmuter le plomb en or, comprenant :
   - une source d'énergie;
   - *un récupérateur de plomb;* et
   - un élément de transmutation du plomb en or associé *fonctionnellement au récupérateur de plomb* et conçu de manière à être alimenté en énergie par la source d'énergie.

Le rédacteur de brevets poursuit son examen de la revendication.

Il constate alors que la "source d'énergie" n'a rien de nouveau et qu'elle ne joue pas réellement de rôle en association avec les autres éléments pour constituer un nouvel appareil. Il décide par conséquent d'éliminer cet élément de sa revendication la plus large. Il s'aperçoit qu'il en va de même pour la contribution inventive du "récupérateur de plomb", quel que soit le degré d'abstraction du terme choisi, mais que s'il supprime à la fois la "source d'énergie" et le "récupérateur de plomb", le seul élément restant sera "l'élément de transmutation du plomb en or"; or il sait que dans certains systèmes de brevets visés par le client, les revendications de brevet doivent indiquer plus d'un élément.

À ce stade, le rédacteur de brevets commence à étudier plus en détail "l'élément de transmutation du plomb en or "et comprend que ce type d'éléments, en soi, n'existe nulle part dans l'état de la technique. Il en déduit que la revendication principale devrait porter entièrement sur les éléments novateurs constituant le transmutateur de plomb en or.

Après avoir rédigé ses revendications concernant un "transmutateur de plomb en or", le rédacteur de brevets modifie la revendication concernant l'appareil pour couvrir l'ensemble du dispositif contenant le transmutateur, et il décide de conserver cette revendication dans un but stratégique. Rappelons que cette revendication est désormais la suivante :

1. Appareil permettant de transmuter le plomb en or, comprenant :
   - une source d'énergie;
   - un récupérateur de plomb; et
   - un élément de transmutation du plomb en or associé fonctionnellement au récupérateur de plomb et conçu de manière à être alimenté en énergie par la source d'énergie.

Le rédacteur de brevets peut facilement ajouter des revendications dépendantes à cet appareil en examinant les modifications qu'il a apportées au fil de sa recherche de la plus grande portée possible. Les éléments retirés de la version initiale ne méritent pas tous d'être conservés, mais après avoir établi des revendications à partir de certains éléments supprimés ou modifiés, le jeu complet de revendications dépendantes devient le suivant :

2. Appareil de la revendication 1, comprenant également :
   - une structure métallique en forme de boîte, à l'intérieur de laquelle se trouvent la source d'énergie et l'élément de transmutation du plomb en or.
3. Appareil de la revendication 1, dans lequel la source d'énergie est un moteur électrique.
4. Appareil de la revendication 1, dans lequel le récupérateur de plomb est une cuvette.
5. Appareil de la revendication 4, dans lequel le récupérateur de plomb est conçu de manière à recevoir des déchets de plomb.

Le rédacteur de brevets a désormais rédigé un jeu de revendications complet décrivant un appareil qui permet de transmuter le plomb en or, et il s'est aperçu qu'il devait aussi rédiger un jeu de revendications axé uniquement sur l'élément de transmutation du plomb en or (par exemple "un transmutateur de plomb en or, composé de..."). Cette demande de brevet va donc comporter deux jeux de revendications indépendants.

Le rédacteur de brevets ajoute un troisième jeu de revendications en rédigeant un ensemble de revendications de méthodes liées au fonctionnement du transmutateur, et il peut éventuellement en ajouter un quatrième qui couvre l'ensemble du processus consistant à transmuter le plomb en or (par exemple une revendication analogue à celle qui concerne l'appareil).

La demande de brevet comporte maintenant quatre jeux de revendications indépendants (ou groupes de dépendance).

Le rédacteur de brevets peut à présent décider de choisir l'un de ces jeux, par exemple celui qui concerne l'appareil, et d'en faire deux jeux distincts portant chacun sur un point particulier de la nouveauté. La revendication indépendante 1 peut être réécrite tout d'abord pour intégrer les éléments de la revendication dépendante 3; puis elle peut être à nouveau réécrite pour intégrer les éléments de la revendication dépendante 4. Le rédacteur de brevets obtiendrait ainsi deux jeux de revendications ayant chacun une orientation légèrement différente. Ces nouvelles revendications seraient alors les suivantes :

1. Appareil permettant de transmuter le plomb en or, comprenant :
   - un *moteur électrique*;
   - un récupérateur de plomb; et

- un élément de transmutation du plomb en or associé fonctionnellement au récupérateur de plomb et conçu de manière à être alimenté en électricité par le moteur électrique.

2. Appareil permettant de transmuter le plomb en or, comprenant :
   - une source d'énergie;
   - une *cuvette* permettant de retenir le plomb; et
   - un élément de transmutation du plomb en or associé fonctionnellement à la cuvette de récupération du plomb et conçu de manière à être alimenté en énergie par la source d'énergie.

Toutefois, dans la pratique, un rédacteur de brevets ne va rechercher différents libellés que si chacun d'eux représente réellement un élément de nouveauté indépendant ayant une importance commerciale, ou si l'état de la technique est peu clair ou ambigu.

Avant de donner aux revendications une portée aussi large que possible, le rédacteur de brevets doit s'assurer que l'inventeur peut envisager des domaines d'application réalistes si l'invention a une portée considérablement plus restreinte que celle décrite dans les revendications proposées. Si par exemple la demande de brevet concerne une voiture à trois roues et que le client ne peut absolument pas envisager que l'invention soit adaptable à d'autres types de véhicules, les revendications doivent être rédigées de manière à avoir une portée restreinte et ne doivent concerner que des voitures, sans étendre inutilement la portée de la protection à tous les véhicules ou tous les objets mobiles. En revanche, si l'inventeur estime que son invention est adaptable, ou si le rédacteur de brevets peut prévoir que des contrevenants potentiels pourraient adapter l'invention à d'autres véhicules, il est alors prudent de donner aux revendications une portée suffisamment large pour couvrir tous les véhicules, et pas seulement les voitures. Le rédacteur de brevets peut ainsi aider parfois son client à découvrir tout le potentiel de son invention. Beaucoup d'inventeurs sont extrêmement concentrés sur la résolution d'un problème particulier et ne voient pas toute la portée de leur invention. Ainsi, les communications à étalement de spectre, qui étaient l'une des technologies de communication les plus évoluées du XXe siècle, n'avaient été conçues au départ que pour éviter le brouillage des signaux des torpilles radiocommandées. Cette technologie a permis par la suite de créer la téléphonie cellulaire fonctionnant en AMRC (2G) ; on est bien loin des torpilles!

L'astuce du professionnel

Un rédacteur de brevets doit toujours se poser les questions suivantes : *quels sont les objectifs de cette invention? Qu'est-ce que l'inventeur essaie de protéger? Quelle personne ou entité risque de porter atteinte au brevet? À qui le brevet pourrait-il être concédé sous licence? Dans quel but? Quel libellé des revendications offre-t-il une protection adéquate?*

En tant que rédacteur de brevets, il vous faut être très créatif et vous devez vous efforcer de rédiger un jeu de revendications qui offre la plus grande protection possible à l'invention, tout en prévoyant aussi des positions de repli.

Le rédacteur de brevets doit savoir que certains systèmes de brevets imposent aux revendications d'être concises. Cette obligation peut s'appliquer aussi bien à chaque revendication individuelle qu'à l'ensemble des revendications. Dans ce cas, il faut éviter de répéter inutilement certains libellés d'une revendication à l'autre, par exemple en rédigeant des revendications dépendantes.

Si la plupart des systèmes de brevets ne s'opposent pas à ce qu'un nombre raisonnable de revendications portent plus particulièrement sur telle ou telle caractéristique de l'invention, certains examinateurs de brevets peuvent émettre une objection face à un grand nombre de revendications de nature triviale. Si la notion de nombre raisonnable de revendications dépend du contexte de chaque cas particulier, le libellé et la structure des revendications ne doivent pas empêcher l'examinateur de comprendre facilement l'objet pour lequel une protection est demandée. L'examinateur peut aussi formuler des objections lorsque plusieurs alternatives sont présentées au titre d'une même revendication si ces alternatives obscurcissent la portée de cette revendication.

Tous les systèmes de brevets ne fixent pas de limites au nombre de revendications; toutefois, si un office de brevets en a établi, il ne l'a pas fait pour gagner plus de revenus en prélevant des taxes supplémentaires au titre du nombre excessif de revendications, mais pour des raisons d'efficacité administrative. Si un examinateur formule une objection avec laquelle le rédacteur de brevets est en désaccord, celui-ci doit s'efforcer de demander la portée de protection la plus pertinente pour son client. Il existe bien entendu toujours, dans tout système de brevets, un point à partir duquel des revendications supplémentaires ne servent plus les intérêts du client; à cet égard, plus le rédacteur de brevets connaît en détail les exigences d'un système de brevets, plus il lui est facile de déterminer où se trouve ce point et de conseiller son client en conséquence.

3. Clarté, choix des termes et discordances

Il faut choisir minutieusement les termes employés pour décrire l'invention. Ces termes doivent rendre compte non seulement de l'invention dans sa forme la plus précise, mais également de ses variantes pour éviter qu'un concurrent ne cherche à contourner le brevet afin d'exploiter partiellement l'invention sans risquer de poursuites et sans avoir à acquitter de licence. D'une certaine manière, le rédacteur de brevets doit imaginer qu'il est lui-même un contrevenant potentiel et doit rédiger les revendications dans cet esprit.

3.1 Définir les termes

Les revendications doivent impérativement être rédigées de manière claire car elles définissent l'objet pour lequel une protection est demandée. Le rédacteur de brevets doit s'assurer qu'elles soient libellées de manière à indiquer clairement la catégorie dont elles relèvent, et par conséquent la portée de la protection demandée, qui peut varier d'une catégorie à l'autre. Les termes choisis doivent être porteurs du sens que le rédacteur veut exprimer, et ils doivent décrire correctement l'invention.

D'une manière générale, le sens des termes employés dans une revendication doit être clair pour une personne du métier, ou tout au moins ils ne doivent pas lui être entièrement étrangers. Si certains termes sont inhabituels ou sont employés d'une manière inhabituelle, il est vivement conseillé au rédacteur de brevets de les définir dans la description. Le rédacteur doit en tout cas s'assurer que tout terme employé dans un sens nouveau ou différent ait un sens clair dans les revendications, car celles-ci doivent être autonomes (c'est-à-dire qu'on doit pouvoir les comprendre sans avoir à se reporter à la description, quand bien même celle-ci est susceptible de faciliter leur interprétation).

Ces définitions peuvent parfois s'écarter du sens littéral des termes; cependant, elles ne doivent pas différer du sens courant attribué aux termes dans le métier concerné, et le rédacteur de brevets doit s'assurer que tous les sens soient pertinents dans le contexte d'emploi du terme.

Dans notre exemple, mais aussi plus généralement, le rédacteur de brevets a intérêt à lire minutieusement le libellé de chaque revendication en examinant non seulement le sens technique des termes employés, mais aussi le sens et la portée qui leur seraient normalement attribués dans un contexte ordinaire et dans le métier concerné, car c'est ainsi qu'un examinateur - ou un tribunal - pourrait les interpréter. Il doit notamment veiller à éviter toute ambiguïté susceptible de permettre des interprétations ou des qualifications différentes de celles qui sont recherchées.

Ainsi, un rédacteur de brevets peut avoir choisi d'employer le terme "carte" dans les revendications, alors que ce terme peut avoir différents sens. Si par exemple le rédacteur de brevets n'a pas précisé qu'il voulait parler d'une "carte électronique" ou d'une "carte de crédit", les revendications peuvent être ambiguës. Si les termes choisis doivent avoir un sens aussi étendu que nécessaire pour offrir une protection pertinente, il est parfois préférable d'employer un terme plus clair et plus précis, et dans ce cas il est conseillé de le définir dans la description afin d'éviter toute confusion.

3.2 Distinguer les éléments

Lorsqu'on rédige une revendication, il convient de respecter la règle du "même terme et même nombre pour le même élément", c'est-à-dire qu'un élément donné doit toujours être désigné et numéroté de manière identique dans l'ensemble de la demande de brevet, et qu'un terme ou un numéro donné ne peut être attribué à plusieurs éléments. Si plusieurs termes synonymes sont couramment employés dans la pratique pour désigner un élément donné, le rédacteur de brevets doit indiquer tous les termes synonymes à la première occurrence de l'élément et il doit préciser quels termes seront employés dans la demande. De même, toute abréviation doit être définie par son expression complète à sa première occurrence dans la description, et la même abréviation doit ensuite être employée de manière systématique dans le reste du document. La même méthode doit être appliquée si une abréviation apparaît dans une revendication puisque celle-ci doit être autonome.

Pour distinguer les différents éléments partageant une même désignation "X", on peut constituer différentes expressions à partir de cette désignation en lui ajoutant différents termes jouant le rôle d'adjectifs. L'exemple le plus simple est celui des nombres ordinaux, par exemple "premier X", "deuxième X", "troisième X", etc. Si les éléments désignés concernent un point de référence spatial, le rédacteur de brevets peut parler du "X avant" puis du "X arrière", ou encore du "X proximal" puis du "X distal". Les désignations ordinales peuvent aussi servir à exclure un certain nombre de composantes. Ainsi, pour rédiger une revendication concernant un appareil doté d'au moins trois antennes (peut-être parce que le même appareil doté de moins de trois antennes fait partie de l'état de la technique), le rédacteur de brevets pourrait écrire :

Un appareil comportant une première, une deuxième et une troisième antenne, ...

Lorsque le texte porte sur plusieurs paires d'éléments, on peut employer des termes comme "chaque" ou "propre" (par exemple "chaque émetteur comprenant son propre récepteur").

3.3 Les termes relatifs

Il convient d'être précis dans la rédaction des revendications et d'éviter les adjectifs relatifs comme "long", "court", "haut", "large", "rapide", "lent", "parfait", etc. Ces termes représentent souvent des indications de mesure subjectives et ne permettent pas d'établir des limites claires, sauf s'ils renvoient à un autre élément de la revendication. Ainsi, l'expression "un long morceau de bois" ne peut avoir de sens que si elle est présentée de la manière suivante :

- un premier morceau de bois;
- un second morceau de bois, le premier morceau étant *plus long que* le second.

Si un rédacteur de brevets décide néanmoins d'employer cette expression sans contexte, l'examinateur de brevets va probablement formuler une objection à son égard, ou il va simplement ignorer l'adjectif et considérer qu'il ne s'agit que d'un "morceau de bois", celui-ci ne présentant de fait aucune différence avec un "petit morceau de bois". Pire encore, si cette revendication se retrouvait dans un brevet octroyé et qu'elle était par la suite portée devant les tribunaux, la personne accusée d'avoir porté atteinte au brevet pourrait facilement faire valoir qu'elle employait "des morceaux de bois qui ne sont pas *longs*[31]".

De même, des termes relatifs tels que "fin", "solide" ou "haut" ne devraient pas apparaître dans une revendication sauf si le terme a un sens reconnu dans le métier considéré (par exemple "haute fréquence" dans un texte concernant un amplificateur), et que ce sens est celui qui est voulu par l'auteur. Si le terme n'a pas de sens particulier reconnu et qu'un examinateur formule une objection, le rédacteur de brevets doit s'efforcer de le remplacer par d'autres termes plus précis provenant d'une autre partie de la divulgation originale, compte tenu de la date de dépôt ou de priorité. (Le fait d'ajouter une définition qui ne se trouve pas dans la divulgation originale peut constituer une extension de l'objet de la protection, ce qui rend la demande inadmissible.) Si la divulgation originale ne permet pas de définir clairement le terme et que celui-ci n'est pas essentiel à l'invention, le rédacteur de brevets peut même envisager de le supprimer entièrement; après tout, si un terme est essentiel, il ne doit pas être ambigu.

Au demeurant, le déposant ne doit pas non plus employer de terme ambigu pour distinguer son invention de l'état de la technique.

3.4 Incertitude

Il convient de faire tout particulièrement attention à l'emploi d'adverbes comme "environ" ou "approximativement". Ces termes peuvent s'appliquer par exemple à une valeur particulière ("environ 200 °C") ou à une fourchette de valeurs ("d'environ x à environ y"). Souvent, les examinateurs de brevets n'autorisent l'emploi de ces termes que s'ils n'empêchent pas de distinguer sans ambiguïté l'invention de l'état de la technique du point de vue de la nouveauté et de l'activité inventive. Et quand bien même un examinateur accepterait un tel terme, le rédacteur de brevets devrait rester conscient du fait qu'un tribunal pourrait le considérer comme ambigu ultérieurement.

Des termes concernant des "caractéristiques facultatives", c'est-à-dire des expressions comme "de préférence", "par exemple", "tel que" ou "plus particulièrement" doivent aussi être employés avec prudence car il faut s'assurer qu'ils ne créent aucune ambiguïté. Dans certains systèmes de brevets comme celui de l'Office européen des brevets (OEB), des expressions de ce type peuvent n'avoir aucun effet restrictif sur la portée de la revendication : la caractéristique qui suit cette expression dans le texte est considérée comme entièrement facultative. Néanmoins, tel n'est pas nécessairement le cas dans tous les systèmes de brevets. Certains d'entre eux peuvent être plus stricts que l'OEB et considérer que l'emploi de ces termes rend la revendication si vague qu'elle devient inadmissible. Chose plus grave encore, un défendeur dans une affaire d'atteinte à un brevet pourrait faire valoir que ces expressions *ont bien* un effet restrictif, car dans le cas contraire elles ne seraient pas (ou, de fait, n'auraient pas dû être) présentes dans le libellé de la revendication. Que le titulaire de brevets finisse par avoir gain de cause ou non, le rédacteur de brevets a la responsabilité de rédiger des revendications qui réduisent dans toute la mesure du possible les risques d'un procès (et des coûts afférents).

3.5 Le terme "dans"

Dans de nombreux systèmes de brevets, il convient de faire particulièrement attention à l'emploi du terme "dans" (et d'autres prépositions) pour définir une relation entre des éléments matériels distincts (par exemple un produit ou un appareil), ou entre des entités et des activités (par exemple un processus ou un emploi), ou encore entre différentes activités. Citons quelques exemples à cet égard :

i) "une culasse *dans* un moteur à quatre temps"
ii) "*dans* un appareil téléphonique doté d'un composeur automatique, d'un détecteur de tonalité et d'un contrôleur de fonction, le détecteur de tonalité comprenant..."
iii) "*dans* un procédé utilisant un dispositif d'alimentation à électrode d'un appareil de soudure à l'arc, une méthode permettant de contrôler le courant et la tension de soudure à l'arc comprenant les étapes suivantes :..."
iv) "dans un procédé/système/appareil, etc.... l'amélioration consistant à..."

Dans les exemples i) à iii), l'accent est mis sur les sous-unités pleinement fonctionnelles (culasse, détecteur de tonalité, méthode permettant de contrôler le courant et la tension de soudure à l'arc) plutôt que sur l'unité, en tant que tout, dans laquelle est comprise la sous-unité (moteur à quatre temps, téléphone, procédé).

L'astuce du professionnel

> On peut aussi faire valoir que les revendications employant le terme "dans" limitent inutilement la portée de la protection du client : le rédacteur de brevets était-il certain que la "culasse" faisant l'objet de la revendication ne pouvait fonctionner que dans un moteur à quatre temps? Il est indispensable de déterminer avec précision si l'emploi d'une préposition (comme "dans") est réellement nécessaire pour protéger l'invention du client avant de l'utiliser.

De nombreux offices estimeront que la revendication ne permet pas de savoir précisément si la protection recherchée se limite à la sous-unité elle-même ou si elle s'étend à l'unité en tant que tout. Pour être claires, les revendications de ce type devraient normalement se rapporter à "une unité avec (ou comprenant) une sous-unité" (par exemple "un moteur à quatre temps *avec* une culasse") ou à la sous-unité elle-même, dont elles doivent alors préciser la destination (par exemple "culasse *pour* un moteur à quatre temps").

Dans les revendications du type indiqué sous l'exemple iv), l'emploi du mot "dans" empêche parfois de bien comprendre si la protection est recherchée uniquement pour l'amélioration ou pour toutes les caractéristiques définies dans la revendication. Ici encore, il est essentiel de s'assurer que le libellé est clair, bien que des revendications telles que "l'emploi d'une substance... comme ingrédient anticorrosif dans une composition à base de peinture ou de laque" puissent être admissibles dans des systèmes de brevets tels que celui de l'OEB au même titre que les revendications portant sur un deuxième emploi non médical (voir le module V, section 2.4).

3.6 Discordance

Toute discordance entre la description et les revendications peut jeter un doute sur la portée de la protection et rendre la revendication ambiguë ou infondée, et par conséquent contestable.

Examinons quelques exemples de discordances.

Discordance verbale simple : Une déclaration figurant dans la description semble indiquer que l'invention est limitée à une fonction particulière, tandis que les revendications ne se limitent pas à cette fonction, que la description ne met pas particulièrement l'accent sur celle-ci et qu'il n'y a aucune raison de penser que cette fonction est essentielle au fonctionnement de l'invention.

Dans ce cas, on peut supprimer la discordance soit en élargissant la description, soit en limitant les revendications. De même, si les revendications sont plus restreintes que la description, elles peuvent être élargies ou la description peut être restreinte. (Il faut toutefois se souvenir que dans de nombreux systèmes de brevets, une description ne peut être élargie après le dépôt de la demande, quand bien même cet élargissement ne nécessite pas un ajout mais la *suppression* d'éléments de la description.)

Discordance concernant des caractéristiques apparemment essentielles : L'examinateur estime, soit en s'appuyant sur ses connaissances techniques générales, soit au regard de ce qui est indiqué ou suggéré dans la description, qu'une caractéristique technique particulière non mentionnée dans une revendication indépendante est essentielle au fonctionnement de l'invention, c'est-à-dire qu'elle est nécessaire pour résoudre le problème visé par l'invention. Inversement, la revendication indépendante peut comporter des caractéristiques qui ne semblent pas essentielles au fonctionnement de l'invention.

L'examinateur ne proposera pas d'élargir une revendication en retirant des caractéristiques apparemment non essentielles. La tâche consistant à obtenir une large protection de la revendication incombe fondamentalement au rédacteur de brevets; l'examinateur est uniquement tenu d'indiquer si une revendication est "trop large" et n'est pas censé prévenir le déposant si la demande est inutilement restreinte.

Une partie de l'objet de la description et/ou des dessins n'est pas prise en compte dans les revendications : Toutes les revendications portent sur un circuit électronique exploitant des dispositifs semi-conducteurs, mais l'une des réalisations figurant dans la description et dans les dessins repose en réalité sur des tubes électroniques.

Dans ce cas, la discordance peut en principe être supprimée soit en élargissant la portée des revendications (pour autant que la description et les dessins justifient globalement cet élargissement), soit en retirant l'objet "excédentaire" de la description et des dessins.

> Par ailleurs, si des exemples qui apparaissent dans la description ou les dessins mais ne sont pas repris dans les revendications sont présentés non pas comme des réalisations de l'invention, mais à titre de contexte ou d'exemples utiles pour mieux comprendre celle-ci, ils peuvent être admissibles. Dans certains systèmes de brevets comme celui des États-Unis d'Amérique, le fait d'intégrer dans la description un objet qui ne figure pas dans les revendications ne donne en principe pas lieu à une objection, mais cet objet non revendiqué peut être considéré comme destiné au public (c'est-à-dire qu'il se trouve dans le domaine public).

Ces exemples illustrent à nouveau la nécessité de faire en sorte que les revendications soient fondées sur la description (voir aussi la section 10 du présent module).

3.7 Mise en œuvre de ces principes

La manière dont les exigences de clarté sont mises en œuvre dans la pratique peut varier d'un système de brevets à l'autre.

Aux États-Unis d'Amérique, les revendications donnent surtout lieu à une objection au titre de l'imprécision (manque de clarté) lorsqu'elles ne reprennent pas suffisamment les termes antécédents, le motif invoqué étant littéralement qu'un certain terme apparaissant pour la deuxième ou troisième fois dans la revendication est précédé de l'article "un" ou "une" au lieu de "le" ou "la".

En vertu de la Convention sur le brevet européen (CBE), les revendications doivent obligatoirement indiquer les caractéristiques techniques de l'invention. Pour une revendication indépendante, cela signifie qu'il faut indiquer *toutes* les caractéristiques essentielles nécessaires pour définir l'invention. L'examinateur de l'OEB peut formuler une objection à une revendication indépendante motivée par l'obligation de clarté en exigeant qu'une revendication mentionne une caractéristique divulguée ailleurs mais non revendiquée, dès lors que cette caractéristique est jugée "essentielle" à l'invention.

De plus, en Europe, la CBE prévoit que la description doit exposer le problème technique à résoudre, la solution de ce problème et les avantages apportés par l'invention par rapport à l'état de la technique antérieure. En l'absence de ces éléments, la demande donnera lieu à une objection pour manque de clarté, mais cette objection peut également être formulée s'il y a trop de revendications ou si les revendications ne contiennent pas assez de signes de référence, car ces circonstances tendent à rendre la tâche de l'examinateur plus difficile.

Au Japon, l'office considère par principe que la revendication d'un produit caractérisé par son procédé d'obtention manque de clarté, sauf s'il était impossible ou irréalisable, à la date de dépôt de la demande, de définir le produit revendiqué en présentant ses éléments structurels ou caractéristiques.

Enfin, il convient de noter que lorsqu'une revendication porte sur une nouvelle application thérapeutique d'un médicament et que la pathologie à traiter est définie en termes fonctionnels (par exemple "toute pathologie susceptible d'être réduite ou évitée par l'occupation sélective d'un récepteur particulier"), cette revendication ne peut être jugée suffisamment claire, dans de nombreux systèmes de brevets (par exemple l'OEB), que si les instructions fournies à travers des tests expérimentaux ou des critères vérifiables, qui sont décrits dans les documents de brevet ou font partie de connaissances générales courantes, permettent à une personne du métier de déterminer les conditions qui relèvent de la définition fonctionnelle et par conséquent de la portée de la revendication.

Exemple

> Une demande de brevet doit être rédigée de manière claire et concise. La rédaction de brevets est l'un des nombreux domaines dans lesquels il convient d'appliquer le principe connu en anglais sous l'acronyme KISS (*"Keep It Short and Simple"*, faire bref et simple), c'est-à-dire qu'il faut :
>
> - employer un langage simple chaque fois que possible;

- écrire des phrases courtes sans modifier l'ordre habituel des mots; et
- éviter d'employer des expressions verbeuses et redondantes.

Comparez les deux libellés suivants :

[*Libellé original*]

Revendication 1. Dispositif optoélectronique modulable émettant de la lumière, comprenant : un diélectrique (1) dans lequel sont intégrés des nanocristaux (2), caractérisé en ce que ce dispositif optoélectronique modulable émettant de la lumière comprend en outre : de premiers modules d'injection de charges (3) permettant d'injecter des charges dans le diélectrique (1) de telle sorte que ces premiers modules d'injection de charges (3) puissent injecter des charges comprenant...; de seconds modules d'injection de charges (4), différents des premiers modules d'injection de charge (3), et caractérisés par le fait que ces seconds modules d'injection de charges (4) peuvent..., et que ces seconds modules d'injection de charges (4) peuvent également...

[*Libellé corrigé*]

Revendication 1. Dispositif optoélectronique modulable émettant de la lumière, comprenant : un diélectrique (1) dans lequel sont intégrés des nanocristaux (2); de premiers modules d'injection de charges (3) capables d'injecter des charges dans le diélectrique (1), ces charges comprenant...; de seconds modules d'injection de charges (4) destinés à..., et capables de...

L'expression "caractérisé en ce que ce dispositif optoélectronique modulable émettant de la lumière comprend en outre" apparaissant dans le libellé original est-elle vraiment nécessaire? Ou est-elle inutilement verbeuse?

En outre, si les termes "premiers" et "seconds" sont employés comme des qualificatifs destinés à différencier deux éléments distincts désignés par une même expression ("modules d'injection de charge"), et s'ils sont indiqués dans les dessins par deux numéros de référence différents (3 et 4), à quoi sert l'expression "seconds modules d'injection de charges (4), différents des premiers modules d'injection de charge (3)" dans le libellé original? L'emploi des termes "premiers" et "seconds" associé aux numéros de référence (3) et (4) n'est-il pas suffisant pour montrer que ces modules d'injection de charges sont différents?

4. Variantes et modifications de l'invention

Quand on rédige des revendications, il est important de penser en permanence aux variantes de l'invention. En termes juridiques, ces variantes sont appelées des *réalisations*. Un rédacteur de brevets doit imaginer qu'il est lui-même un concurrent potentiel : comment contourner les revendications? Quelles variantes un concurrent pourrait-il créer pour contourner le brevet? Les variantes ou réalisations différentes qui lui viennent alors à l'esprit devraient être ajoutées dans la description et les projets de revendications. Il est important de ne pas négliger les autres réalisations possibles qui pourraient remplir la même fonction : il faut absolument ajouter les revendications correspondantes pour que la protection ait une large portée.

Exemple

Un inventeur a mis au point un dispositif composé d'un crayon comportant une gomme. Les revendications portant sur la réalisation principale (ou préférée) devraient être rédigées de la manière suivante :

1. Dispositif comprenant :
    - un crayon; et
    - une gomme fixée au crayon.

2. Dispositif de la revendication 1 dans lequel ladite gomme est fixée au crayon de manière amovible.
3. Dispositif de la revendication 2 dans lequel le crayon est de couleur rouge.

Pour la même invention, les revendications portant sur une autre réalisation pourraient se lire de la manière suivante :

1. Dispositif comprenant :
   - un crayon-cire; et
   - une gomme fixée au crayon-cire.
2. Dispositif de la revendication 1 dans lequel ladite gomme est fixée au crayon-cire de manière amovible.
3. Dispositif de la revendication 2 dans lequel le crayon-cire est de couleur rouge.

La comparaison entre la revendication concernant le "crayon-cire" et celle qui concerne le "crayon" laisse à penser que le rédacteur pourrait en fait écrire une revendication encore plus large concernant un "dispositif d'écriture", puis rédiger des revendications dépendantes décrivant un crayon et un crayon-cire.

L'astuce du professionnel

Lors de la conception de ces autres réalisations possibles, il faut toujours tenir compte du budget du client et s'assurer de ne pas aller au-delà de la portée souhaitée par l'inventeur.

5. Éviter les limitations inutiles

Pour rédiger des revendications, il existe une règle de base qui consiste à les relire constamment pour en supprimer les éléments inutiles (par exemple des éléments limitatifs). Nous avons proposé plus haut une technique à cet égard : il s'agit de rédiger la revendication en une seule phrase très longue comportant tous les éléments raisonnables d'une réalisation de l'invention, puis à relire cette phrase et à en retirer tous les éléments non essentiels à l'invention, pour parvenir à l'expression de son essence. Cette méthode permet au rédacteur de brevets d'établir une revendication qui décrit l'invention dans sa forme la plus large tout en évitant les limitations inutiles. La revendication initiale peut être complétée par un jeu de revendications ayant une portée différente, dans lesquelles on réintroduit quelques-uns des autres éléments. Le jeu de revendications ainsi obtenu décrit l'invention de manière très large, et la portée de la protection du brevet, s'il est obtenu, le sera également.

Une autre règle veut que les revendications ne soient pas fondées sur des références à la description ou aux dessins pour expliquer les caractéristiques techniques de l'invention, sauf si c'est absolument nécessaire. Les revendications dites *générales* qui font référence à la description ou aux dessins sans établir de limitation particulière (par exemple "un appareil destiné à récolter le maïs tel que décrit dans la description", ou "une machine permettant de fabriquer du jus telle qu'illustrée dans la figure 4") ne sont pas acceptées dans la plupart des systèmes de brevets.

Quoi qu'il en soit, c'est au déposant qu'il incombe de montrer qu'il est "absolument nécessaire" de se fonder sur une référence à la description ou aux dessins. Une exception pourrait être accordée si la revendication concerne une invention présentant une forme particulière qui est bien illustrée par les dessins mais ne peut être facilement décrite par des mots ou représentée par une formule mathématique simple. Il existe aussi le cas particulier des revendications concernant une invention relative à des produits chimiques dont certaines caractéristiques ne peuvent être décrites qu'au moyen de graphiques ou de diagrammes.

6. Limitations négatives et renonciations

L'objet d'une revendication est en principe défini par des caractéristiques positives indiquant que certains éléments techniques sont présents. En de rares occasions, le rédacteur de brevets peut toutefois limiter l'objet de la protection au moyen d'une expression négative indiquant expressément l'absence d'une caractéristique particulière (par exemple "dans un matériau *autre que* le bois"). Ces éléments négatifs peuvent être ajoutés, par exemple, pour retirer des réalisations non brevetables divulguées dans la demande déposée, ou si l'absence d'une caractéristique peut être déduite de la demande telle que déposée.

De plus, dans certains systèmes de brevets comme l'OEB, il est possible d'exclure un élément divulgué de l'état de la technique au moyen d'un disclaimer ("renonciation") et de rétablir ainsi la nouveauté d'une activité inventive qui empiète accidentellement sur la divulgation. Une renonciation à un élément non divulgué dans la demande telle que déposée peut uniquement rétablir la nouveauté; elle ne peut pas rendre inventive une activité évidente. Il est en outre essentiel de s'assurer que le libellé de la renonciation n'aille pas au-delà du contenu de la demande déposée (voir aussi le module IX, section 3).

Plus généralement, les éléments négatifs ou les disclaimers/renonciations ne peuvent être employés que dans les situations où l'ajout de caractéristiques positives dans la revendication :

i) ne permettrait pas de définir de façon plus claire et concise l'objet qui est encore susceptible d'être protégé; ou
ii) limiterait indûment la portée de la revendication.

Ainsi, un procédé chimique qui pourrait utiliser tout métal connu sauf "le cuivre" (sans que l'inventeur lui-même ne sache vraiment pourquoi le cuivre ne peut être utilisé) pourrait être décrit par le libellé suivant : "un métal, à l'exception du cuivre, ...", quoique même dans ce cas, le rédacteur de brevets pourrait trouver, après mûre réflexion, un terme approprié qui exprime l'élément d'une manière plus positive.

On dit aussi parfois qu'un rédacteur de brevets devrait éviter les éléments négatifs et les disclaimers/renonciations parce que les revendications sont fondamentalement destinées à protéger des inventions et qu'elles sont par conséquent mieux exprimées par un langage élégant et astucieux.

7. Revendications et produits concurrents

Un rédacteur de brevets devrait se renseigner auprès de son client sur les produits concurrents. Ces connaissances contextuelles peuvent lui être utiles s'il écrit des revendications recouvrant aussi des produits concurrents, dès lors que ceux-ci ne font pas partie de l'état de la technique.

Comme le traitement de la demande de brevet peut prendre plusieurs années, le rédacteur de brevets devrait se tenir au courant des produits concurrents qui pourraient apparaître dans le domaine de l'invention pendant cette période. Si le rédacteur de brevets découvre l'existence d'un nouveau produit concurrent au cours de l'instruction de la demande de brevet, il souhaitera peut-être modifier les revendications en cours d'examen pour qu'elles recouvrent mieux les caractéristiques à la fois de l'invention du client *et* du produit concurrent (en supposant que le produit concurrent ne fasse réellement pas partie de l'état de la technique). De cette manière, les revendications présentées dans la demande de brevet pourront décrire aussi le produit concurrent, et le concurrent n'aura d'autre choix que de demander une licence au client.

Les modifications apportées à des revendications et à une demande de brevet pendant le traitement de celle-ci sont examinées dans le module IX, section 3.

8. Les revendications doivent aller au-delà de l'état de la technique

Le rédacteur de brevets doit rédiger des revendications qui vont au-delà de l'état de la technique lié à l'invention qu'il connaît déjà; s'il ne le fait pas, le brevet ne sera pas valable. La stratégie idéale consiste à rédiger une revendication qui est plus restreinte que l'état de la technique connu mais plus large que les produits concurrents.

Il faut aussi se souvenir que dans certains pays, par exemple les États-Unis d'Amérique, le rédacteur de brevets, l'inventeur et les autres parties associées à la demande de brevet doivent divulguer à l'office des brevets l'ensemble de l'état de la technique pertinent dont ils ont connaissance. Tout manquement à cette exigence peut, dans certaines circonstances, invalider la demande de brevet concernée et faire perdre au rédacteur de brevets sa licence d'exercice.

9. Employer plusieurs types de revendications pour une même invention

Si une même invention peut être revendiquée à la fois comme méthode et comme dispositif, le rédacteur de brevets ne doit pas hésiter à le faire. Il n'existe jamais une seule façon de présenter une invention; de fait, pour obtenir la protection la plus large possible d'une invention, il est conseillé de la revendiquer sous des formes différentes.

Examinons à cet égard quelques exemples de revendications.

Exemple

Une invention concerne un logiciel qui permet d'effectuer des recherches sur Internet.

Voici une revendication possible pour cette invention :

1. Système permettant d'effectuer des recherches sur Internet, ce système comprenant :
   - un module logiciel configuré pour exécuter une recherche;
   - une base de données configurée pour stocker les résultats produits par la recherche; et
   - une interface utilisateur configurée pour présenter les résultats de la recherche à un utilisateur.

À noter que dans la revendication 1, nous avons énuméré les différentes composantes de l'invention et la façon dont s'effectue leur interaction. Nous avons mentionné les trois éléments ainsi que la fonction remplie par chacun. Nous avons précisé que le module logiciel exécutait la recherche, que la base de données stockait la recherche et que l'interface mettait la recherche à la disposition d'un utilisateur.

Une revendication de méthode pour la même invention pourrait se présenter de la manière suivante :

2. Méthode permettant d'effectuer une recherche sur Internet, la méthode comprenant :
   - la transmission d'une demande de recherche sur Internet à partir d'un module logiciel;
   - la réception des résultats de la recherche sur Internet consécutifs à la demande de recherche exécutée par le module logiciel;
   - le stockage des résultats de la recherche dans une base de données; et
   - la présentation des résultats de la recherche à un utilisateur au moyen d'une interface utilisateur.

Remarquons que dans la revendication 2, nous avons présenté les différentes étapes de l'exécution de cette recherche et, en même temps, les composantes qui exécutent chacune des fonctions énoncées. Ainsi, la première étape est présentée comme l'exécution de la recherche sur Internet effectuée au moyen du module logiciel.

10. Fonder les revendications sur la description

Comme nous l'avons indiqué plus haut, la description et les dessins doivent supporter les revendications. Cela signifie que l'objet de chaque revendication doit avoir un fondement dans la description. Il découle de cette exigence de fondement non pas que le rédacteur de brevets doive employer des termes identiques dans la description et les revendications, mais que la portée de revendications ne doive pas être interprétée, d'une manière générale, comme allant au-delà de la description et des dessins, et dans certains systèmes de brevets, de la contribution à la description de l'état de la technique.

L'astuce du professionnel

Il faut garder à l'esprit que les seuls facteurs qui puissent raisonnablement limiter la portée des revendications sont l'état de la technique (nouveauté et activité inventive) et le fait que la divulgation dispose ou non d'un fondement; le jugement subjectif d'un examinateur de brevets sur l'importance de l'invention du client ne joue aucun rôle à cet égard.

La plupart de revendications sont des généralisations d'un ou de plusieurs exemples particuliers. Lorsqu'il élabore une demande de brevet, le rédacteur de brevets tente de généraliser dans les revendications des réalisations particulières divulguées dans la description et les dessins; l'examinateur de brevets va évaluer la portée de la généralisation de chaque cas particulier à la lumière de l'état de la technique pertinente. Le degré de généralisation acceptable dans les revendications peut varier en fonction du domaine technologique et de l'état de la technique concernés. D'une manière générale, des revendications concernant une invention qui crée tout un nouveau domaine peuvent faire l'objet d'une généralisation plus importante que celles qui décrivent l'amélioration d'un domaine déjà bien connu. Une bonne revendication devrait être rédigée de façon à être ni trop large car elle irait au-delà de l'invention elle-même, ni trop étroite car elle priverait le déposant d'une juste contrepartie en échange de la divulgation de son invention. Le déposant est généralement autorisé à indiquer toutes les modifications, équivalences et utilisations évidentes de ce qu'il a décrit. En particulier, si l'on peut raisonnablement penser que toutes les variantes couvertes par les revendications auront réellement les propriétés ou les utilisations que le déposant leur attribue dans la description, les revendications peuvent être rédigées en conséquence.

On trouvera de plus amples informations sur la manière dont un examinateur traite les demandes de brevet dans le module IX, section 1.

L'astuce du professionnel

Comme nous l'avons souligné tout au long du présent manuel, il faut toujours s'assurer que les revendications du client bénéficient d'un fondement adéquat dans la description. Gardez à l'esprit que vous ne pouvez pas ajouter des éléments entièrement nouveaux en réponse à des objections de l'examinateur, et efforcez-vous de penser à tous les éléments plus restreints que vous pourriez avoir besoin d'ajouter aux revendications par la suite, et faites en sorte de donner dès le départ un fondement à ces éléments dans la description.

Considérons quelques exemples de revendications qui ont été jugées fondées ou infondées.

Exemple 1

Une revendication porte sur un procédé de traitement de toutes sortes de "semences" consistant à soumettre celles-ci à un refroidissement rapide afin qu'il en résulte certains effets; le procédé divulgué dans la description n'est applicable qu'à une seule espèce végétale.

Comme les plantes ont des propriétés très différentes les unes des autres, l'examinateur de brevets a de sérieuses raisons de penser que le procédé n'est *pas* applicable à toutes les semences. Si le déposant n'est pas en mesure de fournir une preuve convaincante que le procédé est d'application générale, il doit limiter sa revendication à l'espèce végétale particulière à laquelle il est fait référence dans la description. La simple affirmation que le procédé est applicable à toutes les semences est insuffisante.

Exemple 2

Une revendication porte sur une méthode déterminée de traitement de "moulages en résine synthétique" visant à obtenir certaines modifications de leurs propriétés physiques.

Tous les exemples présentés concernent des résines thermoplastiques et la méthode semble inutilisable pour les résines thermodurcissables.

Si le déposant n'est pas en mesure de démontrer que la méthode est aussi applicable aux résines thermodurcissables, il doit limiter sa revendication aux résines thermoplastiques.

Exemple 3

Une revendication porte sur des compositions améliorées de fioul présentant une certaine propriété souhaitée. La description n'indique qu'un seul mode d'obtention de gazoles présentant cette propriété, qui consiste à ajouter des quantités définies d'un certain additif. Aucun autre mode d'obtention de fiouls présentant la propriété souhaitée n'est divulgué.

La revendication ne fait nulle mention de l'additif. Elle n'est donc pas fondée dans toute sa portée sur la description, ce qui conduit l'examinateur à formuler une objection.

Un rédacteur de brevets ne doit pas tenter de revendiquer une caractéristique s'il ne sait pas de façon sûre qu'elle relève de la portée de l'invention. Il doit s'efforcer d'établir des brevets valables pour ses clients. Non seulement l'exigence de fondement protège de manière équitable le public contre des revendications d'une portée bien plus large que ce que le déposant peut justifier, mais elle protège aussi le déposant contre les conséquences d'une tentative de breveter un objet qui n'a pas de fondement dans la description.

La mesure dans laquelle l'invention doit être divulguée dans la demande de brevet est relative et dépend de la portée de la protection souhaitée. Si l'on veut que le brevet bénéficie d'une protection étendue, il faut en principe divulguer une plus grande partie de l'invention; dans ce cas, l'exigence de fondement dans la divulgation permet d'éviter que les revendications n'aient une portée *trop* large par rapport à ce qui est divulgué dans la description et les dessins. Inversement, si l'on souhaite une protection restreinte, la divulgation de l'invention peut être plus limitée, et dans certains cas il peut suffire de décrire une seule réalisation. Quoi qu'il en soit, il n'est pas interdit en soi de faire une divulgation inutilement large de l'invention dans les revendications. Cet acte va toutefois alourdir la charge de travail et les coûts pour le déposant, et celui-ci va révéler au public une partie de son invention plus importante que la partie protégée par la législation.

11. Unité d'invention

L'*unité d'invention* s'entend d'une exigence en vertu de laquelle une demande de brevet ne doit généralement porter que sur une seule invention, ou sur un groupe d'inventions qui sont si liées entre elles qu'elles ne forment qu'un seul concept inventif général. La seconde alternative, qui concerne un groupe d'inventions liées à un même concept, peut donner lieu à plusieurs revendications indépendantes relevant d'une même catégorie, ou à plusieurs revendications indépendantes relevant de différentes catégories, cette dernière situation étant la plus courante. Aux États-Unis d'Amérique, l'expression *"restriction requirement"* (exigence de limitation) désigne une notion analogue.

L'exigence d'unité d'invention a surtout été créée pour garantir que la structure des taxes soit juste et équitable : elle évite qu'un déposant ne présente une demande de brevet contenant une multitude d'inventions distinctes pour ne payer la taxe de dépôt qu'une seule fois. Dès lors, si une demande de brevet ne répond pas au critère d'unité d'invention, ce n'est généralement pas un défaut rédhibitoire. Si l'examinateur de brevets constate ce défaut dans les revendications, il va le plus souvent demander au rédacteur de brevets de conserver certaines revendications et d'annuler ou de retirer les autres. Au demeurant, le rédacteur aura souvent la possibilité de présenter une autre demande de brevet pour les revendications retirées de la première, cette nouvelle demande étant alors appelée *demande divisionnaire*. Dans la pratique, le fait de ne pas avoir respecté l'exigence d'unité d'invention a néanmoins des conséquences en termes de temps et de coûts pour le client puisqu'il entraîne des frais et des délais supplémentaires pour obtenir la protection des brevets.

Les éléments ci-après ont pour but d'aider le rédacteur de brevets à comprendre de quelle manière l'examinateur détermine si l'exigence d'unité d'invention est respectée. Les exemples portent essentiellement sur des inventions dans le domaine chimique, mais ces notions peuvent être étendues à tous les domaines techniques.

Dans certains systèmes de brevets, comme celui de l'OEB, on considère qu'il y a unité d'invention entre des produits intermédiaires et finaux lorsque ces produits :

i) contiennent le même élément structurel essentiel, c'est-à-dire que leurs structures chimiques de base sont identiques ou qu'elles sont étroitement liées sur le plan technique, le produit intermédiaire apportant un élément structurel essentiel au produit final; et
ii) sont liés entre eux sur le plan technique, c'est-à-dire que le produit final est fabriqué directement à partir du produit intermédiaire ou en est séparé par un petit nombre de produits intermédiaires possédant tous le même élément structurel essentiel.

Il peut également y avoir unité d'invention entre des produits intermédiaires et des produits finaux dont les structures ne sont pas connues, par exemple entre un produit intermédiaire présentant une structure connue et un produit final de structure inconnue, ou entre un produit intermédiaire de structure inconnue et un produit final de structure également inconnue. Dans de tels cas, il faut présenter des preuves suffisantes pour qu'une personne du métier raisonnablement expérimentée puisse conclure que les produits intermédiaires et les produits finaux sont étroitement liés entre eux sur le plan technique, par exemple du fait que le produit intermédiaire contient le même élément essentiel que le produit final ou apporte au produit final un élément essentiel.

Une demande de brevet peut contenir des revendications concernant différents produits intermédiaires employés dans différents procédés de préparation du produit final, dès lors que ces produits intermédiaires ont en commun un élément structurel essentiel. Un nouveau produit intermédiaire ne doit pas modifier le procédé conduisant des produits intermédiaires aux produits finaux. Si différents produits intermédiaires sont revendiqués à l'égard de différentes parties de la structure du produit final, il n'y a pas unité d'invention entre ces produits intermédiaires. Si les produits intermédiaires et finaux constituent chacun des familles de composantes, chaque composante intermédiaire doit correspondre à l'une des composantes revendiquées dans la famille des produits finaux; inversement, certains produits finaux peuvent n'avoir *aucune* composante correspondante dans la famille des produits intermédiaires, de sorte que les deux familles n'ont pas besoin d'être en correspondance absolue. Le simple fait que, en dehors de leur contribution à l'obtention de produits finaux, les produits intermédiaires puissent aussi avoir d'autres effets ou applications potentielles ne fait pas obstacle à l'unité d'invention.

Lorsqu'une revendication unique définit des variantes (chimiques ou non chimiques), c'est-à-dire qu'elle constitue un groupe de Markush (voir le module IV, section 2.3), on peut considérer qu'il y a unité d'invention si les variantes sont de nature analogue et peuvent plus ou moins se substituer les unes aux autres. Selon le Traité de coopération en matière de brevets (PCT), lorsque le groupe de Markush concerne des variantes de composés chimiques, celles-ci sont considérées comme "ayant un caractère analogue" si elles répondent aux critères suivants :

A. toutes les variantes ont une propriété ou une activité commune, et

B.1. il existe une structure commune, c'est-à-dire que toutes les variantes ont en commun un élément structurel important, ou

B.2. lorsque la structure commune ne peut constituer l'élément unificateur, toutes les variantes appartiennent à une classe reconnue de composés chimiques dans le domaine dont relève l'invention[32].

Le critère cité en B.1. selon lequel "toutes les variantes ont en commun un élément structurel important" renvoie aux cas dans lesquels les composés partagent une part importante d'une structure chimique, ou lorsqu'ils n'ont en commun qu'une petite partie de leur structure mais que cette partie commune est distinctive d'un point de vue structurel, compte tenu de l'état de la technique, et dès lors que cette structure commune est essentielle à la propriété ou l'activité communes. Cet élément structurel peut être un composé unique ou une combinaison de composés individuels liés entre eux. L'alternative proposée en B.2., "une classe reconnue de composés chimiques", signifie que toute personne du métier s'attend à ce que des éléments de cette classe se comportent de la même manière dans le contexte de l'invention revendiquée, c'est-à-dire que tout élément peut en remplacer un autre et produire néanmoins le résultat prévu. S'il est possible de démontrer qu'au moins une variante de Markush n'est pas nouvelle, le rédacteur de brevets doit vérifier que les revendications sont bien conformes au critère d'unité d'invention.

Dans certains systèmes de brevets comme celui de l'OEB, l'absence d'unité peut être évidente *a priori* (c'est-à-dire avant que l'examinateur n'étudie les revendications au regard de l'état de la technique) ou peut ne se révéler qu'*a posteriori*, par exemple si un document relevant de l'état de la technique montre qu'il n'y a pas de nouveauté ou d'activité inventive dans une revendication indépendante, de sorte qu'au moins deux revendications dépendantes ne présentent pas de concept inventif commun.

L'astuce du professionnel

Il faut se souvenir que l'absence d'unité d'invention n'est pas un défaut rédhibitoire. En général, il suffit de déposer une demande divisionnaire concernant les revendications qui ont été exclues de la demande (voir le module IX, section 4.6).

12. Le point de vue de la revendication

Tous les éléments ou les limitations apparaissant dans une revendication donnée doivent relever d'un "point de vue" cohérent. Ainsi, toutes les étapes présentées dans une revendication de méthode doivent être effectuées par la même personne. Cette cohérence du point de vue est importante car elle définit les personnes susceptibles de porter directement atteinte à une revendication. Ce conseil peut sembler évident, mais il est parfois difficile à suivre en pratique, lorsque les éléments d'une invention qui impliquent une activité inventive relèvent d'un large éventail de composantes ou d'activités physiques. L'unicité et la cohérence du point de vue deviennent également importantes lorsque l'activité commerciale associée à l'invention fait intervenir de nombreuses parties.

Il est généralement plus facile de prouver une atteinte directe à un brevet devant un tribunal que de prouver une atteinte indirecte (c'est-à-dire la participation à une atteinte ou l'incitation active à porter atteinte à un brevet), car il est souvent plus simple de trouver des preuves de l'atteinte directe. Dès lors, pour qu'une revendication ait un effet dissuasif, elle doit être libellée de telle sorte que toute tentative d'imiter l'objet de la protection soit considérée comme une atteinte directe. Lorsque c'est impossible (par exemple du fait que seules les personnes qui ne devraient en principe pas être poursuivies, par exemple le grand public ou les clients d'une entreprise, sont susceptibles de contrevenir directement au brevet), les revendications devraient prévoir la nécessité de détecter et de démontrer une atteinte indirecte.

Comme nous le verrons plus loin, il est en général plus facile de détecter et de prouver une atteinte directe ou indirecte à une revendication de produit qu'à une revendication de procédé ou de méthode.

Examinons un exemple de revendication de produit.

Exemple

Une invention concerne un nouveau compartiment permettant de loger les piles servant à alimenter une lampe de poche. L'inventeur a découvert que si une petite pièce de cuivre en forme de corolle et dotée d'une fiche mâle est fixée par pression sur une pile conventionnelle de type D, lorsque cet ensemble est inséré dans une lampe de poche également dotée d'une petite pièce de cuivre en corolle et d'une fiche femelle, la durée de fonctionnement de la pile s'en trouve triplée.

Un rédacteur de brevets pourrait rédiger la revendication suivante :

1. Dispositif l permettant de prolonger la durée de vie d'une pile de lampe de poche, comprenant :
   - une pièce de cuivre en corolle dotée d'une fiche mâle et conçue pour être couplée de manière opérationnelle à une pile;
   - une lampe de poche fonctionnant à pile dotée d'un câblage électrique; et
   - une pièce de cuivre en corolle dotée d'une fiche femelle, la pièce de cuivre en corolle étant fixée au câblage électrique de la lampe de poche fonctionnant à pile, dans laquelle la pièce de cuivre en corolle dotée de la fiche mâle est conçue pour le couplage opérationnel avec la pièce de cuivre en corolle dotée de la fiche femelle.

Bien que la revendication ci-dessus décrive correctement le concept inventif essentiel de l'invention, elle ne procède pas d'un point de vue cohérent. En effet, certaines parties de la revendication portent sur des composantes relatives à la pile, tandis que d'autres portent sur des composantes relatives à la lampe de poche. (Si la durée de la pile était égale à celle de la lampe de poche, le point de vue de la revendication présenterait moins de problèmes.)

Mais que se passerait-il si la personne ou la société qui commercialisait la pile n'était pas la même que celle qui fournissait la lampe de poche? Que se passerait-il si une société vendait seulement des piles et qu'une autre ne vendait que des lampes de poche? Dans son libellé actuel, il découlerait de cette revendication que ni l'une ni l'autre ne lui porterait directement atteinte.

Il est souvent nécessaire qu'une entité ait commis au préalable une atteinte directe pour pouvoir démontrer qu'il y a eu une forme quelconque d'atteinte de la part d'une autre entité, y compris s'il s'agit d'une atteinte indirecte ou d'une incitation à porter atteinte. Dans de nombreux systèmes juridiques, pour pouvoir démontrer une atteinte à un brevet, le titulaire du brevet doit prouver qu'au moins une entité a commis une atteinte directe. Si dans certains systèmes de brevets un avocat expérimenté est souvent en mesure de démontrer qu'il y a eu atteinte directe, même à l'égard de revendications comme celle de notre exemple, le rédacteur de brevets doit néanmoins s'efforcer de formuler les revendications de telle sorte que ses clients n'aient pas à engager des frais considérables et à consacrer beaucoup de temps dans ce type d'affaires.

En outre, le rédacteur de brevets doit aussi penser à rédiger les revendications de manière à faciliter la concession de licences. Dans le monde des affaires, une entreprise peut vendre des lampes de poche et une autre des piles : aucune de ces deux parties ne va probablement ressentir la nécessité de demander une licence si la revendication est libellée comme dans notre exemple. Chacune d'elles peut estimer en toute bonne foi qu'elle ne contrevient pas à la revendication car son activité ne concerne qu'une partie de celle-ci (voir la "règle de tous les éléments" dans le module IV, section 1.3).

Exemple

Supposons que le rédacteur de brevets ait rédigé trois autres jeux de revendications :

- l'un consacré uniquement à la partie du système composée de la lampe de poche;
- un autre consacré uniquement à la partie du système composée de la pile; et
- un dernier consacré uniquement à la combinaison des pièces de cuivre en corolle.

S'il reste prudent de conserver la revendication originale, ces trois revendications supplémentaires pourraient se présenter de la manière suivante :

[*Revendication concernant la lampe de poche*]

2. Dispositif permettant de prolonger la durée de vie d'une pile de lampe de poche, comprenant :

- une lampe de poche fonctionnant à pile et dotée d'un câblage électrique; et
- une pièce de cuivre en corolle dotée d'une fiche femelle, la pièce de cuivre en corolle étant fixée au câblage électrique de la lampe de poche fonctionnant à pile,

- caractérisé en ce que ladite pièce de cuivre en corolle dotée d'une fiche femelle est conçue pour le couplage opérationnel avec ladite pièce de cuivre en corolle dotée d'une fiche mâle fixée à une pile.

[*Revendication concernant la pile*]

3. Dispositif permettant de prolonger la durée de vie d'une pile de lampe de poche, comprenant :
- une pile; et
- une pièce de cuivre en corolle dotée d'une fiche mâle et conçue pour être couplée de manière opérationnelle à la pile,
- caractérisé en ce que ladite pièce de cuivre en corolle dotée de la fiche mâle est conçue pour le couplage opérationnel avec une pièce de cuivre en corolle dotée de la fiche femelle qui est fixée au câblage électrique d'une lampe de poche.

[*Les pièces du connecteur*]

4. Dispositif permettant de prolonger la durée de vie d'une pile de lampe de poche, comprenant :
- une pièce de cuivre en corolle dotée d'une fiche mâle et conçue pour être couplée de manière électrique à une pile; et
- une pièce de cuivre en corolle dotée d'une fiche femelle, la pièce de cuivre en corolle étant conçue pour être couplée de manière opérationnelle au câblage électrique d'une lampe de poche fonctionnant à pile, caractérisé en ce que ladite pièce de cuivre en corolle dotée de la fiche mâle est conçue pour être couplée de manière opérationnelle à la pièce de cuivre en corolle dotée de la fiche femelle.

À noter que si les revendications 2 et 3 mentionnent à la fois la pile et la lampe de poche, le "point de vue" de chaque revendication a été modifié pour viser uniquement la pile ou la lampe de poche, ou encore la combinaison des deux pièces du connecteur. La revendication 2 devrait donc être plus facile à concéder sous licence ou à faire valoir contre un contrefacteur fournisseur de lampes de poche que la revendication 1, et la revendication 3 devrait être plus facile à faire valoir contre un contrefacteur fournisseur de piles que la revendication 1. La revendication 4, qui vise les deux pièces en corolle, pourrait être utilisée contre une société qui produirait des pièces en corolle destinées à être ensuite assemblées par des fabricants de piles ou des fabricants de lampes de poche.

L'astuce du professionnel

La rédaction de revendications de brevet est un processus itératif de relecture et de modification. Il est rare de rédiger une excellente revendication dès le premier essai, même si l'on a des années d'expérience. Néanmoins, ce processus permet d'obtenir à terme des revendications qui rendent compte de toute la portée de l'invention du client et qui lui offrent une protection solide.

Examinons à présent un exemple concernant le point de vue d'une revendication de procédé ou de méthode.

Exemple

Une invention concerne un système informatique ayant une architecture client-serveur. L'invention porte sur une nouvelle manière de commander des bonbons grâce à laquelle le client peut utiliser une caméra et un bras robotisé pour remplir un sachet de bonbons qui lui est ensuite expédié. Un ordinateur client (par exemple un ordinateur personnel privé) envoie une demande à un ordinateur serveur (par exemple le système informatique d'un fournisseur de services sur Internet), qui trouve les informations requises, les traite et envoie les résultats à l'ordinateur client.

Un rédacteur de brevets pourrait écrire la revendication suivante :

1. Méthode de distribution de bonbons, comprenant :
- l'envoi d'une demande à partir d'un ordinateur client vers un ordinateur serveur visant à obtenir des bonbons qui se trouvent dans un magasin de bonbons;

- l'envoi de données vidéo du magasin de bonbons à partir de l'ordinateur serveur vers l'ordinateur client;
- l'affichage des données vidéo du magasin de bonbons sur l'ordinateur client, caractérisé en ce que les données vidéo affichées du magasin de bonbons fournissent une représentation visuelle du magasin de bonbons pour permettre à un utilisateur de l'ordinateur client de fournir des instructions à un bras robotisé situé dans le magasin de bonbons;
- l'envoi d'instructions de mouvement au bras robotisé de l'ordinateur client vers l'ordinateur serveur;
- la conversion des instructions de mouvement reçues par le bras robotisé en instructions exécutables de mouvement du bras robotisé situé dans le magasin de bonbons, ces instructions actionnant le bras robotisé de façon à remplir un sachet de bonbons;
- l'envoi d'instructions d'expédition à partir de l'ordinateur client vers l'ordinateur serveur; et
- la conversion des instructions d'expédition en instructions d'expédition exécutables pour le bras robotisé, ces instructions d'expédition exécutables actionnant le bras robotisé pour placer le sac de bonbons dans une boîte ouverte et la fermer en vue de son expédition.

Il convient de noter que cette revendication ne présente pas un point de vue cohérent. Certaines étapes sont effectuées par l'ordinateur client tandis que d'autres sont effectuées par l'ordinateur serveur. Cela signifie que ni la personne responsable de l'ordinateur client ni celle qui est responsable de l'ordinateur serveur ne peut porter directement atteinte à cette revendication.

Au demeurant, dans le monde des affaires, une entreprise peut fournir le magasin de bonbons et le bras robotisé, une seconde peut fournir l'ordinateur serveur et une troisième peut fournir le logiciel de l'ordinateur client. Si le magasin de bonbons et l'entreprise fournissant le serveur vont conclure entre elles un accord commercial, l'entreprise fournissant le logiciel client pourrait n'avoir conclu aucun contrat avec les deux premières, le serveur pouvant être mis à la disposition de toute personne disposée à fournir un numéro de carte de crédit pour payer les services. Dès lors, comme aucune de ces parties n'accomplit d'actes correspondant à l'ensemble de la revendication, aucune ne porte directement atteinte à celle-ci et aucune ne se sentira obligée de se procurer une licence auprès du titulaire du brevet.

Le rédacteur de brevets peut donc écrire deux jeux de revendications supplémentaires, l'une visant la partie client du système et l'autre la partie serveur. (Là encore, le rédacteur de brevets aura la prudence de conserver la revendication originale.)

Les deux nouvelles revendications se présentent ainsi :

[*Revendication concernant l'ordinateur client*]

2. Méthode de distribution de bonbons, comprenant :

- la réception de données vidéo du magasin de bonbons sur un ordinateur client;
- l'affichage des données vidéo du magasin de bonbons sur l'ordinateur client, caractérisé en ce que les données vidéo affichées du magasin de bonbons fournissent une représentation visuelle du magasin de bonbons pour permettre à un utilisateur de l'ordinateur client de fournir des instructions à un bras robotisé situé dans le magasin de bonbons;
- l'envoi d'instructions de mouvement au bras robotisé à partir de l'ordinateur client, caractérisé en ce que les instructions de mouvement conduisent le bras robotisé situé au magasin de bonbons à remplir un sachet de bonbons; et
- l'envoi d'instructions d'expédition à partir de l'ordinateur client, caractérisé en ce que les instructions d'expédition conduisent le bras robotique à placer le sachet de bonbons dans une boîte ouverte et à la fermer en vue de son expédition.

[Revendication concernant l'ordinateur serveur]

3. Méthode de distribution des bonbons, comprenant :
- l'envoi de données vidéo du magasin de bonbons à partir d'un ordinateur serveur vers un ordinateur client, caractérisé en ce que les données vidéo du magasin de bonbons fournissent une représentation visuelle dudit magasin pour permettre à un utilisateur de l'ordinateur client de fournir des instructions à un bras robotisé situé dans le magasin;
- la réception d'instructions de mouvement du bras robotisé envoyées par l'ordinateur client à l'ordinateur serveur;
- la conversion des instructions de mouvement du bras robotisé en instructions exécutables de mouvement du bras robotisé situé dans le magasin de bonbons, caractérisé en ce que les instructions exécutables de mouvement du bras robotisé actionnent ledit bras en vue de remplir un sachet de bonbons;
- la réception d'instructions d'expédition sur l'ordinateur serveur en provenance de l'ordinateur client; et
- la conversion des instructions d'expédition en instructions d'expédition exécutables destinées au bras robotisé, caractérisé en ce que ledit bras robotisé est actionné en vue de placer le sachet de bonbons dans une boîte ouverte et de la fermer pour l'expédition.

À noter que si les revendications 2 et 3 mentionnent à la fois l'ordinateur serveur et l'ordinateur client, l'action décrite dans chaque revendication se situe exclusivement du point de vue du client ou du serveur. La revendication 2 devrait donc être plus facile à concéder sous licence ou à faire valoir contre un contrefacteur fournissant le logiciel client que la revendication 1, et la revendication 3 devrait être plus facile à faire valoir contre un contrefacteur exploitant le logiciel serveur que la revendication 1.

13. Réduire la portée d'une revendication de brevet au cours de l'examen de la demande

Il existe plusieurs raisons possibles, pour un rédacteur de brevets, de réduire la portée d'une revendication de brevet au cours de l'examen de la demande, notamment le fait que cette réduction peut être nécessaire pour que les revendications deviennent brevetables.

On peut réduire la portée d'une revendication de plusieurs manières :

i) en ajoutant de nouveaux éléments;
ii) en limitant un élément précédemment revendiqué; ou
iii) en définissant plus en détail la manière dont des éléments précédemment revendiqués fonctionnent entre eux.

Reprenons notre exemple du crayon.

Exemple

La portée d'une revendication peut être réduite en ajoutant un élément supplémentaire, par exemple un bouchon au crayon. La revendication devient alors la suivante :

1. Dispositif comprenant :
- un crayon ayant une structure allongée et deux extrémités séparées par un centre;
- une gomme fixée à une extrémité du crayon;
- un éclairage fixé au centre du crayon; et
- un capuchon amovible fixé à une extrémité du crayon.

L'ajout d'un élément supplémentaire, le capuchon, a pour effet de réduire la portée de la revendication. Celle-ci ne concerne donc plus un crayon doté seulement d'un éclairage et d'une gomme; les trois éléments doivent être présents dans un objet contrevenant pour que la revendication puisse "se lire" dans cet objet.

La plupart des offices de brevets exigent que le rédacteur de brevets montre clairement les changements apportés à la revendication au cours de l'examen de la demande par un examinateur. Ainsi, selon les règles locales régissant les brevets, la modification apportée à la revendication ci-dessus pourrait être soumise à l'office des brevets de la manière suivante :

1. [Version modifiée] Dispositif, comprenant :

   - un crayon ayant une structure allongée et deux extrémités séparées par un centre;
   - une gomme fixée à une extrémité du crayon; ~~et~~
   - un éclairage fixé au centre du crayon; et
   - un capuchon amovible fixé à une extrémité du crayon.

Dans cette version, les mots entre crochets indiquent qu'il y a eu modification (c'est-à-dire que la revendication a changé), les mots barrés indiquent qu'ils ont été supprimés et les mots soulignés indiquent qu'ils ont été ajoutés.

Lorsqu'on réduit la portée d'une revendication en lui ajoutant un nouvel élément, celui-ci doit indiquer de manière détaillée s'il existe un élément structurel ou fonctionnel, ou encore un élément relationnel (c'est-à-dire qu'il doit définir la relation entre des éléments existants). Le nouvel élément ne doit toutefois être nouveau qu'au regard de la revendication; il doit déjà se trouver dans la description, car il est interdit de créer une nouvelle relation entre des éléments qui n'avaient pas été divulgués dans la description à la date de dépôt de la demande. En outre, le rédacteur de brevets ne doit pas ajouter d'élément qui réduise de manière notable la portée de la revendication sans envisager au préalable d'autres modifications possibles et sans avertir son client de l'incidence probable de ces modifications.

Un rédacteur de brevets peut souvent aller au-delà de l'état de la technique non pas en ajoutant une restriction entièrement nouvelle à une revendication, mais en définissant plus en détail les éléments déjà présentés, ou encore en établissant des relations supplémentaires entre ces éléments, par exemple en ajoutant l'indication "A reçoit le résultat du fonctionnement de B" à une revendication.

Exemple

On pourrait encore réduire davantage la portée de la revendication concernant le crayon en définissant plus en détail l'élément d'éclairage :

1. Dispositif comprenant :
   - un crayon ayant une structure allongée et deux extrémités séparées par un centre;
   - une gomme fixée à une extrémité du crayon; et
   - un éclairage fixé au centre du crayon, permettant de diriger la lumière à l'opposé de l'extrémité du crayon portant la gomme.

On trouvera dans le module IX, section 3 de plus amples détails sur les modifications des revendications et plus généralement des demandes de brevet effectuées au cours de l'examen de la demande.

14. Exceptions à la brevetabilité

La plupart des systèmes de brevets excluent certains objets de la protection des brevets. La liste de ces exclusions varie considérablement d'un système de brevets à l'autre. Aux États-Unis d'Amérique, par exemple, la jurisprudence a établi plusieurs exceptions judiciaires à la brevetabilité. On trouvera de plus amples détails sur les objets brevetables dans le module II, section 2.4.

Le rédacteur de brevets constatera parfois que ses revendications ont été rejetées en vertu d'une exception quelconque à la brevetabilité. Dans certains cas, il peut néanmoins obtenir la protection d'un brevet pour l'objet de l'invention en reformulant les revendications, ce qui met à nouveau en évidence la nécessité, pour le rédacteur de brevets, de faire preuve de diligence et de créativité dans les efforts qu'il déploie pour atteindre les objectifs de son client.

Dans le cas d'inventions liées à un logiciel, certaines demandes sont rejetées au motif qu'elles font "passer la forme avant le fond". Il suffit parfois au rédacteur de brevets de réécrire les revendications d'une certaine manière pour éviter une exception à la brevetabilité, quand bien même la description resterait essentiellement la même.

Le rédacteur de brevets va souvent constater qu'il doit accorder une attention particulière aux inventions en matière de biotechnologie. Il peut rencontrer des problèmes parce que certaines "inventions" biotechnologiques ne peuvent être protégées par un brevet du fait qu'elles constituent des découvertes scientifiques ou des inventions dont l'exploitation est contraire à l'ordre public ou à la moralité (tel est par exemple le cas pour l'emploi d'embryons à des fins commerciales dans certains systèmes de brevets). Étant donné que la législation nationale et régionale concernant les exceptions à la brevetabilité varie considérablement, le rédacteur de brevets travaillant dans le domaine de la biotechnologie doit se tenir informé de l'évolution des lois et des technologies dans les systèmes de brevets qui l'intéressent (et qui intéressent ses clients).

Comme nous l'avons souligné plus haut dans le module II, section 2.4, de nombreux systèmes de brevets excluent de la brevetabilité les méthodes de traitement du corps humain ou animal. Toutefois, pour beaucoup de ces inventions, une simple modification du format des revendications peut permettre au déposant de demander une protection. Ainsi, les méthodes d'essai sont en général considérées comme des inventions ayant une application industrielle, au moins par l'OEB, et sont par conséquent brevetables si l'essai peut être employé pour améliorer ou contrôler un produit, un appareil ou un procédé ayant lui-même une application industrielle. À cet égard, l'emploi de certains animaux pour tester des produits industriels (par exemple pour détecter d'éventuels effets pyrogènes ou allergiques) ou des phénomènes (par exemple pour détecter une pollution de l'eau ou de l'air) peut être brevetable.

Il faut aussi se souvenir que malgré l'exclusion générale des méthodes de traitement ou de diagnostic, il est possible de breveter de nouveaux produits employés dans ces méthodes, et notamment des substances ou des composés particuliers. De même, la fabrication de prothèses ou de membres artificiels peut être brevetable malgré l'exclusion générale, par exemple lorsqu'il s'agit d'une méthode de fabrication de semelles intérieures permettant de corriger la posture du patient, ou encore d'une méthode de production d'un membre artificiel. Le fait de prendre l'empreinte d'une plante de pied ou de faire un moulage d'un moignon de membre pour adapter une prothèse n'est manifestement pas un acte de nature chirurgicale et ne nécessite pas la présence d'une personne qualifiée en médecine. Au demeurant, la semelle intérieure comme la prothèse sont toutes deux extérieures au corps. Inversement, une méthode de fabrication d'une endoprothèse nécessitant un acte chirurgical pour prendre des mesures peut ne pas être brevetable.

15. Le critère d'application industrielle

Il peut arriver parfois qu'un rédacteur de brevets doive modifier les revendications de son client pour satisfaire au critère d'application industrielle (voir le module II, section 2.3). Ainsi, un dispositif permettant de dispenser des conseils de mode peut être jugé dépourvu d'application industrielle dans un système de brevets donné. Le rédacteur de brevets peut alors satisfaire à ce critère en présentant les revendications différemment, peut-être en indiquant par exemple que le dispositif permet de tenir à jour les niveaux de stocks dans un entrepôt de vêtements.

En règle générale, l'OEB exige que la description d'une demande de brevet indique, lorsque cela n'est pas évident, la manière dont l'invention est susceptible d'avoir une application industrielle. Dans le cas de séquences et de séquences partielles de gènes, cette exigence générale revêt une forme particulière en ce sens que l'application industrielle d'une séquence ou d'une séquence partielle d'un gène doit être divulguée dans la demande de brevet; une simple séquence d'acides nucléiques sans indication d'une fonction ne saurait constituer une invention brevetable. Si une séquence ou une séquence partielle d'un gène est utilisée pour produire une protéine ou une partie de protéine, il est nécessaire de préciser la protéine ou partie de protéine produite ainsi que la fonction qu'elle remplit. Lorsqu'une séquence de nucléotides n'est pas utilisée pour produire une protéine ou une partie de protéine, la fonction à indiquer peut être, par exemple, le fait que la séquence exerce une certaine activité promotrice à l'étape de la transcription.

16. "Lecture" d'une revendication de brevet

Une revendication peut "se lire" dans l'état de la technique ou dans une réalisation constituant une infraction présumée à un brevet (c'est-à-dire un produit ou un procédé contesté pour atteinte à un brevet existant). Cette lecture des revendications dans l'état de la technique permet d'établir leur nouveauté. Au cours d'un procès en violation d'un brevet, les revendications sont comparées au produit ou au procédé incriminé afin de déterminer s'il y a atteinte au brevet.

Pour qu'une revendication se lise dans un produit ou un procédé, tous les éléments de la revendication doivent être présents dans ce produit ou procédé (on trouvera de plus amples informations sur la règle de l'ensemble des éléments dans le module IV, section 1.3). Le rédacteur de brevets doit donc s'assurer qu'au moins une revendication (sinon toutes) de sa demande de brevet se lit dans les réalisations de l'invention fabriquée, utilisée et vendue par son client. Si les revendications ne se lisent pas dans les réalisations de l'invention du client, cela peut signifier par exemple que le rédacteur de brevets n'a pas bien compris l'invention (ou que la conception ou l'utilisation du client ont changé). En outre, une fois que le brevet est délivré, le client ne peut utiliser de bonne foi des marques pour annoncer que son produit est breveté si celui-ci ne satisfait pas à tous les éléments d'une revendication. Pire encore, le client peut rencontrer des difficultés à obtenir des réparations auprès du contrefacteur au titre de la perte de bénéfices; en effet, bien qu'il puisse obtenir le paiement d'une redevance raisonnable, la différence entre celle-ci et les bénéfices perdus peut être considérable.

17. Interprétation des revendications par les tribunaux

Le meilleur test qui permettra de connaître réellement la solidité des revendications écrites par le rédacteur de brevets ne se déroulera probablement pas devant l'examinateur de brevets, mais devant les tribunaux si le brevet fait un jour l'objet d'un litige. Dans un procès en violation de brevet, l'interprétation des revendications est souvent pour le tribunal l'élément le plus important pour déterminer si une atteinte a été portée au brevet, voire si ce dernier est justifié par rapport à l'état de la technique. Ce processus est appelé *interprétation des revendications.* La portée de la protection offerte par un brevet donné n'est souvent déterminée que par le sens de quelques termes précis employés dans une revendication.

Les tribunaux interprètent généralement les brevets en lisant leurs revendications et leur description. Si les termes employés dans celles-ci n'ont pas un sens clair et précis, les tribunaux choisiront de leur donner le sens général que leur conférerait une personne du métier. Aux États-Unis d'Amérique, en particulier, les tribunaux ont de plus en plus souvent recours à des dictionnaires pour comprendre les revendications, et ils interprètent les termes ordinaires de cette manière. Dans ce pays, toutefois, on commence par donner aux termes des revendications leur sens ordinaire; la description et l'historique du traitement de la demande ne sont examinés que dans un deuxième temps pour déterminer si un sens différent ou particulier a été attribué à ces termes. Dans ce contexte, les tribunaux peuvent aussi employer des dictionnaires techniques, des encyclopédies et des traités pour établir le sens des termes propres au domaine particulier de l'invention.

Un tribunal accorde généralement à un terme employé dans une revendication son sens ordinaire tel qu'il serait compris par une personne du métier. Si par exemple l'invention est un produit chimique et que le terme "amorphe" doit être interprété, le tribunal se laissera sans doute convaincre de prendre en compte le sens courant de ce terme, comme le comprendrait un chimiste ordinaire, et il pourra éventuellement s'aider d'un dictionnaire spécialisé approuvé par les chimistes. De même, si une invention concerne un logiciel et qu'un tribunal est amené à interpréter le terme "cache", ce tribunal pourrait être conduit à comprendre le terme au sens qui lui est normalement attribué par un programmeur ordinaire. De fait, lorsque des questions de validité de brevet et d'atteinte à un brevet sont portées devant un tribunal, celui-ci peut faire appel à des spécialistes du domaine pour l'aider à interpréter des revendications.

Lorsqu'un nouveau terme est créé aux fins d'une demande de brevet et que ce terme peut avoir plusieurs sens mais qu'il n'a été employé que dans un seul de ces sens, ou quand un terme peut être ambigu, il est raisonnable de le définir dans la partie descriptive de la demande. La description peut jouer le rôle d'un glossaire de la terminologie propre aux revendications, et si les examinateurs et les tribunaux peuvent ensuite avoir recours à des dictionnaires, des manuels, des traités, des encyclopédies et parfois leurs propres connaissances générales et courantes pour interpréter une revendication, il est préférable de rédiger une demande de brevet qui soit autonome (c'est-à-dire qu'elle peut être comprise sans contexte extérieur).

L'astuce du professionnel

> L'interprétation de revendications selon la doctrine des équivalents peut être imprévisible. Si les revendications ont pour but de dissuader de potentiels imitateurs ou de faire gagner des procès en contrefaçon, il est conseillé de les rédiger comme si cette doctrine n'existait pas, c'est-à-dire de donner littéralement aux termes leur sens ordinaire ou leur sens courant pour une personne du métier.

Il arrive souvent que des termes employés dans des revendications aient plusieurs sens possibles dans un dictionnaire. Certains de ces sens n'ont aucun rapport avec l'invention revendiquée. Si un terme particulier a plusieurs sens possibles, et en l'absence de tout autre facteur, les tribunaux seront plus facilement convaincus d'employer le sens courant de ce terme dans le métier considéré plutôt que son sens général. Pour interpréter des revendications, un tribunal peut même examiner les preuves intrinsèques, c'est-à-dire les preuves trouvées au sein même du brevet, et notamment dans les revendications, la description, les dessins, etc., ainsi que dans le dossier de la demande de brevet ou dans l'historique de la procédure, pour donner au terme le sens le plus cohérent possible par rapport à l'intention du rédacteur de brevets. Ce dernier doit toujours être extrêmement attentif à toute ambiguïté possible dans sa manière d'écrire la demande de brevet et dans ses réponses aux questions des offices (voir le module IX), parfois appelées opinions écrites ou rapports d'examen dans certains systèmes de brevets, qui lui ont été adressées au cours du traitement de la demande.

Dans certains systèmes de brevets, la législation prévoit d'accorder une protection au-delà de la portée littérale des termes employés dans une demande de brevet. Cette protection supplémentaire est offerte en vertu du principe dit de la *doctrine des équivalents*. Toutefois, celle-ci n'offre pas nécessairement une protection de même portée entre les différents systèmes de brevets.

Exemple

> Une revendication de brevet indique qu'un élément A est maintenu sur un élément B au moyen d'un "clou". Une personne accusée de contrefaçon a porté littéralement atteinte à la revendication, à la différence près qu'elle a utilisé une "vis" au lieu d'un clou pour maintenir l'élément A sur l'élément B.
>
> En vertu de la doctrine des équivalents, le titulaire du brevet pourrait faire valoir qu'aux fins de l'invention brevetée, une vis est équivalente à un clou. Si le tribunal accepte cet argument, il conclura à la contrefaçon.

Dans certains pays, une portée très large est attribuée à la doctrine des équivalents au motif qu'il est presque impossible de trouver des termes décrivant de manière adéquate la portée complète d'une invention complexe. Dans ces circonstances, le titulaire de brevets de notre exemple pourrait même faire valoir que le clou pourrait être remplacé par "de la colle" aux fins de l'invention.

Inversement, dans certains systèmes de brevets, il incombe entièrement à l'inventeur et au rédacteur de brevets de définir dans leurs revendications ce que couvre leur invention, ces systèmes de brevets n'ayant pas de doctrine des équivalents. Dans ce cas, un juge considérerait que le titulaire de brevets aurait pu simplement rédiger les revendications en employant un terme couvrant à la fois les clous et les vis, comme "un dispositif métallique de fixation", et il ne conclurait pas à une atteinte au brevet dans l'exemple ci-dessus.

La doctrine des équivalents est un sujet juridique complexe car les normes permettant de déterminer les équivalents varient considérablement d'un pays à l'autre. C'est au rédacteur de brevets qu'il incombe de déterminer quel est le régime applicable dans le système de brevets où il présente les demandes de brevet, et notamment de savoir s'il peut utiliser ses communications au cours du traitement de la demande pour exclure l'application de la doctrine des équivalents. Dans les systèmes de brevets qui appliquent cette "forclusion de l'historique de la procédure", si dans notre exemple le rédacteur avait indiqué, en réponse à une question de l'office, que seuls les "clous" étaient employés dans l'invention, il serait difficile pour le titulaire de brevets de faire valoir l'inverse par la suite, c'est-à-dire que la "colle" ou les "vis" étaient équivalentes à des clous.

Mots-clés

- Rédaction de revendications
- Jeu de revendications
- Clarté des revendications
- Restrictions inutiles
- Renonciations
- Dépassement de l'état de la technique
- Unité d'invention
- Point de vue de la revendication
- Lecture de revendications
- Interprétation de revendications
- Doctrine des équivalents

Testez vos connaissances

- ☐ Pourquoi le rédacteur de brevets doit-il écrire les revendications avant toute autre partie de la demande de brevet?
- ☐ Donnez des exemples de la manière dont un rédacteur de brevets pourrait élargir une revendication de brevet.
- ☐ Lorsqu'il écrit des revendications, le rédacteur de brevets doit éviter les termes ayant un sens relatif comme "court", "grand", "rapide", "lent" et "parfait". Vrai ou faux?
- ☐ Un rédacteur de brevets peut définir des termes employés dans un brevet en leur donnant un sens différent de leur définition courante dans les dictionnaires. Vrai ou faux?
- ☐ Pourquoi est-il important d'éviter les éléments inutiles lors de la rédaction des revendications?
- ☐ Qu'est-ce que l'unité d'invention?
- ☐ Expliquez comment une revendication peut "se lire" dans l'état de la technique.
- ☐ Qu'est-ce que l'interprétation des revendications? Quel est le point de vue ou le point de référence employé pour interpréter des revendications?
- ☐ Pourquoi est-il important qu'une revendication ait un seul point de vue?
- ☐ L'inventeur X déclare que son invention concerne une porte dont le verrou est piloté par un logiciel doté d'un système de reconnaissance faciale. Le rédacteur de brevets peut se contenter d'écrire une revendication de produit décrivant une porte. Vrai ou faux?

Module VII Établissement d’une description, de dessins et d’un abrégé

Dans les précédents modules, nous avons examiné comment rédiger les revendications d’une demande de brevet; dans le présent module, nous allons décrire la manière d’établir la description, les dessins et l’abrégé de la demande.

1. Principaux publics des demandes de brevet

Lorsqu’on rédige une demande de brevet, il ne faut jamais oublier à qui l’on s’adresse. Les examinateurs de brevets et les tribunaux constituent le public le plus évident, mais il faut se souvenir que le client et l’inventeur font aussi partie des cibles : le rédacteur de brevets doit s’assurer que l’inventeur comprenne sa propre demande de brevet. Le public contient aussi d’autres profils, notamment des concurrents, d’éventuels contrefacteurs et des investisseurs. Beaucoup d’investisseurs examinent avec la plus grande attention le portefeuille de brevets d’une société technologique avant de prendre la décision d’investir.

Comme nous l’avons indiqué dans la section 2.2 du module III, la partie descriptive de la demande est généralement divisée en plusieurs sections. Comme le titre de chaque section diffère légèrement d’une juridiction à l’autre, le rédacteur de brevets doit vérifier le format imposé par la juridiction auquel il demande une protection avant de rédiger la description. Ainsi, les descriptions prévues par le Traité de coopération en matière de brevets (PCT) pour les demandes internationales doivent avoir la structure suivante :

i) “Titre de l’invention”;
ii) “Domaine technique”;
iii) “Art antérieur”;
iv) “Résumé de l’invention” ou “Exposé de l’invention”;
v) “Brève description des dessins”;
vi) “Meilleure manière de réaliser l’invention”, “Manière(s) de réaliser l’invention” ou “Description des modes de réalisation”;
vii) “Possibilités d’application industrielle” (le cas échéant);
viii) “Listage des séquences” (le cas échéant);
ix) “Texte libre du listage des séquences” (le cas échéant).

Les demandes internationales déposées au titre du PCT doivent présenter cette structure, sauf si l’invention est d’une nature qui justifie une structure différente ou une présentation plus optimale.

L’astuce du professionnel

Souvenez-vous que votre manière de rédiger la description ou l’une de ses parties peut avoir une incidence sur la manière dont les revendications sont interprétées. Gardez aussi à l’esprit que les règles de présentation ne sont pas les mêmes dans toutes les juridictions: vous devez étudier les exigences précises et les pratiques habituelles concernant chaque partie de la description dans le ou les juridictions qui intéressent votre client.

2. Ordre de rédaction d'une demande de brevet

Avant d'écrire une demande, le rédacteur de brevets doit savoir quelle est l'invention et avoir compris clairement ce qui la distingue de l'état de la technique. Cette compréhension est indispensable pour lui permettre de déterminer quels modes de réalisation, exemples ou dessins devront être présentés pour étayer suffisamment l'invention revendiquée. Une démarche globale assurera la cohérence de l'ensemble de la demande, qui est essentielle à son interprétation. Si par exemple un terme est employé dans les revendications et qu'il est repris dans la description détaillée, le lecteur de la demande de brevet comprend clairement que ce terme désigne le même concept technique à chacune de ses occurrences.

Il n'existe pas qu'une seule "bonne" manière de rédiger ou de structurer une demande de brevet, et si les juridictions prévoient parfois des variations de l'ordre évoqué dans la section précédente, la demande est rarement rédigée en suivant cet ordre de manière séquentielle. On trouvera ci-après quelques indications correspondant aux préférences de certains rédacteurs de brevets expérimentés, étant entendu que d'autres méthodes peuvent être tout aussi efficaces dans un contexte donné. Certains praticiens peuvent par exemple intervertir l'ordre des points ii) et iii).

i) Il est conseillé de commencer par rédiger la ou les revendications principales les plus étendues, car c'est une manière efficace de formuler le concept inventif essentiel (voir aussi la section 1 du module VI). Bien que l'on puisse être tenté de rédiger en premier la partie concernant l'état antérieur de la technique, ce n'est pas nécessairement la meilleure démarche car cette partie risque alors d'être bien trop longue et détaillée; le rédacteur de brevets devrait plutôt consacrer son temps (qui est forcément limité) à d'autres parties plus importantes de la demande de brevet pour divulguer un nombre suffisant d'éléments de l'invention revendiquée, notamment la description détaillée des modes de réalisation, les dessins et le résumé de l'invention.

ii) Après la rédaction des revendications, il est logique de rédiger la première partie de la description, à savoir le titre, le domaine technique, l'état antérieur de la technique et le résumé de l'invention, quoiqu'il puisse être aussi efficace de rédiger ce dernier plus tard, lorsque le rédacteur de brevets a achevé la description des modes de réalisation et qu'il a réexaminé les revendications.

iii) Vient ensuite la seconde partie de la description, qui contient une brève description des figures, une description détaillée des modes de réalisation et les dessins. Comme ces parties sont liées entre elles, elles sont rédigées ensemble.

iv) Une fois que la description et les dessins sont prêts, le rédacteur de brevets devrait réexaminer les revendications : en effet, la rédaction de la description lui a probablement permis de mieux comprendre l'invention. Il lui sera par exemple plus facile de détecter des éléments hors sujet dans les revendications qui pourraient empêcher le client d'obtenir la couverture la plus étendue possible. Le rédacteur de brevets est désormais en mesure de s'apercevoir que les revendications ne décrivent pas l'invention de manière aussi précise qu'elles l'auraient pu, voire de trouver de nouvelles idées de revendications.

v) Une fois les revendications achevées, le rédacteur de brevets doit vérifier les dessins et la description pour s'assurer que les termes employés dans les revendications ont été correctement divulgués et définis et qu'il y a une cohérence entre ces termes et leur sens. Imaginons que le rédacteur de brevets ait employé un terme très abstrait dans les revendications, par exemple une "pièce de jonction avec le sol" pour désigner un "pied de chaise". Il peut décider de définir ce terme abstrait dans la description, qui pourra alors contenir la phrase suivante : "L'assise est fixée au premier pied de la chaise, qui constitue un exemple de pièce de jonction avec le sol susceptible d'être utilisée aux fins de la réalisation de l'invention".

3. Rédiger les différentes parties d'une description

Dans la présente sous-section, nous allons détailler la rédaction de chaque partie d'une description. Si nous suivons à cette fin l'ordre proposé dans la section 1, nous précisons dans la section 2 que le rédacteur de brevets n'est pas tenu de la suivre également lorsqu'il rédige sa demande.

3.1 Titre de l'invention

Le *titre*, ou *titre de l'invention*, doit décrire le sujet de l'invention de manière générale mais concise. Dans certaines juridictions (par exemple le Royaume-Uni), le titre est publié rapidement après l'enregistrement de la demande, tandis que le reste de celle-ci est généralement publié 18 mois après la date d'enregistrement (ou de priorité). En conséquence, beaucoup de rédacteurs de brevets choisissent un titre aussi ouvert que possible.

S'il est prudent de ne pas restreindre excessivement le titre de l'invention afin de ne pas limiter inutilement la portée, le titre devrait néanmoins être suffisamment indicatif du sujet de l'invention. Il peut arriver qu'un examinateur de brevets exprime une objection au motif qu'un titre ne décrit pas suffisamment l'invention.

Inversement, si le titre de l'invention doit suffisamment décrire l'invention revendiquée, il ne doit pas (et il n'est d'ailleurs généralement pas possible de le faire compte tenu du nombre de mots autorisés) décrire entièrement l'invention revendiquée elle-même. Si par exemple une invention revendiquée concerne "un dispositif semi-conducteur" et "une méthode permettant de fabriquer un dispositif semi-conducteur" qui comportent des caractéristiques nouvelles, le titre sera probablement le suivant : "DISPOSITIF SEMI-CONDUCTEUR ET MÉTHODE DE FABRICATION DE CELUI-CI".

Dans certaines juridictions comme celui des États-Unis d'Amérique, on préfère employer le mot "Titre" plutôt que l'intitulé "Titre de l'invention" car l'emploi du mot "invention" dans un titre risque de réduire l'interprétation de la revendication.

3.2 Domaine technique

La partie du *domaine technique* indique le domaine dont relève l'invention. Elle se compose en général d'un seul paragraphe ou de deux ou trois phrases définissant simplement le domaine technique général dans lequel la personne qui lit le brevet est censée avoir une certaine compétence (c'est-à-dire le domaine dans lequel la personne qui examine la revendication devrait en principe être spécialisée). Cette partie indique la catégorie d'une classification générale dont l'invention pourrait relever. Si par exemple une invention concerne l'amélioration d'un système d'alimentation en carburant destiné à un moteur à combustion interne, cette partie pourrait comporter les indications suivantes : "La présente invention concerne un système d'alimentation en carburant destiné à un moteur à combustion interne. Plus précisément, elle concerne un système d'alimentation en carburant à injection électronique destiné à un moteur à combustion interne."

Comme pour le titre, le domaine technique ne doit pas décrire l'invention revendiquée elle-même, c'est-à-dire qu'il ne doit pas décrire le concept inventif ou les caractéristiques de l'invention.

3.3 Art antérieur

La partie relative à l'*art antérieur* établit le contexte de l'invention. Elle indique brièvement et en termes généraux l'état de la technique dans le domaine dont relève l'invention. Elle définit surtout le problème que l'invention est destinée à résoudre, en précisant pourquoi les techniques existantes ne permettent pas de le régler. L'état de la technique à indiquer dans cette partie devrait être le plus proche dont l'inventeur pourrait avoir connaissance à la date d'enregistrement de la demande de brevet.

Avant d'écrire cette partie, le rédacteur de brevets devrait vérifier plusieurs fois que l'inventeur a bien cité l'état de la technique connu du public à la date d'enregistrement de la demande. Il n'est pas rare qu'un inventeur présente un état de la technique qui ne répond pas à cette définition au sens du droit des brevets, peut-être parce que l'inventeur a estimé à tort qu'une certaine idée ou technologie qui est évidente pour lui doit faire partie de l'état de la technique. Il faut uniquement indiquer dans la description l'état de la technique qui a fait l'objet d'une publication et qui est directement pertinent pour comprendre l'invention et le problème qu'elle résout.

L'astuce du professionnel

> Le fait de comprendre le problème que l'invention résout peut vous aider à rédiger une introduction centrée sur l'art antérieur tout en évitant de disserter sur l'histoire de la technologie concernée. Veillez à éviter les épithètes comme "bien connu" ou "courant" qui constituent des hypothèses sur l'état de la technique et sur les connaissances du public en la matière.

Dans certaines juridictions comme celui des États-Unis d'Amérique, on peut divulguer dans cette partie l'état de la technique découlant des travaux de l'inventeur lui-même; dans ce cas, l'examinateur parlera d'*"état de la technique admis par le déposant"*. Bien que certains aient réussi à contester cette désignation, il est préférable d'éviter ce type de débat avec les examinateurs. Si un élément a été inclus à tort dans l'état de la technique, il n'est pas facile d'obtenir une correction au moyen d'un amendement ou d'une suppression de cette mention, et l'examinateur de brevets peut être juridiquement fondé à rejeter les revendications du déposant.

Il faut également être prudent à l'égard de la partie consacrée à l'art antérieur, car l'invention elle-même est parfois liée inextricablement à une "nouvelle interprétation" de l'état de la technique; or si cette nouvelle interprétation est décrite dans la partie introductive, on pourrait considérer que certains éléments nouveaux de l'invention étaient déjà présents dans l'état de la technique. La partie concernant l'art antérieur doit être rédigée de manière à ne divulguer que le problème, mais pas la solution proposée par l'invention. (La solution doit être présentée plus loin dans la description.)

Si l'invention tient au fait même de reconnaître l'existence d'un problème (c'est-à-dire que le problème lui-même est jugé nouveau), la partie introductive ne doit pas mentionner ce problème mais simplement montrer son absence dans l'état de la technique.

L'astuce du professionnel

> Ne passez pas trop de temps à rédiger la partie sur l'art antérieur. Les demandes de brevet modernes ne comportent souvent qu'un bref rappel décrivant l'état de la technique de manière très générale.

La partie relative à l'art antérieur doit être relativement courte et doit simplement annoncer l'exposé technique qui sera présenté dans la description détaillée. Il est conseillé de l'achever par une remarque éloquente sur les lacunes de l'état de la technique, et elle devrait être rédigée de manière à conduire le lecteur à se demander comment le problème pourrait bien être résolu.

Toutefois, dans certaines juridictions, il n'est généralement pas utile de mentionner des éléments particuliers de l'état de la technique.

Certaines demandes de brevet plus anciennes contiennent des paragraphes intitulés "Objets de l'invention" dans la partie introductive ou dans le résumé. Il est conseillé d'éviter ces indications dans la mesure du possible. Si la loi les impose dans la juridiction où la demande est présentée, il ne faudra faire qu'une simple déclaration du problème que l'invention vise à résoudre ou à atténuer, en reprenant les dispositions de la partie sur l'art antérieur. En effet, toute déclaration de ce type risque de limiter la portée de l'invention (par exemple si l'on déclare que "l'invention a pour but d'améliorer la sécurité" alors qu'elle pourrait aussi réduire des coûts); or dans certaines juridictions comme celui des États-Unis d'Amérique, si un concurrent peut démontrer que le produit ne vise pas à améliorer la sécurité mais qu'il a un autre objectif, le concurrent peut échapper à l'atteinte au brevet. Ce type de déclarations présentent en outre le risque d'alimenter les arguments de "fraude", par exemple lorsque l'invention a pour objet de "guérir le patient du cancer" alors qu'il aurait été plus juste de dire qu'elle vise à atténuer les symptômes d'un type de cancer particulier.

Citation de références à l'état de la technique

Si certaines juridictions n'imposent généralement pas de description et d'énumération de références précises à l'état de la technique, d'autres, comme celui du Japon, font obligation au déposant de décrire et d'énumérer *au moins une* référence de ce type qui soit connue de l'inventeur ou du déposant à la date de la demande. Le format unique des demandes (voir la section 2.6 du module III) indique que la liste de documents portant spécifiquement sur l'état de la technique ne doit pas nécessairement figurer dans la partie concernant l'art antérieur et qu'elle devrait plutôt apparaître dans la description.

3.4 Résumé de l'invention

La partie concernant le *résumé de l'invention* doit indiquer ce qui a été inventé, dans toute sa portée, et expliquer comment l'inventeur a surmonté le ou les problèmes énoncés dans la partie sur l'art antérieur. Elle a pour but de définir l'invention et de la situer dans son contexte afin d'étayer les revendications générales qui vont suivre.

En raison du titre de cette partie, les rédacteurs de brevets débutants peuvent être conduits à commettre un certain nombre d'erreurs. Beaucoup d'erreurs peuvent être évitées si l'on se contente de résumer les revendications. De fait, certains rédacteurs écrivent le résumé en reprenant chacune des revendications indépendantes de la demande dans un paragraphe; cette méthode garantit que les termes précis employés dans les revendications apparaissent aussi dans la description. Elle s'applique d'ailleurs aux revendications indépendantes aussi bien qu'aux revendications dépendantes, ces deux catégories représentant respectivement les caractéristiques essentielles et facultatives qui permettent de résoudre le problème.

Les avantages de l'invention sont généralement cités pour contribuer à démontrer l'activité inventive ou la non-évidence par rapport à l'état de la technique. Ces avantages doivent étayer l'analyse des revendications les plus étendues (indépendantes), dont ils constituent une caractéristique. Toutefois, comme nous l'avons indiqué à propos de l'art antérieur (voir la section 3.3), le rédacteur risque de se lancer dans des explications excessives de ces effets, ce qui pourrait restreindre l'interprétation de l'invention revendiquée : un contrevenant potentiel pourrait faire valoir que son propre produit ne présente aucun des avantages attribués à l'invention selon le brevet, ou n'en présente que quelques-uns.

L'astuce du professionnel

> Dans la partie concernant les avantages de l'invention, il convient d'éviter des expressions absolues susceptibles de faire naître un débat ou des objections ("Grâce à la présente invention, le bruit peut être entièrement supprimé") et d'employer plutôt des expressions relatives ("Grâce à la présente invention, le bruit peut être réduit" ou "Grâce à la présente invention, il est possible d'obtenir un niveau de bruit plus faible").

Dans certaines juridictions, la partie du résumé est organisée en plusieurs sous-parties intitulées "Problème technique", "Solution du problème" et "Avantages". La manière dont les problèmes à résoudre sont présentés aura une incidence sur le degré d'inventivité (le concept inventif) perçu par l'examinateur ou les tribunaux. Dans le résumé, le rédacteur de brevets doit s'efforcer de décrire les problèmes techniques de telle sorte que la solution présentée paraisse inventive par rapport à l'état de la technique (c'est-à-dire qu'elle n'est pas évidente).

Le rédacteur de brevets doit aussi veiller à ne pas écrire un résumé qui soit une sorte de "panorama" allant au-delà de la portée des revendications. Premièrement, tout résumé de ce type fait invariablement intervenir des éléments supplémentaires de l'état de la technique qui pourraient être invoqués à l'encontre de l'invention. Si l'on associe de manière explicite l'invention à un sujet plus vaste, il sera difficile, voire impossible, de faire valoir par la suite que l'état de la technique ne laissait pas entrevoir l'invention revendiquée. Deuxièmement, un résumé très général ou global introduit souvent, de manière apparemment mineure ou insignifiante, un autre concept qui n'aurait normalement pas été particulièrement exposé dans la demande. Ce concept supplémentaire offre un point d'entrée à quiconque chercherait à contester la validité du brevet, notamment dans le cadre d'un procès, au motif que l'exposé de l'inventeur est incomplet car les problèmes indiqués dans le résumé ne sont pas détaillés ailleurs dans la demande. De même, un résumé général de ce type peut laisser entendre que les revendications ne reflètent pas toute la portée de l'invention.

Dans certaines juridictions comme celui des États-Unis d'Amérique, on préfère employer l'intitulé "Résumé" au lieu de "Résumé de l'invention" car le terme "invention" risque de réduire l'interprétation de la revendication.

3.5 Brève description des dessins

Une *brève description des dessins* est souvent placée juste avant la description détaillée du ou des modes de réalisation. Les demandes concernant les domaines de la mécanique, de l'électricité ou de l'électronique contiennent presque systématiquement des dessins, tandis que celles qui relèvent de la chimie ou la biotechnologie n'en comportent pas nécessairement. La plupart du temps, les dessins illustrent des exemples concrets de fonctionnement de l'appareil ou du dispositif et non des principes généraux, et annoncent ainsi les modes de réalisation.

Lorsque des dessins font partie intégrante d'une demande de brevet, leur brève description doit indiquer ce que représente chaque figure et la relation entre les différents dessins. Ceux-ci constituent une partie importante de l'exposé et contribuent à répondre à l'exigence de description complète de l'invention. La brève description expose simplement, en termes généraux, le sens et le contenu des dessins; une description plus détaillée de ceux-ci est fournie ultérieurement.

Chaque brève description doit indiquer le type du dessin (photographie, dessin au trait, graphique, schéma, diagramme, etc.) et éventuellement sa perspective (par exemple vue du dessus, vue latérale, vue en perspective, éclatée, etc.); elle doit aussi contenir une brève note précisant ce que le dessin représente (par exemple un dispositif, un diagramme illustrant des données, etc.).

Dans certaines juridictions, pour éviter des interprétations étroites qui limiteraient les revendications à ce qui est illustré dans les dessins, la brève description doit commencer par une déclaration confirmant que les dessins ne sont que des illustrations d'un ou plusieurs modes de réalisation de l'invention et non des illustrations de l'"invention" elle-même.

Exemple

L'un des modes de réalisation de la présente invention est illustré à titre d'exemple dans les dessins ci-joints, dans lesquels des numéros de référence identiques renvoient au même élément ou à un élément semblable, et dans lesquels :

- la figure 1 est la représentation graphique d'un exemple d'objet dans lequel la présente invention peut être intégrée;
- la figure 2 est une vue en coupe de l'objet représenté dans la figure 1.

3.6 Description des modes de réalisation

La *description des modes de réalisation* indique de manière générale différents modes de réalisation ou différents exemples de l'invention revendiquée. Les modes de réalisation ont donc une portée plus étroite que le résumé de l'invention, qui ne traite que du concept inventif. Les parties précédentes de la description telles que le titre, le domaine technique, l'art antérieur et le résumé de l'invention ainsi que les revendications portent sur l'invention en général; la présente partie élargit le sujet et lui donne de la profondeur en fournissant un ou plusieurs exemples de l'invention (comme un prototype particulier). En d'autres termes, la description des modes de réalisation donne vie aux revendications et fournit une explication de l'invention revendiquée suffisante pour qu'une personne du métier puisse la reproduire, l'utiliser et la comprendre.

L'astuce du professionnel

Dans tous les cas, *ne prenez pas l'habitude* de tenter de rectifier une demande de brevet après son dépôt : tôt ou tard, vous allez commettre une erreur qui ne pourra pas être rectifiée sans déposer une demande entièrement nouvelle, ce qui fera perdre à votre client la date de dépôt initiale.

Si la demande contient des dessins, la partie décrivant les modes de réalisation doit être étroitement liée à ceux-ci. Ainsi, pour expliquer chaque élément d'un dispositif présenté à titre d'exemple et les relations entre ces éléments, le rédacteur de brevets doit faire référence à chacun des éléments illustrés dans le dessin. (Dans ce contexte, on trouvera de plus amples détails sur les numéros de référence dans la section 2.2 du module IV.)

La description des modes de réalisation ne peut être modifiée de manière substantielle après la date de dépôt de la demande car celle-ci ne peut être modifiée pendant son examen pour intégrer de nouvelles divulgations techniques. Dès lors, le rédacteur de brevets doit s'assurer que cette partie est suffisante et exhaustive à la date de dépôt de la demande. On trouvera de plus amples informations sur la modification d'une demande pendant son examen dans la section 3 du module IX.

Le rédacteur de brevets doit donc faire en sorte que la demande de brevet :

i) reprenne les documents fournis par l'inventeur à l'appui des divulgations;
ii) contienne des informations suffisantes pour permettre à une personne du métier de reproduire l'invention; et
iii) soit suffisamment profonde et détaillée pour que les revendications puissent être restreintes, le cas échéant, au cours de l'examen de la demande afin de tenir compte de tout art antérieur citée par l'examinateur.

Exemple

Un inventeur estime que son invention est à la fois nouvelle et extraordinaire, et qu'elle peut donc être brevetée de manière globale. Il a construit, avant de déposer sa demande de brevet, un prototype fonctionnel de son invention qui a été le point de départ de toute une génération de produits ayant connu un grand succès. Dans ce prototype, l'inventeur avait relié un élément A à un élément B à l'aide de fils de cuivre. En termes abstraits, cette combinaison d'éléments constitue un exemple d'un sous-composant X. Les autres sous-composants abstraits de l'invention sont les sous-composants Y et Z.

La revendication déposée avec la demande de brevet était libellée de la manière suivante :

Une machine comprenant :
- un sous-composant X;
- un sous-composant Y relié d'une manière opérationnelle au sous-composant X; et
- un sous-composant Z relié d'une manière opérationnelle à la fois au sous-composant X et au sous-composant Y.

L'inventeur a convaincu le rédacteur de brevets que la combinaison des éléments X, Y et Z était si nouvelle que la demande n'avait pas à fournir d'autres détails sur l'invention, hormis ceux qui étaient nécessaires à l'obtention des revendications les plus larges possibles, car l'inventeur souhaitait faire des économies et déposer rapidement la demande. En conséquence, la demande ne fait aucune mention de l'élément A ni de l'élément B.

L'examinateur de brevets trouve dans l'état de la technique une antériorité dont l'auteur est le Dr Q de la société Acme et qui a déjà divulgué les sous-composants X, Y et Z. Dès lors, l'invention revendiquée dans la demande se trouve comprise dans l'état de la technique.

En examinant la lettre officielle et l'état de la technique cité, le rédacteur de brevets découvre qu'absolument tous les détails de l'invention de son client ont déjà été divulgués par le Dr Q, à ceci près que selon ce dernier, le sous-composant X doit être formé à partir de l'élément C et de l'élément D, ce qui, ajoute-t-il (comme tant d'autres), constitue la seule manière connue d'obtenir un sous-composant X satisfaisant.

Le rédacteur de brevets est donc en mesure de contourner l'état de la technique cité par l'examinateur et d'obtenir un brevet pour son client s'il modifie les revendications de la manière suivante :

Un dispositif comprenant :
- un sous-composant X formé par la combinaison de l'élément A et de l'élément B;
- un sous-composant Y relié d'une manière opérationnelle au sous-composant X; et
- un sous-composant Z relié d'une manière opérationnelle à la fois aux sous-composants X et Y.

Il estime en outre que non seulement cette revendication serait brevetable, mais aussi qu'une revendication visant uniquement à former un sous-composant X à partir des éléments A et B le serait aussi, et pourrait de fait constituer la véritable invention du client.

Malheureusement, le client insiste sur le fait que la demande de brevet ne doit pas divulguer que le sous-composant X peut être formé à partir des éléments A et B. Le rédacteur de brevets ne peut donc modifier les revendications ni de manière à contourner l'état de la technique ni de manière à décrire une combinaison d'une grande nouveauté conçue par son client.

Dans ce cas, il est probable que la demande de brevet devra être abandonnée, à moins que le rédacteur de brevets ne trouve une autre façon de modifier les revendications. Il pourrait écrire une nouvelle demande contenant les divulgations techniques nécessaires en espérant que celle-ci ne soit pas exclue de la brevetabilité, notamment en raison des activités de l'inventeur lui-même ou de la publication de sa demande initiale.

Nous allons à présent examiner quelques éléments supplémentaires concernant la portée et l'importance de la description des modes de réalisation.

Terminologie et choix des mots

Si le rédacteur de brevets emploie un terme très abstrait dans les revendications, il doit envisager de l'employer également dans la description des modes de réalisation en le reliant cependant à un mode de réalisation particulier de l'invention. La terminologie doit être cohérente dans l'ensemble de la demande de brevet, tant au niveau général qu'à des niveaux particuliers. Si par exemple le terme "dispositif avertisseur" est employé dans les revendications pour désigner un klaxon d'automobile, la description des modes de réalisation peut contenir la phrase suivante : "Un klaxon d'automobile est un exemple du dispositif avertisseur 102. D'autres dispositifs avertisseurs peuvent être employés d'une manière conforme à l'esprit de l'invention[33]", ou "Un klaxon automobile de type 102 constitue un dispositif avertisseur. De nombreux autres dispositifs avertisseurs peuvent être employés d'une manière conforme à l'esprit de l'invention". Le fait de proposer des exemples supplémentaires d'un dispositif avertisseur (par exemple une sirène ou une sonnerie) peut être encore plus utile car il ouvre la voie à une interprétation plus étendue du terme.

Le rédacteur de brevets doit employer un langage technique simple en évitant le jargon ou une terminologie spéciale et complexe. Les termes courants permettent aux concurrents et aux tribunaux de mieux comprendre le sens du texte, ce qui réduit le risque de créer un nouveau sens non souhaité par l'auteur. L'emploi d'un langage simple réduit aussi les problèmes de traduction de la première demande si celle-ci est déposée dans d'autres juridictions.

Objet non revendiqué

Le rédacteur de brevets doit faire preuve de bon sens pour trouver le juste équilibre entre les risques d'une description trop laconique des modes de réalisation et ceux qui sont liés à un exposé trop précis de l'objet de la demande. Un objet non revendiqué ne peut obtenir la protection d'un brevet, et l'on considère que l'inventeur l'a fait "passer dans le domaine public" sauf s'il est revendiqué à un stade ultérieur. Écrire les revendications *avant* la description des modes de réalisation peut aider le rédacteur de brevets à faire en sorte que la description corresponde parfaitement au contenu des revendications.

Il est généralement préférable, pour le rédacteur de brevets, de pécher par excès d'information dans la rédaction de cette partie. En effet, si la description des modes de réalisation n'est pas suffisamment détaillée à la date de dépôt de la demande, il ne sera pas possible de réduire la portée des revendications pour répondre aux objections d'absence de nouveauté ou d'activité inventive que l'examinateur pourrait formuler s'il trouve un art antérieur.

La plupart des systèmes de brevets, y compris le PCT, disposent d'une règle d'"unité d'invention" en vertu de laquelle toute demande de brevet ne peut concerner qu'une seule invention, ou plusieurs inventions si elles partagent le même "concept inventif" (voir la section 11 du module VI). Dès lors, si l'examinateur estime que l'exposé concerne une invention non revendiquée qui ne respecte pas l'unité d'invention au regard du jeu de revendications original, le rédacteur de brevets ne peut résoudre le problème en présentant un nouveau jeu de revendications. Dans ce cas, la seule solution consiste à déposer une demande divisionnaire ou une demande de continuation, selon le cas et avec le consentement du client, pour revendiquer une invention qui ne l'avait pas encore été.

L'astuce du professionnel

> Pensez à consulter votre client sur toute question de fond concernant sa demande en instance, et évitez de faire des suppositions.

Emploi du terme "invention"

Dans certaines juridictions particulières, le rédacteur de brevets doit éviter d'employer dans la description des modes de réalisation des expressions telles que "l'invention est…", et préférer des expressions comme "l'un des modes de réalisation de l'invention…" ou "un exemple de l'invention…", voire "un mode de réalisation ou exemple de l'appareil ou de la méthode…" Il s'assure ainsi que les revendications du brevet soient interprétées de la manière la plus étendue possible. En l'absence d'indication contraire, l'examinateur considère généralement que la description divulgue un "mode de réalisation" de l'invention, et non l'invention elle-même; toutefois, si le rédacteur de brevets exclut cette lecture plus ouverte en indiquant "l'invention est X" plutôt que d'écrire "un mode de réalisation de l'invention est X", la portée de l'invention revendiquée peut être inutilement restreinte.

Éléments connus

Le rédacteur de brevets n'a pas besoin de mettre, dans la demande de brevet, des informations bien connues sur la manière de fabriquer ou d'utiliser un produit associé à l'invention revendiquée. Il n'est pas nécessaire qu'une demande de brevet constitue un plan d'exécution, et aux États-Unis d'Amérique, au moins un tribunal a considéré qu'il était préférable "d'omettre" les détails qui sont connus de toute personne du métier. S'il est par exemple nécessaire que tout polymère X soit traité pendant 5 heures à 200 degrés, et si ce procédé est bien connu des personnes du métier, il n'est pas utile de faire figurer cette méthode de traitement dans la demande de brevet, à moins que l'invention ne la modifie d'une manière ou d'une autre.

Éviter de "restreindre" les revendications

Outre le fait de décrire les éléments employés dans un mode de réalisation de l'invention, ainsi que la manière dont ces éléments fonctionnent, le rédacteur de brevets peut aussi envisager de joindre à la demande de brevet un ou plusieurs dessins, ainsi que des descriptions permettant de situer l'invention dans son contexte ou d'expliquer comment elles fonctionnent. Dans ce cas, il est conseillé de rédiger un avertissement pour faire en sorte que le contexte ne constitue pas nécessairement une restriction, c'est-à-dire qu'il ne soit pas considéré comme faisant partie intégrante de l'invention.

Nous avons beaucoup insisté dans l'ensemble du présent manuel sur le fait que le rédacteur de brevets doit être très attentif à la manière dont il formule la demande de brevet. Les choix qu'il fera à cet égard peuvent avoir des conséquences non seulement pendant l'examen du brevet, mais aussi et surtout en cas de contestation du brevet. S'agissant des avantages de l'invention indiqués dans le résumé, le rédacteur de brevets doit être tout particulièrement prudent au regard des termes absolus qu'il emploie pour décrire les modes de réalisation. Si une demande de brevet contient des termes comme "doit" ou "toujours", ces termes doivent toujours indiquer de manière très précise et exacte que les composantes ou fonctions auxquelles ils font référence sont des éléments "essentiels" de l'invention revendiquée. En d'autres termes, si l'exposé d'une invention indique qu'un élément a "toujours" un certain effet, le rédacteur de brevets doit s'assurer que tel est vraiment le cas (c'est-à-dire que l'invention ne fonctionne jamais d'une autre manière).

L'astuce du professionnel

Comme vous allez probablement utiliser un ordinateur pour écrire les demandes, vous pouvez facilement établir une liste de termes absolus à employer systématiquement grâce aux fonctions de recherche et de remplacement du traitement de texte lorsque la demande sera presque achevée.

Éléments privilégiés ou facultatifs

L'objet ou les éléments décrits dans les revendications dépendantes (également appelées *revendications secondaires* ou *sous-revendications*) doivent être définis comme des modes de réalisation ou des éléments *privilégiés* ou *facultatifs*, faute de quoi ils pourraient être considérés comme des éléments "essentiels" de l'invention revendiquée (ces derniers ne devant apparaître que dans la revendication la plus étendue). Cette partie du brevet doit en outre indiquer leurs avantages, car ceux-ci peuvent avoir de l'importance si des modifications se révèlent nécessaires au cours de l'examen ou dans le cadre d'un litige. Si une revendication indique un élément ou une fourchette de valeurs à privilégier, il peut aussi être utile de définir plus en détail les caractéristiques de cet élément ou de restreindre autant que possible la fourchette de valeurs à privilégier.

Aux États-Unis d'Amérique, les praticiens évitent de mentionner des modes de réalisation ou des éléments "privilégiés" dans cette partie car la jurisprudence a montré que les tribunaux concluaient rarement à une atteinte à un brevet lorsque les contrevenants présumés n'avaient pas eu recours aux éléments "privilégiés" de l'invention.

Incorporation par renvoi

Dans certaines juridictions comme celui des États-Unis d'Amérique, il est possible d'incorporer par renvoi certains éléments, par exemple un manuel de chimie très connu, à une demande de brevet. On peut aussi incorporer des éléments provenant d'autres sources, notamment d'autres publications en matière de brevets. Ces incorporations par renvoi doivent néanmoins être employées avec parcimonie.

Nombre de modes de réalisation ou d'exemples

Le nombre de modes de réalisation ou d'exemples exigés dans une demande de brevet dépend de la portée des revendications. Pour beaucoup d'inventions, notamment dans les domaines de la mécanique et de l'ingénierie, il suffit de décrire un seul mode de réalisation, en proposant d'autres méthodes possibles pour les éléments importants. En revanche, pour des inventions dans les domaines de la chimie et de la biologie, il convient de présenter de nombreux exemples car ceux-ci peuvent suffire pour étayer l'exposé lorsque les revendications ont une portée étendue.

L'astuce du professionnel

Pour rédiger la description d'un mode de réalisation, essayez d'enregistrer une description orale. Si vous disposez déjà des projets de dessins et que vous avez rédigé un plan de cette partie de la demande, vous constaterez peut-être que vous pouvez vous contenter de commenter les dessins. Beaucoup de praticiens ont remarqué qu'ils pouvaient au moins doubler leur productivité grâce à cette méthode.

4. Établir des dessins

Le rédacteur de brevets doit établir des documents visuels de bonne qualité à l'appui de l'invention revendiquée. Certains rédacteurs estiment que les *dessins* constituent la partie la plus importante de la demande après les revendications, notamment dans les domaines de la mécanique, de l'électricité et de l'électronique.

4.1 Types de dessins

Dans certaines juridictions comme celui des États-Unis d'Amérique, la législation en matière de brevets impose la représentation graphique de chacun des éléments revendiqués. Le cas échéant, les dessins doivent illustrer l'invention avec suffisamment de détails pour que la lecture de la description des modes de réalisation ne fasse que confirmer par des mots les informations fournies sous forme graphique. Ce n'est cependant pas toujours possible.

On emploie parfois des dessins pour illustrer le principe d'une invention et non un mode de réalisation particulier. Les dessins montrent également parfois les résultats obtenus par l'emploi de l'invention; tel est par exemple le cas de graphiques concernant des expériences précises dans le domaine de la chimie et montrant comment la modification d'une condition de réaction modifie les résultats du processus.

4.2 Indicateurs de référence

Les éléments illustrés par les dessins d'un brevet sont généralement accompagnés d'une brève description écrite et d'un indicateur de référence (qui peut être un numéro), par exemple "minuterie (102)". Cet indicateur "102" doit aussi figurer dans la partie contenant les descriptions des modes de réalisation.

Le rédacteur de brevets doit employer un système de numérotation cohérent. Ainsi, un numéro de référence présenté pour la première fois peut se composer du numéro de figure concerné suivi de deux chiffres distinctifs. Si par exemple dans la "figure 2" d'une demande de brevet, le rédacteur de brevets a déjà numéroté deux éléments, le troisième, une mémoire d'ordinateur, pourra se voir attribuer le numéro de référence "203". Toutes les futures références à cette mémoire d'ordinateur dans les dessins et la description du brevet indiqueront alors "mémoire d'ordinateur (203)" ou simplement "mémoire (203)". Si une autre mémoire d'ordinateur est ensuite présentée, elle doit porter un autre numéro de référence; dans le cas contraire, les deux mémoires seront considérées comme identiques. On peut aussi employer un système de numérotation un peu différent qui n'utilise que des nombres impairs (par exemple 101, 103, 105) dans les premières versions de la demande de brevet. Cette méthode facilite l'ajout de nouveaux éléments lors de la relecture de la demande.

Il existe un autre système dans lequel tout composant principal se voit attribuer un numéro de référence à un seul chiffre, et tout sous-composant porte un numéro composé de ce même chiffre accompagné de chiffres supplémentaires. Ainsi, un "ordinateur 8" pourrait avoir pour sous-composant une "mémoire 82", étant entendu que le chiffre 8 de ce nombre 82 renvoie à l'ordinateur 8 et que le 2 indique qu'il s'agit du deuxième élément numéroté.

L'astuce du professionnel

> Quel que soit le système de référencement que vous choisissez, vous devez l'appliquer de manière cohérente.

4.3 Niveau de détail

Avant de se lancer dans l'élaboration des dessins, le rédacteur de brevets doit définir le message qu'il entend communiquer et la manière dont il souhaite le faire. Il doit déterminer le niveau de détail nécessaire pour que l'exposé offre un appui efficace à la demande. Ainsi, une boîte noire étiquetée "moteur d'objet" sans aucun sous-élément constituera sans doute une explication insuffisante pour une demande de brevet qui prétend divulguer un tel moteur. Inversement, le rédacteur de brevets doit éviter les dessins trop détaillés, sauf s'il indique dans les explications accompagnant la description des modes de réalisation que les détails supplémentaires ne concernent qu'un seul mode de réalisation de l'invention. S'il fournit trop de détails, quelqu'un risque de faire valoir ultérieurement (par exemple au cours d'un procès) que les détails illustrés sont essentiels à l'invention et restreignent par conséquent l'interprétation des revendications. Tel est notamment le cas dans les juridictions comme celui des États-Unis d'Amérique, où les demandes comportent une revendication de type "moyen plus fonction" (voir la section 2.4 du module IV); si un procès en atteinte au brevet devait avoir lieu ultérieurement, les défendeurs feraient valoir que tous les détails non nécessaires figurant dans les dessins étaient essentiels à l'exécution de la fonction présentée.

Les dessins doivent être exhaustifs et n'omettre aucun détail essentiel. Si par exemple un dessin représente le déroulement d'un procédé, les flèches doivent être représentées de manière adéquate : si une flèche pointe dans une direction alors qu'elle devrait aller dans les deux sens, il pourrait être difficile de convaincre l'examinateur du fait que le procédé peut se dérouler en sens inverse. Le rédacteur de brevets peut fournir une explication écrite suffisante dans la description des modes de réalisation pour compenser les éventuelles lacunes des dessins, mais il est déconseillé de compter sur cette méthode pour résoudre ce type de problèmes.

Le rédacteur de brevets doit néanmoins se souvenir qu'il ne doit pas passer trop de temps à améliorer la qualité des dessins. Il peut faire appel à un dessinateur qualifié, mais personne ne s'attend à ce qu'il en soit un lui-même. La conception assistée par ordinateur peut être utile pour élaborer des dessins, mais parfois il est plus rapide et moins coûteux de faire un simple dessin sur du papier.

L'astuce du professionnel

> Consacrez votre temps et vos compétences à la création de dessins clairs et originaux, et non de dessins artistiques.

4.4 Dessins fournis par l'inventeur

Il arrive souvent que le client ou l'inventeur propose ses propres dessins au rédacteur de brevets. Ces dessins peuvent aider le rédacteur à communiquer son message sur l'invention, mais ils vont probablement comporter d'autres éléments qui ne sont pas nécessaires à la divulgation. Le rédacteur de brevets devrait donc plutôt choisir d'élaborer de nouveaux dessins ou d'adapter ceux de l'inventeur.

Il est important de veiller à ce que tous les détails des dessins, y compris les commentaires, restent lisibles lorsque l'échelle des dessins est réduite pour faire tenir ceux-ci dans la version publiée du brevet. Le client peut par exemple fournir des captures d'écran pour illustrer le fonctionnement de l'invention, mais ces images restent rarement lisibles une fois que leur taille a été réduite pour tenir dans une feuille de papier.

5. Rédiger un abrégé

L'*abrégé* est destiné à résumer les éléments essentiels de l'invention. Il suffit souvent de reprendre une version du premier paragraphe du résumé de l'invention pour constituer l'abrégé, ce paragraphe pouvant lui-même reprendre le contenu de la revendication (indépendante) principale. L'abrégé vise essentiellement à faciliter la recherche. Il est généralement publié sur la première page des publications de brevet; il figure dans les bases de données et il contient fréquemment les mots-clés nécessaires aux moteurs de recherche automatiques. Lorsque les résultats d'une recherche contiennent plusieurs brevets ou demandes de brevet, l'utilisateur consulte souvent l'abrégé pour déterminer si le brevet l'intéresse. C'est pourquoi l'abrégé doit être bref et exact.

Dans beaucoup de juridictions, l'abrégé est limité à un certain nombre de mots. Il est souvent limité à 150 mots lorsque l'anglais est la langue officielle. Dans d'autres juridictions comme au Japon, en République de Corée et en Chine, il est limité à un certain nombre de caractères. L'examinateur peut rejeter un abrégé qui dépasse ces limites.

Dans la plupart des pays, l'abrégé contient simplement des informations techniques et ne peut être employé dans un autre but, notamment pour interpréter la portée des revendications ou pour déterminer la brevetabilité. Les tribunaux eux-mêmes, dans la majeure partie des juridictions, s'appuient rarement sur l'abrégé pour interpréter l'invention revendiquée. Les États-Unis d'Amérique font toutefois exception à cette règle, et les abrégés des demandes déposées dans ce pays doivent être rédigés de manière ouverte pour éviter toute restriction.

C'est pourquoi, dans de nombreuses juridictions, les offices des brevets ne vérifient que le nombre de mots ou de caractères des abrégés et les examinent rarement sur le fond, ce qui ne signifie pas que l'abrégé puisse être ambigu ou mal rédigé.

Il peut être conseillé d'ajouter à l'abrégé les indicateurs de référence figurant dans les dessins (par exemple "minuterie [102]") si cela peut aider le public à comprendre l'invention. Néanmoins, aux États-Unis d'Amérique, ces références tendent à restreindre l'interprétation des revendications en limitant l'élément revendiqué à ce qui est divulgué dans les dessins; elles doivent donc être omises dans l'abrégé ou retirées de celui-ci.

Les rédacteurs de brevets débutants commettent souvent l'erreur de rédiger l'abrégé à un stade précoce et courent ainsi le risque de divulguer des éléments brevetables de l'invention qui ne figurent pas dans d'autres parties de la demande. Beaucoup de rédacteurs préfèrent écrire l'abrégé tout à la fin du processus de rédaction, en se demandant alors si tous les éléments de l'abrégé sont bien divulgués dans la description. Si la réponse n'est pas clairement affirmative, ils doivent ajouter l'élément manquant dans la description ou les revendications, ou ils doivent modifier l'abrégé.

Mots-clés

- Description
- Titre
- Domaine technique
- Art antérieur
- Résumé de l'invention
- Exposé de l'invention ou description détaillée
- Brève description des dessins
- Description des modes de réalisation (Mode(s) permettant de mettre en œuvre l'invention)
- Ordre de rédaction d'une demande de brevet
- Élaboration des dessins
- Rédaction d'un abrégé

Testez vos connaissances

- ☐ Dans votre juridiction , comment la partie descriptive de la demande est-elle structurée?
- ☐ Quels types d'informations la partie concernant la "technique antérieure" doit-elle fournir? Qu'est-ce que le rédacteur de brevets doit éviter de faire lorsqu'il écrit cette partie?
- ☐ Quels types d'informations doivent figurer dans la partie consacrée au "résumé de l'invention"?
- ☐ La partie descriptive de la demande doit présenter au moins un mode de réalisation fonctionnel de l'invention. Vrai ou faux?
- ☐ Un mode de réalisation qui est exposé dans la description mais n'est pas repris dans les revendications du brevet octroyé est passé dans le domaine public. Vrai ou faux?
- ☐ Il est recommandé aux rédacteurs de brevets d'employer des termes absolus comme "doit" et "toujours" dans la partie descriptive de la demande car ces termes aident à mieux comprendre l'invention. Vrai ou faux?
- ☐ La partie consacrée à la "description des modes de réalisation" doit présenter non seulement les modes de réalisation comportant les éléments essentiels de l'invention, mais aussi ceux qui comportent des éléments facultatifs. Vrai ou faux?
- ☐ Les dessins qu'un client peut proposer à son rédacteur de brevets peuvent être extrêmement utiles pour élaborer les dessins à intégrer dans la demande de brevet, mais le rédacteur de brevets doit les employer avec prudence. Quels sont les problèmes dont il doit tenir compte?

Module VIII Dépôt des demandes de brevet

Avant de déposer une demande, le rédacteur de brevets doit s'assurer que son client l'a relue, comprise et approuvée. Les inventeurs comprennent rarement les contraintes découlant des dispositions juridiques pertinentes, et ils sont encore moins nombreux à comprendre et à pouvoir évaluer le jargon des demandes de brevet (voir la section 2 du module IV); il incombe donc au rédacteur de brevets d'expliquer au client les éléments de la demande qui échappent à celui-ci. Le rédacteur de brevets ne doit pas modifier la demande pour la rendre plus compréhensible à des personnes qui ne sont pas habituées à ces documents si la modification risque de compromettre la portée ou la validité du brevet revendiqué, mais il doit s'assurer que la formulation choisie est juste et aussi simple que possible. Si les revendications très abstraites peuvent parfois être opaques pour quiconque n'est pas spécialiste des brevets, une formulation abstraite peut parfois être la plus adéquate pour faire en sorte que les revendications soient aussi étendues que la législation le permet.

Nous avons souligné dans l'ensemble du présent manuel que le rédacteur de brevets doit comprendre les conditions régissant le dépôt des demandes de brevet dans tous les pays qui intéressent son client, et notamment les règles concernant la présentation du brevet et les dessins. Un rédacteur de brevets prévoyant peut établir une liste, pour chacune des juridictions dans lesquels il pourrait être conduit à déposer régulièrement des demandes, des éléments devant obligatoirement figurer dans la demande de brevet; il peut ensuite comparer sa demande à la liste pertinente. Il peut aussi établir d'autres listes utiles, par exemple pour recenser les éléments à vérifier avant de déposer une demande auprès d'un office des brevets particulier (que ce soit par voie électronique ou postale), ou des problèmes à régler avant de répondre à une lettre officielle. Ces listes peuvent l'aider à réduire le risque d'omissions ou d'erreurs involontaires.

L'astuce du professionnel

> Ne perdez pas tout le travail que vous avez accompli simplement parce que vous avez omis de respecter une condition mineure à l'égard de la demande alors que cette condition était facile à repérer et à satisfaire.

Dans de nombreuses juridictions, le rédacteur de brevets doit joindre un pouvoir à la demande de brevet déposée et doit acquitter différentes taxes officielles de dépôt. Selon la législation propre à chaque lieu, il devra peut-être aussi remettre une déclaration attestant de la qualité d'inventeur de son client, ou un document de cession confirmant que l'inventeur a cédé l'invention au déposant, ou encore un document attestant sinon que le déposant est en droit de demander le brevet. Certains offices des brevets nationaux acceptent que les documents officiels soient fournis après le dépôt de la demande de brevet tout en conservant la priorité de la date de dépôt.

Aux États-Unis d'Amérique, la *déclaration attestant de la qualité d'inventeur* est un document dans lequel l'inventeur déclare qu'il a lu et compris la demande de brevet et qu'il se considère lui-même comme l'inventeur (ou l'un des inventeurs s'il y en a plusieurs) de l'invention décrite.

Le *pouvoir* confère à une autre personne (généralement un agent de brevets ou un conseil en brevets dûment autorisé à agir auprès de l'office des brevets concerné) le droit de représenter le déposant de la demande considérée dans les procédures menées auprès de l'office des brevets.

Le *document de cession* est un contrat entre l'inventeur et une autre partie (généralement son employeur) indiquant que les droits de l'inventeur découlant du brevet ont été transférés à cette autre partie. (Le rédacteur de brevets doit s'assurer que son client est en droit de demander le brevet avant de le représenter dans cette procédure.)

Le rédacteur de brevets peut aussi avoir à produire d'autres documents officiels, notamment lorsque l'invention touche à des questions de défense nationale. Certains pays tels que les États-Unis d'Amérique, le Royaume-Uni, la Chine, l'Inde et la France ont des exigences particulières concernant le dépôt des demandes de brevet qui peuvent présenter un intérêt pour la sécurité nationale. Certains pays comme les États-Unis d'Amérique prévoient en outre que tout inventeur résidant dans le pays doit obtenir l'autorisation de celui-ci pour déposer un brevet à l'étranger. De même, beaucoup de pays disposent de règles régissant l'exportation de données techniques. Le rédacteur de brevets doit au minimum prendre connaissance des règles en vigueur à cet égard dans sa propre juridiction afin de ne pas être complice par inadvertance de la communication illicite de données techniques sensibles à l'étranger.

1. Dépôt national/dépôt établissant la priorité

Étant donné qu'en règle générale, les inventeurs et leurs employeurs veulent obtenir la protection d'un brevet dans le pays où travaille l'inventeur, le client demande souvent au rédacteur de brevets de déposer la première demande dans ce pays, c'est-à-dire à l'échelle locale. L'inventeur ou son employeur souhaitera peut-être déposer aussi une demande de brevet dans d'autres pays au titre de la Convention de Paris (voir la prochaine section). Comme c'est le dépôt de la première demande qui établit la date de priorité pour la famille de demandes de brevet susceptibles d'être déposées à l'étranger par la suite pour une même invention, le client souhaite généralement que la demande soit déposée aussi tôt que possible.

Nous avons déjà indiqué plus haut que les conditions précises de dépôt des demandes de brevet peuvent varier d'une juridiction à l'autre et que le rédacteur de brevets doit avoir une connaissance approfondie des exigences propres à la juridiction dont il relève. Ces informations sont souvent disponibles en ligne[34] et auprès d'autres sources publiques.

2. Dépôt à l'étranger

Après avoir demandé à son client quels sont les pays dans lesquels il souhaite déposer une demande de brevet, le rédacteur de brevets doit examiner les conditions de dépôt propres aux juridictions intéressant le client, puis présenter à celui-ci une estimation des coûts. Il peut par exemple déterminer si les pays concernés sont parties à la Convention de Paris ou membres de l'Organisation mondiale du commerce (OMC).

La Convention de Paris est un traité international qui accorde, parmi d'autres avantages, un droit de priorité entre les demandes de brevet. Elle permet au déposant d'un État contractant de bénéficier d'un droit de priorité en tenant compte de son premier dépôt dans l'un de ces États, dès lors qu'une demande concernant la même invention est ensuite déposée dans les 12 mois à compter de la date du premier dépôt. Le *droit de priorité* signifie qu'aucune demande ultérieure ne sera rejetée au motif qu'un acte est intervenu entre la date de priorité et la date de dépôt de cette demande ultérieure. Si par exemple une demande de brevet est déposée pour une même invention au Japon moins de 12 mois après que la demande initiale a été déposée au Canada, la demande déposée au Japon ne sera pas rejetée en raison de la publication de cette invention dans un journal officiel pendant ce délai de 12 mois. C'est pourquoi, en vertu de la Convention de Paris, la date de dépôt de la première demande concernant cette invention est appelée *date de priorité*. Un exemplaire certifié de la demande initiale peut d'ailleurs être exigé dans chacun des pays dans lesquels la priorité est revendiquée afin d'attester de ce droit.

En vertu de l'Accord sur les aspects des droits de propriété intellectuelle qui touchent au commerce (Accord sur les ADPIC), les déposants peuvent aussi bénéficier du droit de priorité s'ils sont ressortissants d'un pays membre de l'OMC qui est partie à la Convention de Paris.

Le droit de priorité découlant de la Convention de Paris peut être revendiqué non seulement au sein des Parties contractantes et des membres de l'OMC, mais également par les déposants qui présentent ultérieurement une demande internationale au titre du Traité de coopération en matière de brevets (PCT). Ce traité est un accord spécial relevant de l'article 19 de la Convention de Paris; nous l'examinerons plus en détail dans la section 4.3 du présent module.

L'astuce du professionnel

> Veillez à vérifier toutes les dates auxquelles les demandes doivent avoir été déposées à l'étranger, et informez votre client de ces dates longtemps à l'avance afin qu'il ait le temps de prendre des décisions.

Exemple

> Un rédacteur de brevets situé dans un pays A dépose une demande de brevet le 8 mars 2020. Le pays A est partie à la Convention de Paris. Le client souhaite déposer des demandes équivalentes dans les pays B, C et D. Comme ces pays sont aussi parties à la Convention de Paris, le rédacteur de brevets dispose d'un délai jusqu'au 8 mars 2021 pour déposer des demandes équivalentes dans les trois autres pays car ces autres demandes bénéficient du droit de priorité.
>
> L'inventeur divulgue l'invention au public pour la première fois deux semaines après le dépôt de la demande dans le pays A, soit le 22 mars 2020. Grâce à la Convention de Paris, les demandes déposées dans les pays B, C et D conservent le 8 mars 2020 comme date de priorité. Dès lors, la divulgation au public ne compromet pas la brevetabilité des demandes équivalentes déposées dans les pays B, C et D.

Toutefois, si un inventeur devait divulguer son invention au public *avant* la date de dépôt de la première demande (c'est-à-dire la date de priorité), le droit de priorité prévu par la Convention de Paris ne s'appliquerait pas à la question de la brevetabilité. Pour reprendre notre exemple, si l'inventeur divulgue tous les aspects de son invention au public deux semaines avant de déposer la demande de brevet dans le pays A (soit le 17 février 2020), cette divulgation peut compromettre la brevetabilité des demandes déposées dans les pays A, B, C et D. La question relèvera alors du droit des brevets interne de chaque pays, et dans ce cas particulier, des dispositions relatives aux délais de grâce (voir la section 2.1 du module II).

Dans les juridictions qui ne sont ni parties à la Convention de Paris ni membres de l'OMC, le rédacteur de brevets doit, avant de déposer la première demande (à l'échelle nationale), déterminer les conditions précises régissant le dépôt des demandes, ces conditions pouvant varier considérablement. Cependant, compte tenu du fait qu'à la date du 8 août 2020, la Convention de Paris comptait 177 états contractants, cette situation sera sans doute peu fréquente.

Il arrive souvent qu'un client ne sache pas vraiment, à la date du premier dépôt, s'il souhaite demander aussi un brevet à l'étranger, et dans quels pays. En faisant appel à sa perspicacité, le rédacteur de brevets peut conseiller son client de manière judicieuse en lui expliquant les avantages de la priorité découlant de la Convention de Paris, les risques auxquels le client s'expose s'il demande un brevet dans un ou plusieurs pays non signataires de cette convention ou non membres de l'OMC, et les avantages de déposer une demande PCT dans les 12 mois du délai de priorité prévu par la Convention de Paris.

Il est peu probable qu'un rédacteur de brevets soit autorisé à représenter son client directement auprès d'un office des brevets étranger; il faudra sans doute trouver un conseil en brevets dûment autorisé à agir dans la juridiction concerné. Il existe au moins deux modèles de collaboration entre les rédacteurs de brevets et les conseils en brevets ou les agents de brevets étrangers :

- dans le modèle *passif*, le conseil en brevets ou l'agent de brevets étranger adresse une correspondance officielle et fournit des informations sur les règles locales, mais il participe peu à l'affaire sur le fond. Le rédacteur de brevets qui a déposé la demande initiale établissant la priorité prend toutes les décisions importantes;
- dans le modèle *actif*, le conseil en brevets ou l'agent de brevets étranger rédige des propositions de réponse aux lettres officielles et les soumet à l'approbation du rédacteur de brevets.

Le rédacteur de brevets peut employer différents modèles selon la juridiction, par exemple le modèle actif dans certaines juridictions et le modèle passif dans d'autres.

L'astuce du professionnel

> Si vous pensez que vous allez être régulièrement conduit à déposer des demandes à l'étranger, vous devriez envisager d'établir des relations professionnelles permanentes avec des associés ayant qualité de conseils en brevet dans les pays concernés.

3 Procédures et taxes des offices des brevets

3.1 Procédures des offices des brevets

Une fois que la demande de brevet a été déposée, l'office des brevets la vérifie pour s'assurer que seules les demandes conformes aux conditions établies dans la législation pertinente puissent obtenir la protection d'un brevet. Les procédures variant considérablement d'un pays à l'autre, il est impossible de les présenter pas à pas de manière exhaustive. Le rédacteur de brevets doit connaître au moins la procédure de l'office des brevets de son propre pays.

En général, la procédure de l'office des brevets se déroule en trois étapes :

i) l'examen sur la forme;
ii) la recherche d'antériorité; et
iii) l'examen sur le fond.

Certains offices n'effectuent que la première étape, d'autres n'effectuent que les deux premières.

Dans chaque dossier, un examinateur de brevets engage avec le déposant (ou son représentant, qui peut être un rédacteur de brevets ou une autre personne) un dialogue qui se déroule essentiellement par écrit. Le représentant reçoit les communications de l'office des brevets, conseille le déposant sur la conduite à tenir, reçoit les instructions du déposant et répond en conséquence à l'office des brevets.

L'examen sur la forme (étape i)) permet de s'assurer que la demande répond à toutes les conditions de présentation établies par la législation; en particulier, le formulaire de demande doit être correctement rempli, les règles d'établissement de la description, des revendications, des dessins et de l'abrégé doivent être respectées, et les documents supplémentaires exigés, comme le pouvoir du représentant ou la déclaration de l'inventeur, doivent être joints. L'office des brevets offre au déposant la possibilité de rectifier toute erreur ou omission constatée pendant l'examen sur la forme; si le déposant ne le fait pas dans un délai donné, l'office rejette la demande.

Selon la procédure d'examen prévue par la législation pertinente, la recherche d'antériorité (étape ii)) doit être menée soit de manière distincte et avant l'examen sur le fond, soit dans le cadre de celui-ci. Si la recherche est menée de manière distincte, un rapport de recherche sera adressé au déposant pour lui indiquer les documents pertinents que l'office a trouvés sur l'état de la technique.

L'examen sur le fond (étape iii)) permet de vérifier que la demande répond aux critères de brevetabilité et que l'invention a été divulguée de manière suffisante, claire et exhaustive dans la demande déposée. Comme dans l'étape i), l'office des brevets offre au déposant la possibilité de réfuter toute objection formulée au cours de l'examen sur le fond (généralement en modifiant les revendications et la description); si le déposant omet de le faire dans un délai donné, l'office des brevets refuse de délivrer le brevet.

Dans de nombreux pays, les demandes de brevet sont publiées 18 mois après leur date de dépôt (ou de priorité).

Si (ou quand) la procédure d'examen aboutit à une conclusion favorable pour le déposant, l'office des brevets délivre le brevet. Les informations relatives au brevet sont inscrites au registre des brevets et publiées dans un journal officiel. Beaucoup d'offices des brevets publient désormais les demandes et les délivrances de brevet sur leur site Web. Le déposant reçoit un *certificat de délivrance de brevet*, qui est un document juridique attestant de sa titularité sur le brevet.

Certaines législations nationales et régionales prévoient des mécanismes d'opposition et d'autres mécanismes de révocation administrative et d'invalidation qui permettent à des tiers d'intervenir dans la procédure d'examen des brevets avant l'octroi de ceux-ci ou de contester un brevet délivré. Si ces mécanismes peuvent être de conception différente d'un pays à l'autre, leur objectif commun est d'offrir un moyen simple, rapide et relativement peu onéreux d'améliorer la qualité des brevets en apportant une contribution supplémentaire à la procédure de délivrance.

Certaines régions disposent d'offices des brevets régionaux qui délivrent des brevets régionaux. Il s'agit par exemple de l'Organisation régionale africaine de la propriété intellectuelle (ARIPO), de l'Organisation eurasienne des brevets (OEAB), de l'Office européen des brevets (OEB), de l'Office des brevets du Conseil de coopération des États arabes du Golfe (GCCPO) et de l'Organisation africaine de la propriété intellectuelle (OAPI).

3.2 Taxes et autres coûts

Le rédacteur de brevets doit toujours s'efforcer de fournir à son client des informations suffisantes concernant les coûts et les taxes à acquitter, de sorte que celui-ci puisse formuler une stratégie de dépôt compatible avec ses moyens financiers. Il peut aussi informer le client de la nécessité de procéder à une évaluation de ces taxes et autres coûts à un moment donné. Ainsi, il est important de dire au client que le dépôt de demandes de brevet dans cinq pays et leur maintien en vigueur pendant toute la durée de protection pourrait lui coûter autour de 150 000 euros, et il est encore plus important de lui dire que seule une partie de ce coût total doit être acquittée au cours des cinq premières années suivant le dépôt de la demande locale initiale, le solde (composé notamment de différents frais) *pouvant* être dû au cours d'une période de vingt ans.

Certaines juridictions offrent des réductions de taxes lorsque les demandes sont déposées par certaines parties, notamment des inventeurs seuls, des universités, des établissements de recherche ou de petites entreprises. Ainsi, les États-Unis d'Amérique accordent une réduction de 50% sur la plupart des taxes acquittées par les inventeurs seuls, les organismes à but non lucratif (y compris les universités) et les petites entreprises. Le rédacteur de brevets doit étudier ces possibilités et agir en conséquence dans l'intérêt de son client.

La figure 9 offre un aperçu des étapes classiques de l'examen d'un brevet du point de vue des coûts. Les taxes qui peuvent être appliquées à chaque étape sont notamment des taxes de dépôt, de publication, de demande d'examen ou de recherche, ainsi que des taxes de poursuites de procédure , de publication et de maintien en vigueur. La procédure de délivrance d'un brevet et les taxes afférentes varient toutefois entre les différents offices des brevets et en fonction des législations dont elles relèvent.

Figure 9 : Aperçu général des procédures d'octroi d'un brevet et taxes afférentes

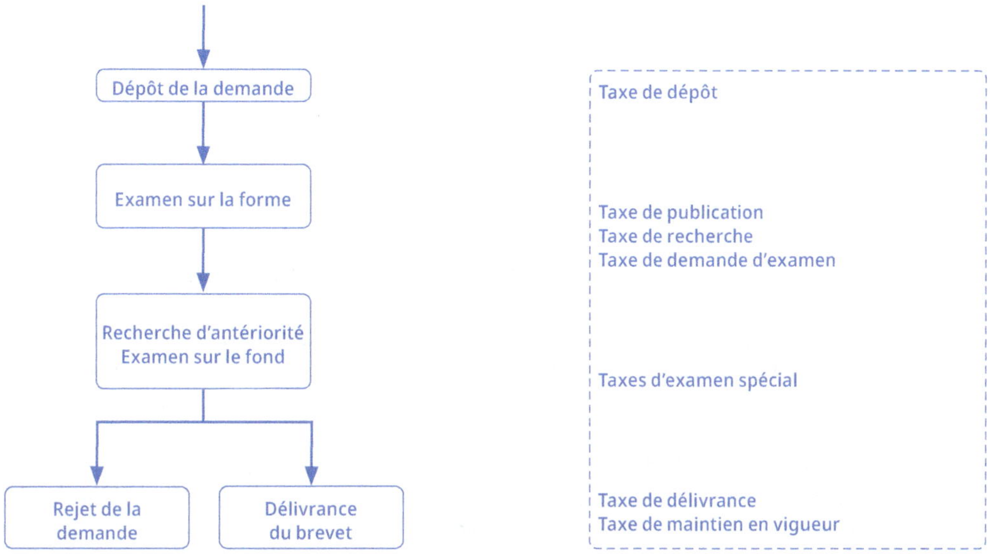

Tous les offices n'appliquent pas ces taxes, et certains peuvent appliquer d'autres types de taxes. Chaque taxe peut s'accompagner de frais connexes liés à des services professionnels (par exemple des honoraires de spécialistes); en règle générale, les frais liés aux services professionnels sont supérieurs aux taxes de dépôt appliquées par les pouvoirs publics. Certaines taxes, notamment les taxes de demande d'examen, ne sont pas appliquées dans tous les juridictions car tous les offices ne disposent pas d'un système de "demande d'examen". Dans beaucoup de juridictions, des taxes officielles particulières sont prélevées au titre de procédures spéciales intervenant dans le cadre de l'examen d'une demande. Ainsi, certains offices offrent un traitement plus rapide de la demande moyennant le versement d'une taxe; d'autres acceptent de prolonger des délais à certaines conditions, en particulier contre le versement d'une taxe supplémentaire. Des taxes professionnelles d'un montant élevé peuvent être appliquées pendant l'étape de l'examen sur le fond, car c'est à cette étape que le rédacteur de brevets effectue certaines tâches comme l'examen de l'état de la technique cité par l'examinateur de brevets et la modification des revendications permettant de réfuter l'objection. La plupart des juridictions appliquent une taxe de délivrance pour que le brevet entre en vigueur, ainsi qu'une forme quelconque de taxe de maintien en vigueur.

Si le client souhaite déposer des demandes de brevet auprès de plusieurs offices nationaux et régionaux, le montant total des taxes officielles et des frais de services professionnels peut devenir très élevé. Pour déposer une demande de brevet auprès d'un office situé à l'étranger, le client devra peut-être faire traduire sa demande locale dans une langue agréée par cet office. Le délai nécessaire pour obtenir cette traduction peut varier d'un pays à l'autre et la traduction professionnelle d'un document juridique ou technique complexe (comme c'est le cas d'une demande de brevet) peut être très coûteuse. Si le client entend déposer des demandes équivalentes dans cinq pays supplémentaires et qu'aucun de ces pays n'accepte de langue déjà employée (y compris celle de la demande initiale), le client devra faire traduire sa demande dans cinq langues supplémentaires, ce qui représente un coût notable.

De même, la traduction d'une demande de brevet régional peut être exigée au sein du système de brevets régional lui-même. L'OEB, par exemple, accepte des demandes en anglais, en français ou en allemand et autorise l'examen de ces applications dans l'une de ces trois langues. Cependant, une fois qu'il a approuvé la délivrance du brevet, il exige que le déposant choisisse les pays membres de l'OEB dans lesquels il souhaite valider le brevet européen; le déposant devra alors payer une taxe de validation à chacun des offices de ces pays. Cette procédure peut nécessiter la traduction de la demande dans une langue différente de la langue de rédaction.

Exemple

> Une demande rédigée en anglais a été déposée auprès de l'OEB. Le déposant a désigné quatre pays dans sa demande, à savoir l'Espagne, l'Italie, l'Autriche et le Portugal.

Une fois que l'OEB a achevé son examen et délivré le brevet, le déposant doit acquitter la taxe de validation auprès de l'office des brevets de chacun de ces pays et fournir une traduction en espagnol, italien, allemand et portugais de la demande écrite en anglais.

Si les taxes de validation et les coûts de traduction varient d'un pays à l'autre, les coûts totaux de la protection pendant toute sa durée de validité dans quatre pays européens peuvent être évalués à plus de 200 000 euros.

Si le déposant souhaite demander un brevet dans plusieurs pays, le dépôt de brevet selon le PCT peut être une bonne solution du point de vue des coûts. Une demande selon le PCT peut être déposée dans toute langue acceptée par l'office récepteur. Néanmoins, il peut être nécessaire de faire traduire la demande déposée selon le PCT si celle-ci est écrite dans une langue autre que l'allemand, l'anglais, l'arabe, le chinois, le coréen, l'espagnol, le français, le japonais, le portugais ou le russe. Le PCT reste cependant un mécanisme efficace pour reporter les principaux coûts afférents à l'examen d'un brevet dans les pays étrangers précités.

Comme les coûts d'obtention d'un brevet dans des pays étrangers peuvent être considérables, le déposant (le client) devra régulièrement prendre des décisions commerciales pendant toute la durée de la procédure de demande dans ces pays. Le rédacteur de brevets doit donc le conseiller judicieusement quant au coût de la protection dans le monde entier et lui suggérer de limiter ses frais en ne déposant de demandes que dans les pays où la protection du brevet est essentielle à son activité. En d'autres termes, il est important de se doter d'une stratégie pour prendre cette décision (voir le module X).

L'astuce du professionnel

Outre les réductions de taxes accordées par des pays pour les demandes déposées par certaines parties, vous devez aussi informer votre client de l'existence d'instruments internationaux qui visent à réduire le coût de traduction des brevets, notamment l'Accord de Londres[35] qui annule (en grande partie ou en totalité) l'exigence de traduction des brevets européens.

4. Procédures de dépôt des demandes dans des juridictions particulières

Les procédures de dépôt d'une demande de brevet varient d'un pays à l'autre. Les informations ci-après ne sont fournies qu'à titre informatif et ne constituent pas un guide universel des mesures détaillées à prendre à cet égard. Beaucoup d'offices des brevets ont publié sur leur site Web des informations concernant leurs procédures et leurs exigences en matière de dépôt de demande, ainsi que les formulaires officiels à employer[36].

4.1 Dépôt auprès de l'Office des brevets et des marques des États-Unis d'Amérique (USPTO)

L'Office des brevets et des marques des États-Unis d'Amérique (USPTO) est l'organisme chargé de recevoir et d'examiner les demandes de brevet dans ce pays. Il décide en dernier ressort si un brevet doit être délivré ou refusé. La rédaction d'une demande de brevet et des documents qui l'accompagnent peut être une tâche difficile dans cette juridiction; il est souhaitable que le rédacteur de brevets étudie les formalités prescrites par l'USPTO avant d'entreprendre de déposer un brevet auprès de cet office.

Aux États-Unis d'Amérique, une demande de brevet non provisoire doit comprendre des revendications, un abrégé, une description, un serment ou une déclaration et dans la plupart des cas des dessins. Une demande de brevet d'utilité *non provisoire* est une demande comprenant des revendications, tandis qu'une demande *provisoire* ne contient pas nécessairement de revendications et sert surtout à établir une date de priorité. Toute demande de brevet doit être rédigée en anglais ou être accompagnée d'une traduction en anglais et d'une attestation de l'exactitude de la traduction.

Toute demande de brevet doit être accompagnée d'un *formulaire de transmission de demande de brevet d'utilité* (ou d'une *lettre de transmission*). Ce formulaire ou cette lettre ont pour but d'informer l'USPTO du type de document déposé (par exemple une description, des revendications, des dessins, une déclaration simple ou une déclaration de divulgation d'informations). Ils indiquent aussi le nom du déposant, le type de demande, le titre de l'invention, le contenu de la demande et, le cas échéant, la nature des pièces jointes.

Un *formulaire de transmission de taxe* peut aussi être utilisé pour calculer le montant de la taxe de dépôt prescrite et indiquer si le règlement est effectué par chèque, carte de crédit ou paiement électronique. Le montant de la taxe de dépôt dépend du nombre et du type de revendications et de la présence éventuelle d'une déclaration écrite du client revendiquant la qualité de petite entité, par exemple s'il est un inventeur seul, ce statut permettant de réduire de moitié les taxes officielles .

Les taxes de dépôt, de recherche et d'examen accompagnant une demande de brevet doivent être acquittées simultanément au moment du dépôt de la demande. Si une demande est déposée sans règlement des taxes afférentes, le déposant reçoit une notification l'invitant à en effectuer le règlement dans un délai donné. Si la taxe de dépôt de base n'a pas été acquittée au moment du dépôt de la demande, une surtaxe pour paiement tardif est appliquée.

Une *fiche des données relatives à la demande* rassemble des informations bibliographiques sur le déposant, la correspondance échangée, la demande, le mandataire, la priorité nationale, la priorité étrangère et les cessions.

La demande de brevet doit être accompagnée d'une déclaration sous serment ou d'une déclaration signée par le ou les inventeurs dans laquelle ceux-ci affirment qu'ils estiment être les inventeurs originaux de l'objet de la demande de brevet. Cette déclaration doit être rédigée dans une langue que l'inventeur comprend. Si elle est établie dans une langue autre que l'anglais, une traduction en anglais et une attestation de l'exactitude de la traduction sont exigées.

4.2 Dépôt auprès de l'Office européen des brevets (OEB)

La Convention sur le brevet européen (CBE) a institué l'Office européen des brevets (OEB). Elle régit la délivrance des brevets européens dans le cadre d'une procédure simple et harmonisée auprès de l'OEB, c'est-à-dire que celui-ci centralise l'examen des demandes de brevet déposées en vertu de la CBE. Lorsqu'une demande de brevet répond aux conditions établies par la CBE, qui prévoient notamment l'emploi de formulaires particuliers, le paiement de taxes et la présentation de différents documents, ainsi que (le cas échéant) de leur traduction, l'OEB délivre un brevet européen valable dans chacun des États contractants désignés par le déposant. Toutefois, l'octroi d'un brevet européen ne signifie pas automatiquement que l'invention est protégée par un brevet dans les États contractants désignés, et tous les États contractants conservent la responsabilité d'accepter ou de rejeter la demande de brevet nationale qui leur a été directement adressée.

Comme les demandes déposées auprès de l'OEB sont régionales, elles doivent indiquer d'une manière quelconque les États contractants dans lesquels le déposant souhaite bénéficier de la protection d'un brevet. Le déposant peut désigner un seul État ou plusieurs d'entre eux, voire la totalité. Depuis avril 2009, l'OEB a établi une taxe de désignation unique, quel que soit le nombre de pays désignés; dès lors, un rédacteur de brevets peut désigner tous les États afin que le déposant puisse ensuite choisir les pays qui l'intéressent une fois que le brevet européen lui a été délivré.

Une fois la demande parvenue au terme de la procédure d'examen de l'OEB et le brevet délivré, le déposant doit valider le brevet européen auprès de chaque État contractant dans lequel il souhaite obtenir la protection. La procédure de validation nécessite en général le paiement de taxes supplémentaires ainsi que la présentation de certains documents et la traduction du brevet (le cas échéant) dans un certain délai à compter de la date d'acceptation du brevet européen.

La publication du brevet européen déclenche par ailleurs le délai imparti pour former une opposition.

4.3 Dépôt selon le Traité de coopération en matière de brevets (PCT)

Procédures générales

Le PCT est un traité multilatéral administré par l'Organisation Mondiale de la Propriété Intellectuelle (OMPI), dont le siège se trouve à Genève, en Suisse. Au 15 janvier 2020, il comptait 153 États contractants.

Le PCT permet à tout déposant de présenter une demande "internationale" de brevet unique en vue d'obtenir la protection dans certains États contractants ou dans l'ensemble de ces États. Cette demande a le même effet que le dépôt classique d'une demande de brevet "nationale" dans chaque État désigné. L'expression *"État désigné"* s'entend d'un pays membre du PCT au moment du dépôt. La durée de la protection d'un brevet délivré selon le PCT est de 20 ans à compter de la date de dépôt international (ou de la date de priorité).

Il est important de comprendre que l'OMPI ne délivre pas de "brevet PCT" ou de "brevet international" conférant la protection dans tous les États contractants; chaque office national ou régional peut accepter ou rejeter le brevet en application de sa propre législation en la matière. Le déposant doit donc tout de même déposer une demande de brevet internationale dans chaque pays ou région dans lequel il souhaite obtenir une protection et acquitter les taxes nationales ou régionales correspondantes.

La procédure selon le PCT comporte deux phases principales : la phase internationale et la phase nationale[37].

La *phase internationale* comporte les étapes suivantes :

i) **Le dépôt de la demande internationale.** Le déposant commence souvent par présenter sa première demande auprès d'un office des brevets national avant de déposer des demandes internationales selon le PCT, et il revendique la priorité en se fondant sur sa première demande. En principe, une demande déposée selon le PCT désigne tous les États contractants qui sont partie au Traité à la date de dépôt international.
ii) **La recherche internationale.** La recherche internationale est effectuée par l'une des *administrations chargées de la recherche internationale* selon le PCT[38] compétentes en la matière, et elle aboutit à un *rapport de recherche internationale*, c'est-à-dire une liste de documents publiés susceptibles d'avoir une incidence sur la brevetabilité de l'invention revendiquée dans la demande internationale ou d'être pertinents à son égard. En outre, une opinion écrite préliminaire sans engagement est aussi établie pour indiquer si l'invention semble répondre aux critères de brevetabilité, compte tenu des résultats du rapport de recherche. Le rapport de recherche internationale et l'opinion écrite sont communiqués au déposant qui, après en avoir évalué le contenu, peut décider de retirer la demande, en particulier si le contenu du rapport et de l'opinion rend improbable la délivrance du brevet. Le déposant peut aussi décider de modifier les revendications figurant dans la demande.
iii) **Publication de la demande selon le PCT, du rapport de recherche internationale et de l'opinion écrite.** Si la demande internationale n'est pas retirée dans les 18 mois à compter de la date de dépôt (ou de priorité), elle est publiée par le Bureau international avec le rapport de recherche internationale. L'opinion écrite est également publiée au même moment.
iv) [Facultatif] **Demande de recherche internationale supplémentaire.** Outre la recherche internationale (appelée "recherche internationale principale"), le déposant peut demander à une administration chargée de la recherche internationale supplémentaire (c'est-à-dire une administration qui est chargée de la recherche internationale et qui accepte de fournir ce service) d'effectuer une recherche supplémentaire sur l'état de la technique pertinent, en concentrant par exemple ses efforts sur des documents écrits dans la langue de travail de cette administration. Cette demande doit être présentée dans un délai de 22 mois à compter de la date de priorité. Elle vise à réduire le risque que des techniques antérieures soient signalées par la suite, au cours de la phase nationale, et compromettent la délivrance du brevet.
v) [Facultatif] **Demande d'examen préliminaire international.** Si le déposant souhaite modifier la demande internationale, par exemple pour différencier sa demande de l'état de la

technique signalé dans le rapport de recherche et tenir compte des conclusions de l'opinion écrite, ainsi que pour obtenir une autre opinion sur la brevetabilité potentielle de l'invention revendiquée telle que modifiée, il peut demander, à titre facultatif, un examen préliminaire international. Celui-ci débouche sur un *rapport d'examen préliminaire international* concernant la brevetabilité (chapitre I[39]) établi par l'une des *administrations compétentes en matière d'examen préliminaire international* selon le PCT[40]. Ce rapport fournit au déposant des éléments encore plus solides pour déterminer ses chances d'obtenir un brevet, et s'il est favorable, il sert de point de départ pour déposer la demande de brevet auprès d'offices nationaux et régionaux. Si aucun examen préliminaire international n'a été demandé, le Bureau international rédige un rapport préliminaire international sur la brevetabilité (chapitre I[41]) en se fondant sur l'opinion écrite de l'administration chargée de la recherche internationale, et il communique ce rapport aux offices désignés.

Figure 10 : Aperçu du système de Traité de coopération en matière de brevets (PCT)

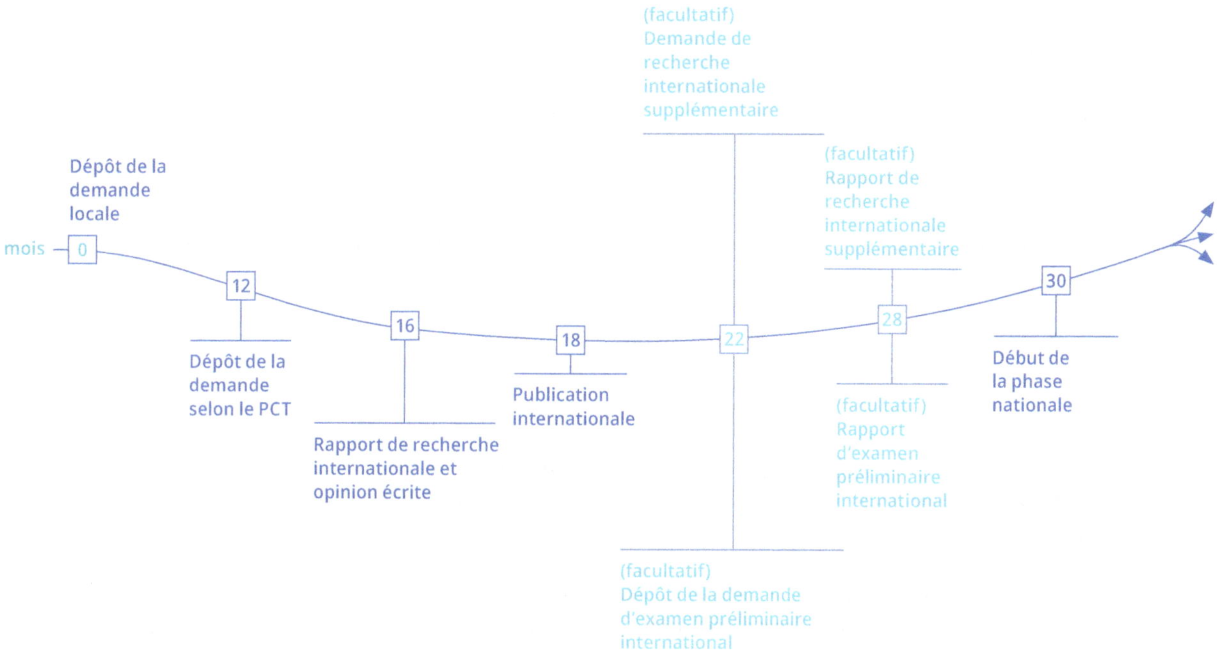

Une fois la phase internationale achevée, le déposant doit décider s'il souhaite demander la protection du brevet auprès d'offices nationaux ou régionaux particuliers. Dans l'affirmative, il doit choisir les offices désignés qui poursuivront le traitement de la demande internationale avant l'expiration du délai imparti, qui est généralement de 30 mois à compter de la date de dépôt (ou de priorité). Cette poursuite de la procédure, appelée *phase nationale*, est soumise à certaines conditions, notamment le paiement de taxes nationales et, le cas échéant, la traduction de la demande (telle que déposée ou modifiée).

Si le déposant ne respecte pas ces conditions avant l'expiration du délai imparti par le pays concerné, la demande internationale perd son effet national. En d'autres termes, la procédure s'achève dans les États contractants dans lesquels la demande internationale n'a pas atteint la phase nationale.

Dépôt d'une demande internationale selon le PCT

Une demande selon le PCT doit contenir les éléments suivants : une requête, une description de l'invention, une ou plusieurs revendications, un ou plusieurs dessins s'ils sont nécessaires à la compréhension de l'invention, et un abrégé. Le formulaire de requête est disponible dans toutes les langues de publication du PCT (c'est-à-dire l'allemand, l'anglais, l'arabe, le chinois, le coréen, l'espagnol, le français, le japonais, le portugais et le russe) et peut être téléchargé gratuitement depuis le site Web du PCT[42]. Il est également possible d'employer un système de dépôt en ligne appelé ePCT.

Tout ressortissant ou résident de l'un des États contractants du PCT peut déposer une demande de brevet internationale. Lorsqu'il y a plusieurs déposants, au moins l'un d'entre eux doit être ressortissant ou résident d'un État contractant[43]. En principe, les demandes internationales de brevet peuvent être déposées auprès de l'office national du déposant ou du Bureau international de l'OMPI à Genève. Dans la plupart des cas, l'office national agit en qualité d'*office récepteur du PCT*. Si le déposant est ressortissant ou résident d'un pays membre d'une organisation régionale des brevets (ARIPO, OEAB, OEB, Office des brevets du CCG ou OAPI), il peut aussi déposer la demande de brevet internationale auprès de l'office des brevets régional concerné, pour autant que la législation nationale applicable le permette. Toutefois, certaines dispositions concernant la sécurité nationale peuvent obliger le déposant à déposer une demande de brevet nationale ou à demander l'autorisation de son office national des brevets avant de déposer sa demande à l'étranger.

En règle générale, une demande internationale de brevet peut être déposée dans toute langue acceptée par l'office récepteur. Au moins l'une de ces langues doit aussi être acceptée par l'administration chargée de la recherche internationale et être une langue de publication du PCT; si tel n'est pas le cas, le déposant doit fournir une traduction de la demande.

Lorsqu'il demande la protection d'un brevet selon le PCT, le déposant peut avoir à payer trois types de taxes au cours de la phase internationale. Le premier jeu de taxes comprend les éléments suivants :

i) une taxe de transmission payable à l'office récepteur du PCT au titre du traitement de la demande internationale;
ii) une taxe de recherche payable à l'administration chargée de la recherche internationale au titre de cette dernière; et
iii) une taxe de dépôt international payable à l'OMPI au titre de différentes tâches, notamment le traitement et la publication de la demande internationale et la transmission des documents aux offices nationaux.

Ces taxes sont toutes perçues par l'office récepteur du PCT, tandis que l'OMPI perçoit les taxes liées à une éventuelle recherche internationale supplémentaire. Si le déposant choisit de faire effectuer un examen préliminaire international, la taxe afférente doit être payée à l'administration chargée de cet examen.

Il existe un autre jeu de taxes qui comprend notamment les taxes à payer aux États contractants au cours de la phase nationale. En général, ces taxes constituent la partie la plus onéreuse du traitement d'une demande selon le PCT car elles comprennent les taxes afférentes à la traduction, les taxes officielles et le paiement des services des rédacteurs de brevets ou des conseils en brevets locaux. Ces taxes sont perçues directement par les offices concernés au moment d'engager la phase nationale, des taxes supplémentaires pouvant être appliquées au cours du traitement de la demande. Comme les taxes nationales varient d'un État à l'autre, il est utile que le rédacteur de brevets consulte les chapitres nationaux pertinents du Guide du déposant du PCT pour connaître les montants exacts[44]. Les taxes nationales doivent être réglées dans les devises et les délais indiqués dans ce guide. Si des taxes annuelles ou de renouvellement sont dues au titre du brevet international au moment de l'ouverture de la phase nationale, le déposant doit les payer avant l'expiration du délai imparti. Il doit aussi examiner, au moment de la demande et régulièrement par la suite, l'incidence immédiate et ultérieure du nombre de revendications sur le montant des taxes qu'il aura à acquitter au titre des annuités, des taxes d'examen, etc. Il peut décider de retirer certaines revendications afin de ne pas (continuer de) payer un prix élevé pour protéger des revendications étendues n'ayant qu'une valeur stratégique limitée.

Le PCT accorde des réductions spéciales de taxes à certains déposants pendant la phase internationale. Une réduction de 90% sur certaines taxes, notamment la taxe de dépôt international, est accordée aux personnes physiques de certains pays qui déposent une demande en leur nom propre. La même réduction est accordée aux personnes physiques ou morales ressortissantes ou résidentes d'un État classé dans les pays les moins avancés par l'ONU. Si la demande est présentée par plusieurs déposants, chacun d'eux doit répondre à ces critères. Certaines administrations chargées de la recherche internationale accordent une réduction de la taxe afférente à cette recherche si le ou tous les déposants sont ressortissants ou résidents de certains pays. Au cours de la phase nationale, un certain nombre d'offices définis peuvent accorder des exemptions, des réductions ou des remboursements de taxes nationales à des personnes physiques, des universités, des établissements de recherche à but non lucratif et de petites ou moyennes entreprises. Le Guide du déposant du PCT contient des informations sur les réductions de taxes accordées par les administrations chargées de la recherche internationale au début de la phase nationale. Par ailleurs, des réductions des taxes du PCT sont accordées à tous les déposants qui emploient le système de dépôt électronique en fonction du type de dépôt et du format de la demande présentée.

Avantages du PCT

Le dépôt d'une demande selon le PCT présente comme principal avantage d'accorder plus de temps au déposant, après le dépôt initial, pour décider s'il souhaite présenter aussi une demande dans d'autres pays. En vertu de la Convention de Paris, le déposant dispose généralement de 12 mois à compter de la date de dépôt de la demande initiale pour choisir les autres pays parties à la Convention dans lesquels il entend demander la protection de son invention; selon le PCT, le déposant dispose d'au moins 30 mois (et peut choisir beaucoup d'autres pays) à compter de la date de dépôt initiale pour commencer à déposer sa demande ailleurs, ce qui représente un gain concret de 18 mois pendant lesquels le déposant peut examiner la brevetabilité et les perspectives commerciales de son invention en dehors du pays du dépôt initial. Le PCT permet aussi, dans la pratique, de décaler les coûts de l'internationalisation d'une demande de brevet qui, comme nous l'avons souligné, peuvent être considérables.

Outre le gain de temps, le système du PCT offre une valeur ajoutée en fournissant des informations qui permettent aux déposants de prendre les meilleures décisions en matière de protection par le brevet. Le rapport de recherche internationale et l'opinion écrite de l'administration chargée de la recherche internationale leur permettent de faire une analyse réaliste et de grande qualité de la brevetabilité potentielle de leur invention.

Déposer une demande de brevet selon le PCT offre par ailleurs un autre avantage en permettant aux déposants d'améliorer leur demande au cours de la phase internationale, par exemple en corrigeant des défauts de forme avant de s'adresser à l'office récepteur, en modifiant les revendications après réception du rapport de recherche internationale ou en modifiant l'ensemble de la demande pendant la procédure d'examen préliminaire international. Les déposants peuvent en outre demander des modifications des données bibliographiques figurant dans la demande internationale. Toutes ces rectifications permettent aux déposants de présenter des demandes plus robustes dans la phase nationale entamée auprès des États désignés. De plus, le PCT a mis en place tout un éventail de mesures de garantie pour éviter aux déposants de perdre des droits importants en raison d'erreurs de procédure.

L'astuce du professionnel

Vous trouverez des informations complètes sur le dépôt d'une demande selon le PCT, y compris les procédures, les délais et les taxes appliqués par le PCT, sur le site Web suivant : www.wipo.int/pct. Le Guide du déposant du PCT, en particulier, est un document actualisé chaque semaine qui contient des informations exhaustives sur les phases internationale et nationale des procédures du PCT. Vous pouvez aussi vous abonner au Bulletin d'information mensuel du PCT pour vous tenir informé.

Mots-clés

- Pouvoir
- Déclaration de qualité d'inventeur
- Cession
- Droit de priorité au titre de la Convention de Paris
- Date de priorité
- Examen sur la forme
- Examen sur le fond
- Taxes
- Offices des brevets régionaux
- Traité de coopération en matière de brevets (PCT)
- Phase internationale
- Recherche internationale
- Publication internationale
- Examen préliminaire international
- Phase nationale

Testez vos connaissances

- ☐ Qu'est-ce qu'une déclaration de qualité d'inventeur?
- ☐ Un document de cession est un contrat entre l'inventeur et une autre partie indiquant que les droits de l'inventeur ont été transférés à cette autre partie. Vrai ou faux?
- ☐ Lorsqu'une demande ultérieure est déposée, à quelles conditions faut-il répondre pour pouvoir revendiquer la priorité de la demande antérieure?
- ☐ La date de priorité a-t-elle un effet, et dans l'affirmative, lequel?
- ☐ L'Office européen des brevets fonctionne comme un office d'examen commun, chaque État contractant conservant la responsabilité de décider en dernier ressort de la délivrance d'un brevet. Vrai ou faux?
- ☐ Expliquez la différence entre une demande de brevet d'utilité non provisoire et une demande de brevet d'utilité provisoire aux États-Unis d'Amérique.
- ☐ Quels sont les avantages de déposer une demande de brevet selon le PCT?
- ☐ Si un brevet est octroyé selon le PCT, l'OMPI délivre un brevet PCT valable dans tous les États contractants. Vrai ou faux?
- ☐ Si le déposant d'un brevet utilise le système du PCT, sa demande a-t-elle encore besoin d'être instruite dans chacun des pays où il veut protéger son invention? Si tel est le cas, pourquoi? Sinon, pourquoi?
- ☐ Qu'est-ce qu'un office récepteur dans le système du PCT?

Module IX Traitement des demandes de brevet

Outre l'établissement et le dépôt d'une demande de brevet de haute qualité, le rédacteur de brevets qui dépose une demande dans un pays exigeant un examen sur le fond doit aussi être en mesure de défendre l'invention de son client d'une manière compétente et convaincante auprès de l'office qui examine la demande[45]. Ce processus d'examen est appelé *traitement de la demande.* Si après avoir étudié une demande, un examinateur de brevets adresse une lettre officielle de refus, le rédacteur de brevets doit rédiger une réponse respectueuse aux objections et aux rejets exprimés dans la lettre. Il doit expliquer dans sa réponse les différences entre l'invention et l'état de la technique cité par l'examinateur, et il doit démontrer la brevetabilité de l'invention revendiquée.

Le délai écoulé entre le dépôt d'une demande de brevet et la réception de la première lettre officielle varie considérablement entre les différents offices des brevets et les différentes demandes. Pour la plupart des demandes et dans la majorité des offices, on observe généralement une période d'inactivité relativement longue après que toutes les formalités nécessaires au dépôt ont été remplies. Beaucoup d'offices des brevets ont accumulé du retard dans le traitement des demandes en attente, le délai d'attente étant variable; néanmoins, toute demande finit par être traitée.

Dans certains pays, le déposant doit présenter une nouvelle demande d'examen à un office des brevets après un certain délai à compter de la date de dépôt (généralement entre trois et cinq ans). Ce délai est important car si la demande n'est pas déposée à temps, elle sera réputée avoir été retirée.

Le cas échéant, le rédacteur de brevets peut demander un examen accéléré pour obtenir la lettre officielle dans un délai bien plus court que la normale, pour autant que l'office des brevets concerné offre ce service. Il existe aussi un programme appelé *Patent Prosecution Highway* (PPH, procédure d'examen accélérée) qui permet de faire en sorte que la demande soit examinée plus rapidement[46].

Au cours de l'examen de la demande sur le fond, l'examinateur de brevets compare l'état de la technique cité par le déposant ainsi que les résultats de ses propres recherches en la matière aux revendications figurant dans la demande. La plupart des offices de brevets regroupent les examinateurs par domaine technique. Les examinateurs de ces groupes analysent un très grand nombre de demandes de brevet concernant des inventions qui portent sur des domaines techniques très proches; ils tendent ainsi à être très bien informés de l'état de la technique dans leur domaine de compétence. Certains offices des brevets mettent même à disposition de leurs examinateurs des recueils de documents concernant spécifiquement l'état de la technique dans leur domaine de spécialisation technique. Bien entendu, les examinateurs de brevets ont en général poursuivi eux-mêmes des études en science, en technologie ou en ingénierie dans le domaine des brevets qu'ils analysent. Beaucoup d'examinateurs détiennent des diplômes de troisième cycle et certains d'entre eux ont même suivi une formation juridique.

L'état de la technique cité par un examinateur n'est pas nécessairement la divulgation la plus ancienne ou la meilleure, ni même la plus originale. L'examinateur n'est pas tenu de trouver les connaissances les plus anciennes dans un domaine technique donné; il lui suffit de trouver une technique antérieure qui divulgue l'invention revendiquée par le déposant et qui a été publiée avant la date de dépôt (ou de priorité) de la demande de brevet. Il n'est pas rare qu'un examinateur trouve une antériorité qui lui semble très utile et qu'il oppose fréquemment aux demandes de brevet qu'il traite.

La plupart des éléments pertinents de l'état de la technique cités par les examinateurs sont des brevets antérieurs ou des demandes publiées, mais les examinateurs peuvent également citer des articles techniques, des livres, des traités, etc.

1. Répondre à une lettre officielle

Après avoir étudié une demande de brevet, si un examinateur conclut que l'invention revendiquée répond aux critères de brevetabilité, que l'invention est suffisamment divulguée dans la demande en instance et que celle-ci répond à toutes les conditions prévues par la législation, il délivre le brevet. Dans le cas contraire, il adresse une *lettre officielle*, également appelée *communication officielle* ou *rapport d'examen*.

Une lettre officielle représente la position officielle de l'État au regard de la demande de brevet en instance. Elle peut concerner pratiquement tous les aspects de la demande, depuis le titre jusqu'à la longueur de l'abrégé. Ces éléments les plus importants sont ceux qui portent sur la question fondamentale de la brevetabilité des revendications en instance. Lorsqu'il reçoit une lettre officielle, le rédacteur de brevets doit immédiatement informer son client et lui expliquer les conclusions de l'office des brevets.

L'examinateur peut par exemple estimer que la description ne fournit pas de divulgation suffisante de l'invention revendiquée pour permettre à une personne du métier de comprendre et réaliser l'invention; on parle alors de rejet pour *défaut de divulgation suffisante.* L'examinateur peut aussi juger la divulgation insuffisante à l'égard d'une caractéristique particulière mentionnée dans les revendications. Le rédacteur de brevets peut réfuter ces objections en s'appuyant sur le texte dans lequel la description divulgue l'élément considéré ou en faisant valoir que l'élément en question était suffisamment connu dans l'état de la technique pour que sa divulgation ne soit pas indispensable à la réalisation de l'invention. Le cas échéant, il peut modifier les revendications de telle sorte que l'élément en question n'y soit plus mentionné.

L'examinateur aura presque toujours procédé à une recherche sur l'état de la technique et relevé des éléments *se rapprochant* des revendications du déposant, c'est-à-dire des techniques antérieures qui relèvent de la portée des revendications selon le libellé actuel de la demande. Si l'examinateur trouve ne serait-ce qu'un seul élément de ce type, il rejette la revendication correspondante au motif qu'elle a été *anticipée* par l'état de la technique. Si l'examinateur conclut que c'est une combinaison de techniques antérieures qui divulgue l'invention revendiquée et qu'une personne du métier aurait eu des raisons de combiner les connaissances liées à ces techniques antérieures, il rejette la demande en instance en raison de son caractère évident. Le rédacteur de brevets peut réfuter cette objection par un ou plusieurs moyens :

- en faisant valoir que l'examinateur a mal compris la ou les référence(s) citée(s);
- en faisant valoir que l'examinateur a mal compris l'invention du déposant ou les revendications;
- en faisant valoir que l'absence d'activité inventive ne peut être établie en combinant les techniques antérieures citées par l'examinateur; ou
- en modifiant les revendications en instance de telle sorte que l'invention présentée ne soit pas divulguée dans l'état de la technique cité ou n'ait pas de caractère évident en raison de celle-ci.

Le rédacteur de brevets ne doit pas être un participant passif au processus d'instruction du brevet. Il constatera parfois que l'examinateur a mal compris l'invention revendiquée ou a commis une erreur d'appréciation au regard de la brevetabilité de celle-ci. Dans ce cas, il doit être prêt à conseiller à son client de réfuter la décision de l'examinateur, notamment en présentant à l'examinateur des informations et des documents supplémentaires à l'appui de la brevetabilité des revendications.

L'astuce du professionnel

L'expérience vous enseignera à quel moment il faut accepter une décision de l'examinateur et quand il convient de la contester pour offrir une meilleure protection à votre client. Cette remarque est valable pour toutes les demandes de brevet et toutes les juridictions du monde, tout comme le fait que vous devez être capable de juger si vos confrères étrangers font suffisamment d'efforts pour protéger votre client ou s'ils se contentent de vous proposer une démarche (facultative) parce qu'elle est efficace sur le plan administratif.

2. Rédiger les réponses

Les informations envoyées en retour par le rédacteur de brevets à une lettre officielle sont appelées la *réponse*. Dans cette réponse, le rédacteur de brevets doit toujours fournir des explications complètes pour chacun des commentaires de l'office concernant la demande. Si le rédacteur de brevets ne réfute pas chaque objection de l'examinateur et n'offre pas de solution à chaque problème soulevé, sa réponse sera sans doute jugée *insatisfaisante* et l'examinateur rejettera la demande. Le rédacteur de brevets doit toujours s'efforcer de fournir une réponse exhaustive à une lettre officielle, faute de quoi celle-ci risque de compromettre gravement les droits du client.

La plupart des offices des brevets dans le monde fixent des délais pour déposer la réponse à une lettre officielle. Dans certains pays, le déposant dispose d'un certain nombre de mois pour répondre à une lettre officielle sans avoir à verser de taxe et peut disposer de quelques mois supplémentaires en acquittant une taxe de prorogation. Aux États-Unis d'Amérique, par exemple, le déposant dispose généralement de trois mois pour répondre à une lettre officielle classique dans le premier cas et de trois mois supplémentaires dans le second (soit six mois au total). Dans d'autres pays, le déposant peut n'être autorisé à proroger le délai de réponse à une lettre officielle que dans certaines circonstances restreintes.

Les délais impartis par les offices des brevets pour répondre à une lettre officielle variant considérablement dans le monde, le rédacteur de brevets doit impérativement connaître les exigences de chaque pays dans lequel son client a déposé une demande. Il doit aussi déterminer si le délai court à compter de la date d'expédition de la réponse ou de celle de la lettre officielle. Là encore, la situation peut varier d'un pays à l'autre.

L'examinateur de brevets doit expliquer à son client son projet de réponse à la lettre officielle. Il est possible que le client soit en mesure, s'il possède une connaissance approfondie du domaine de l'invention, de déceler les différences qui distinguent les techniques antérieures citées par l'examinateur de l'invention décrite dans la ou les demandes en instance. Par ailleurs, il est souvent nécessaire de faire des choix pour modifier une revendication. Les modifications qui ajoutent des éléments ayant un effet restrictif sur les revendications peuvent permettre de contourner les techniques antérieures citées et rendre les revendications brevetables, mais la protection ainsi obtenue pour ces revendications restreintes ne sera peut-être plus utile au client, par exemple si ses concurrents peuvent les contourner facilement. Le rédacteur de brevets doit offrir à son client la possibilité de faire lui-même ces choix, compte tenu du fait que le client est peut-être le mieux placé pour savoir quels éléments supplémentaires de la revendication sont essentiels aux besoins de son activité.

3. Modifications

3.1 Principe et exigence fondamentale

Pour répondre à une lettre officielle, le rédacteur de brevets et le déposant étudient les arguments de l'examinateur, et s'ils considèrent que ces arguments sont fondés et convaincants, ils peuvent décider de modifier les revendications, généralement en leur fixant des limites, ainsi que, parfois, la description et les dessins si le déposant juge utile de demander un brevet dont la protection aura une portée plus réduite. (On trouvera de plus amples détails sur les aspects essentiels de la modification des revendications dans la section 14 du module VI.)

En matière de modification de la demande, la plupart des juridictions ont une règle universelle qui interdit l'ajout d'un nouvel élément à protéger par le brevet, en plus de l'élément initialement divulgué à la date du dépôt de la demande (sauf pour rectifier une erreur évidente, par exemple une erreur typographique). Cette règle s'applique en principe aussi bien aux revendications qu'à la description et aux dessins.

La règle consistant à limiter les modifications de la portée de la première demande déposée vise à équilibrer les intérêts des inventeurs et des déposants et ceux des tierces parties. D'un côté, il est impossible qu'un déposant connaisse, au moment de la rédaction de la demande, la totalité des documents sur l'état de la technique que l'examinateur pourrait citer au cours de son examen, ces documents pouvant avoir été publiés n'importe où dans le monde et dans n'importe quelle langue. Il est donc raisonnable d'accorder au moins une fois au déposant la possibilité de répondre à la lettre officielle, et au besoin de modifier sa demande pour se conformer aux exigences de brevetabilité. De l'autre côté, si le déposant peut librement modifier et renouveler son invention jusqu'à ce qu'il obtienne un brevet, il pourrait obtenir un droit de brevet exclusif sur quelque chose qu'il n'avait pas encore "inventé" à la date de dépôt, et qui n'avait donc pas été divulgué dans la demande initialement déposée. Cette situation serait contraire au principe du système des brevets en vertu duquel le droit de brevet exclusif est délivré en échange de la divulgation de l'invention au public. Elle serait également contraire au principe du premier déposant selon lequel la brevetabilité est déterminée en fonction de la date de dépôt. En outre, les tiers qui se fonderaient sur la divulgation initiale à la date de dépôt se retrouveraient dans un contexte imprévisible et dans un cadre juridique incertain s'il était possible de modifier la demande ainsi de manière successive et sans limites.

C'est pourquoi il est impératif que l'invention soit entièrement divulguée avant le dépôt de la demande de brevet. Si l'examinateur conclut que les revendications étendues ne sont pas pleinement fondées sur la divulgation de l'invention figurant dans la description et les dessins, ces derniers ne peuvent être modifiés par l'ajout de "nouveaux éléments" qui n'apparaissent pas dans la divulgation initiale à la date de dépôt, par exemple de nouveaux modes de réalisation, pour justifier la portée étendue des revendications. Au moment où il établit la demande, le rédacteur de brevets ne peut savoir quels types d'objections l'examinateur pourrait soulever pendant son examen. Toutefois, il doit rédiger une demande qui divulgue l'invention de manière suffisamment détaillée et qui contienne un jeu de revendications adéquat pour favoriser d'éventuelles modifications ultérieures.

3.2 Déterminer la première divulgation et les éléments nouveaux

Les examinateurs ne formulent généralement pas d'objection lorsqu'un déposant fournit, dans le cadre des modifications, des informations supplémentaires sur l'état de la technique, ou qu'il apporte des explications claires sur des expressions obscures, ou encore qu'il lève une incohérence. En revanche, lorsque le déposant cherche à modifier la description (au-delà des références à l'état de la technique), les dessins ou les revendications, la plupart des juridictions appliquent la même règle interdisant l'ajout d'un nouvel élément dans ces parties de la demande après le dépôt de celle-ci.

En général, la divulgation initiale effectuée à la date de dépôt couvre non seulement les éléments décrits explicitement à cette date, mais également les éléments qu'une personne du métier reconnaîtrait parce qu'ils sont inhérents à la divulgation ou évidents à la lecture de l'*ensemble* de celle-ci. En d'autres termes, les éléments inhérents ou évidents pour une personne du métier peuvent être ajoutés à la demande dans le cadre d'une modification quand bien même ils n'auraient pas été mentionnés de manière explicite dans la demande initialement déposée. Pour démontrer qu'une certaine information est divulguée "de manière inhérente" dans la demande initiale, la simple possibilité ou probabilité qu'une personne du métier *puisse* déduire l'information de la divulgation explicite ne suffit généralement pas; il est nécessaire que cette information soit présente dans la divulgation et que la personne du métier soit en mesure de la retrouver facilement.

Exemple

> Une demande de brevet telle qu'initialement déposée contient une description et des revendications concernant un appareil monté sur des supports résilients, sans divulguer de type particulier de support.
>
> En réponse à la lettre officielle, le déposant souhaite ajouter des informations précises indiquant que les supports résilients pourraient être par exemple des ressorts hélicoïdaux. Comme des ressorts de ce type n'ont pas été divulgués de manière explicite dans la demande initiale, l'examinateur pourrait estimer que cette modification revient à ajouter un nouvel élément.
>
> Si le déposant peut démontrer de façon convaincante que dans le domaine technique considéré et dans le contexte particulier de l'invention revendiquée, une personne du métier utiliserait spontanément des ressorts hélicoïdaux pour monter l'appareil sur des supports résilients, l'ajout d'une référence spécifique à ce type de ressorts peut être autorisé.
>
> De même, si une caractéristique technique X est clairement divulguée dans la demande initiale mais que son effet propre n'est pas mentionné, que ce soit partiellement ou intégralement, elle ne sera peut-être pas considérée comme un nouvel élément visant à préciser cet effet si une personne du métier peut déduire l'effet de la demande initiale.

Si de nombreuses juridictions ont en commun un certain nombre de principes concernant les modifications autorisées de la description, des dessins et des revendications, ils peuvent différer quant à la portée de la demande initiale à la date de dépôt et quant à ce qui constitue un nouvel élément irrecevable. En Europe, les éléments "qui ne peuvent être déduits directement et sans ambiguïté de la divulgation initiale par une personne du métier" sont réputés nouveaux et ne peuvent être ajoutés à la demande après le dépôt de celle-ci. En conséquence, lorsqu'il dépose une demande de brevet auprès de l'Office européen des brevets, le rédacteur de brevets établit souvent un grand nombre de revendications dépendantes et expose toutes les combinaisons possibles des éléments et des caractéristiques dans la description initiale.

Aux États-Unis d'Amérique, lorsque la description contient un renvoi à un autre document de brevet, cette "incorporation par renvoi" peut être considérée comme faisant partie intégrante de la divulgation initiale et peut donc constituer le fondement de la modification.

Lorsqu'il apporte une modification importante à des revendications pour en restreindre la portée, l'examinateur peut accorder une attention particulière aux questions suivantes :

i) Les revendications telles que modifiées satisfont-elles à l'exigence d'unité de l'invention (voir la section 11 du module VI)?
ii) Ces revendications modifiées deviendront-elles incompatibles avec la description au point que celle-ci devra être modifiée en conséquence?
iii) Inversement, toutes les revendications modifiées sont-elles fondées sur la description initialement déposée?

Lorsqu'il reçoit une lettre officielle signalant l'absence d'activité inventive dans l'invention revendiquée, le rédacteur de brevets peut s'efforcer de restreindre la portée des revendications et de contourner le problème signalé en mettant en évidence un effet particulier que l'invention restreinte permet d'obtenir et que les techniques antérieures citées par l'examinateur ne peuvent produire. Là encore, cette modification du "problème à résoudre" par l'invention revendiquée n'est autorisée que si une personne du métier peut déduire l'effet mis en évidence à partir de la demande telle que déposée.

De même, le rédacteur de brevets va parfois modifier les revendications en introduisant une limitation négative (par exemple "en excluant X" ou "sans effectuer Y") afin d'exclure certains aspects de l'état de l'art cités par l'examinateur. Si l'emploi de ces limitations négatives, exclusions et autres renonciations nécessite une réflexion particulière, le rédacteur de brevets peut l'aborder sous l'angle des nouveaux éléments. Dans certaines juridictions, l'ajout d'une limitation négative au moyen d'une nouvelle revendication ou d'une modification soulèvera la question de l'introduction d'éléments nouveaux si l'élément exclu par cette limitation ne se fonde pas sur la demande telle que déposée. Si par exemple la divulgation initiale décrit un genre de composé mais n'offre de fondement pour aucune espèce particulière faisant partie de ce genre, une limitation négative excluant une espèce particulière pourrait soulever la question de l'introduction d'éléments nouveaux. Dans d'autres juridictions, une limitation négative ou une renonciation qui ne se fonde pas sur la demande telle que déposée est admise si par exemple elle est ajoutée dans le but de remédier au fait qu'un document de référence constitue de manière fortuite une antériorité (c'est-à-dire que l'antériorité est si peu liée à l'invention revendiquée ou si éloignée d'elle qu'une personne du métier ne l'aurait jamais prise en considération pour créer l'invention), ou pour exclure des parties d'une revendication qui pourraient rendre l'invention impossible à breveter (comme l'expression "non humain").

3.3 Élargir et ajouter des revendications

Dans de nombreuses juridictions, il est possible d'élargir la portée de la revendication en supprimant des caractéristiques revendiquées pendant l'examen de la demande, dès lors qu'aucun élément nouveau n'est ajouté. Au Japon, une modification visant à revendiquer un concept (générique) de portée plus étendue ou à supprimer des caractéristiques revendiquées n'est autorisée que si elle ne présente pas d'importance technique particulière et qu'elle n'introduit donc aucun nouvel élément technique dans les revendications. Dans certaines juridictions comme ceux de l'OEB et de la Chine, il n'est pas autorisé de retirer d'une revendication indépendante une caractéristique qui était systématiquement présentée dans la demande initiale comme "essentielle" à l'invention, car une telle modification serait jugée équivalente à l'ajout d'un nouvel élément. Le rédacteur de brevets devrait donc veiller à ne pas mettre dans la description de déclaration indiquant que la caractéristique X ou un mode de réalisation particulier sont "essentiels" ou "indispensables" à l'invention revendiquée, sauf s'il a une raison particulière de le faire.

De même, dans de nombreuses juridictions, l'ajout d'une nouvelle revendication au cours du traitement n'est pas interdit dès lors qu'aucun élément nouveau n'est introduit. Toutefois, certaines juridictions disposent de règles particulières à cet égard. Au Japon, après réception de la première lettre officielle, il est interdit d'apporter aux revendications des modifications qui changent une caractéristique technique spéciale de l'invention. De plus, dans certaines juridictions, les déposants ne sont pas autorisés à ajouter de nouvelle revendication après avoir reçu la lettre officielle finale. Aux États-Unis d'Amérique, il est impossible d'apporter des modifications majeures aux revendications après réception de la lettre officielle finale, sauf si ces modifications consistent à :

i) supprimer une revendication;
ii) apporter des modifications demandées ou suggérées par l'examinateur; ou
iii) apporter des modifications qui ne soulèvent aucune nouvelle question (c'est-à-dire qu'elles ne représentent aucune charge de travail supplémentaire en termes de recherche d'antériorité).

De la même manière, au Japon, une fois la lettre officielle finale reçue, les modifications des revendications sont limitées à :

i) la suppression d'une revendication;
ii) la limitation de la portée d'une caractéristique déjà revendiquée;
iii) la correction d'erreurs; ou
iv) l'éclaircissement d'un terme ambigu en réponse aux conclusions de l'examinateur exprimées dans la lettre officielle.

4. Faire accepter les revendications

L'étape suivante du traitement de la demande de brevet consiste, pour l'examinateur, à étudier la réponse du rédacteur de brevets à la lettre officielle et les modifications apportées par celui-ci. S'il le juge nécessaire, l'examinateur procède à une recherche supplémentaire sur l'état de la technique pertinent, notamment lorsque le déposant a modifié les revendications en tenant compte des techniques antérieures citées dans la première lettre officielle. L'examinateur peut estimer que la réponse du rédacteur de brevets n'est pas convaincante en se fondant sur les nouveaux éléments de techniques antérieures trouvés, ou compte tenu de l'état de l'art initialement cité. S'il n'est pas convaincu de la brevetabilité des revendications après les avoir interprétées de la manière la plus large possible, compte tenu de l'état de la technique, il peut adresser au déposant une nouvelle lettre officielle expliquant les raisons pour lesquelles il ne peut accepter la demande ou les revendications dans leur forme actuelle.

4.1 Entretien

Beaucoup d'offices des brevets permettent aux rédacteurs de brevets et aux inventeurs de s'entretenir avec l'examinateur au sujet de la demande en instance. Cette procédure est appelée l'*entretien* avec l'examinateur. Étant donné que les échanges avec l'examinateur revêtent un caractère officiel, il est parfois demandé aux deux parties de produire un compte-rendu écrit complet et précis de l'entretien, qui sera généralement versé au dossier de la demande de brevet.

Pour préparer son entretien avec l'examinateur, le rédacteur de brevets doit procéder à une étude approfondie de la lettre officielle et des techniques antérieures citées, et il doit être en mesure d'expliquer à l'examinateur par un discours clair, concis et convaincant les raisons pour lesquelles les revendications en instance sont brevetables par rapport à l'état de la technique. Il peut aussi être utile de préparer d'autres modifications susceptibles d'être apportées aux revendications afin de les soumettre à l'examinateur. Si par exemple l'examinateur et le rédacteur de brevets parviennent à s'entendre sur un jeu de modifications acceptables à apporter aux revendications au cours de l'entretien, le processus d'examen peut s'achever sur un succès.

Le rédacteur de brevets peut s'apercevoir, au cours de l'entrevue, que l'examinateur a donné une interprétation de l'état de l'art cité différente ou plus nuancée que la sienne ou celle de son client. Une fois qu'il a bien compris comment l'examinateur considérait l'état de la technique, il lui est plus facile :

i) d'expliquer l'état de la technique à l'examinateur (si celui-ci l'a mal interprété); ou
ii) de concevoir plus clairement un ensemble de modifications des revendications qui permettent de rétablir la demande.

Dans certains pays, l'inventeur est autorisé à accompagner le rédacteur de brevets à l'entretien, et de nombreux examinateurs estiment que les observations et les explications des inventeurs sont très convaincantes. Le rédacteur de brevets doit bien entendu préparer l'inventeur et son client à l'entretien.

Les examinateurs de brevets ne sont généralement pas autorisés à organiser un entretien avant l'envoi de la première lettre officielle, mais ils peuvent le faire après.

4.2 Répondre à une seconde lettre officielle

Si l'examinateur de brevets adresse une seconde lettre officielle, le rédacteur de brevets doit rédiger et déposer une nouvelle réponse. Il faut espérer que la seconde lettre et les éventuelles lettres suivantes portent sur un nombre de questions plus limité que la première. Au demeurant, si la seconde lettre concerne des techniques antérieures déjà citées dans la première, le rédacteur de brevets devrait être en mesure de répondre bien plus rapidement que dans le cas de la première lettre.

La procédure d'envoi de lettres officielles et de réponses peut être répétée jusqu'à ce que l'examinateur de brevets accepte de délivrer le brevet demandé ou qu'il parvienne à la conclusion que la demande doit être rejetée, ou encore que le déposant renonce à sa demande, par exemple du fait que la portée restreinte des revendications ne présente plus d'intérêt en termes de protection. Néanmoins, pour des raisons financières ou administratives, de nombreux offices des brevets n'autorisent pas une poursuite indéfinie du cycle des lettres officielles et de leurs réponses, et le maintien de la demande au-delà de la seconde lettre ou de lettres supplémentaires peut donner lieu au paiement de nouvelles taxes.

4.3 Lettre officielle finale

L'éventualité de devoir acquitter de nouvelles taxes est parfois signalée dans une lettre officielle "finale". Comme nous l'avons déjà indiqué, les éléments de procédure propres au traitement d'une demande de brevet varient considérablement d'un office des brevets à l'autre. Aux États-Unis d'Amérique, toute lettre officielle finale fait obligation de répondre de manière satisfaisante à l'examinateur, ou de former un recours, ou encore de renoncer à la demande. En général, l'examinateur n'étudie plus aucun nouvel argument du déposant concernant l'état de la technique qui serait fourni en réponse à la lettre finale. À ce stade, les revendications en instance doivent être modifiées conformément aux observations de l'examinateur, et si le déposant est en désaccord avec la caractérisation de l'état de la technique par l'examinateur ou avec son interprétation des revendications, il peut former un recours pour contester la décision de l'examinateur.

Il arrive que l'examinateur accepte certaines revendications et en rejette d'autres. Il peut aussi simplement formuler des objections à l'égard de certaines revendications parce qu'elles dépendent d'une revendication de base qu'il a rejetée. Dans ce type de situations, le rédacteur de brevets peut obtenir la délivrance d'un brevet pour les revendications acceptées en éliminant celles qui ont été rejetées. Il peut même déposer une demande de continuation (ou une demande divisionnaire) pour les revendications rejetées et poursuivre ainsi le débat sur leur brevetabilité dans le cadre d'une autre procédure (voir la section 4.6).

Accepter les revendications telles qu'autorisées par l'examinateur plutôt que de poursuivre le débat est une décision stratégique que seul le client peut prendre, après avoir été dûment conseillé par le rédacteur de brevets.

4.4 Délais

La lettre officielle finale fixe un délai de réponse. Si les prescriptions de procédure varient dans le monde d'un office des brevets à l'autre, ce délai est de six mois aux États-Unis d'Amérique, aucune taxe de prorogation n'étant imposée pendant les trois premiers mois. Le rédacteur de brevets peut adresser une réponse à la lettre officielle finale. L'examinateur analyse cette réponse et adresse soit un *avis de délivrance*, soit un *avis consultatif* qui est généralement un simple formulaire d'une page dans lequel il fait état de ses objections concernant la demande. Le rédacteur de brevets peut même rédiger et adresser une ou plusieurs réponses supplémentaires à l'examinateur pour donner suite à un avis consultatif, mais dans ce cas il doit savoir que l'instruction de la demande prendra fin à une certaine date et que l'ensemble du traitement devra avoir été achevé à ce moment-là, sauf si (aux États-Unis d'Amérique) le déposant a présenté une demande de continuation de l'examen et a acquitté la taxe exigée pour la réouverture de celui-ci.

Si par exemple un rédacteur de brevets aux États-Unis d'Amérique présente sa réponse à une lettre officielle *finale* à une date très proche de l'expiration du délai de six mois (par exemple le dernier jour), il est fort probable que l'examinateur ne traitera pas cette réponse avant l'expiration du délai, de sorte que la demande de brevet sera simplement considérée comme abandonnée. En effet, contrairement à ce qui se produit lorsque l'on répond à une lettre officielle non finale, le fait de déposer une réponse à la lettre officielle finale n'a pas d'effet suspensif du délai imparti. Les seuls actes susceptibles d'interrompre l'écoulement de ce délai sont les suivants :

i) l'examinateur a envoyé un avis de délivrance;
ii) l'examinateur a envoyé une nouvelle lettre officielle non finale;
iii) la demande a été abandonnée;
iv) une demande de continuation de l'examen a été déposée; ou
v) un recours a été formé.

Le rédacteur de brevets doit donc surveiller de près les délais impartis dans les lettres officielles finales. Au demeurant, quand bien même il répond à la lettre officielle finale en temps voulu (par exemple dans les 3 mois), la demande peut être considérée comme abandonnée si aucun des quatre actes ci-dessus n'a été effectué.

4.5 Recours

Aux États-Unis d'Amérique, si l'examinateur estime que la réponse à une lettre officielle finale n'est pas convaincante, le rédacteur de brevets peut former un recours ou déposer une demande de continuation de l'examen. Beaucoup d'offices des brevets permettent de former un recours administratif sous une forme ou une autre à l'encontre de la décision d'un examinateur de brevets. Dans certaines juridictions, le déposant qui souhaite contester la décision d'un examinateur ayant rejeté sa demande peut former un recours auprès d'un organe administratif (plutôt qu'un tribunal) dans un certain délai. Ce recours conduit généralement au réexamen de la demande de brevet par un organe, celui-ci étant souvent de nature parajudiciaire et étant composé de plusieurs juges administratifs ou de hauts fonctionnaires spécialistes de l'examen de brevets et des pratiques en la matière. Les décisions de cet organe peuvent elles-mêmes faire l'objet d'un recours conformément à la législation du pays concerné. Dans les pays qui ne disposent pas d'organe de recours administratif, les décisions de l'office des brevets peuvent être contestées directement devant un tribunal compétent.

Les procédures de ce recours varient d'un pays à l'autre. Aux États-Unis d'Amérique, le rédacteur de brevets doit d'abord présenter un document appelé *mémoire d'appel*, et il peut demander que le recours fasse l'objet d'une audience. Là encore, bien entendu, le recours nécessite généralement le paiement de différentes taxes; le client doit donc réfléchir à l'intérêt économique de cette procédure.

4.6 Demandes divisionnaires, de continuation ou de continuation-in-part

Dans de nombreuses juridictions, il existe une alternative au recours, qui consiste à déposer une demande divisionnaire ou une demande de continuation sous une forme ou une autre. En général, la *demande divisionnaire* est une demande de brevet issue de la demande initialement déposée (appelée *demande principale*); elle ne peut porter que sur une partie de la demande principale. Si la demande divisionnaire est déposée après la demande principale, elle peut conserver la date de dépôt de celle-ci ainsi que, généralement, sa date de priorité. Dans certaines juridictions, lorsqu'une demande est rejetée, le déposant peut présenter une demande divisionnaire dans un certain délai. Dans d'autres juridictions, si une demande a été rejetée, une demande divisionnaire peut être déposée à tout moment avant l'expiration du délai de recours.

Aux États-Unis d'Amérique, un rédacteur de brevets peut déposer en plus ou de manière distincte une demande de continuation ou de continuation-in-part. La *demande de continuation* ne divulgue et ne revendique que des éléments déjà divulgués dans une demande principale. En général, le déposant peut bénéficier de la date de dépôt de la demande principale. Il emploie généralement une demande de continuation lorsqu'il souhaite étudier la brevetabilité de revendications différentes de celles qui figuraient dans une demande principale; parfois, seule une légère modification du libellé a été apportée, mais le déposant estime que ce changement est important. La *demande de continuation-in-part* reprend certaines parties substantielles de la demande principale et lui ajoute des éléments qui n'étaient pas divulgués dans celle-ci. Elle peut offrir un moyen pratique de revendiquer des améliorations apportées après le dépôt de la demande principale. Dans une demande de continuation-in-part, les revendications concernant des éléments qui étaient déjà divulgués dans la demande principale peuvent bénéficier de la date de priorité de celle-ci, tandis que les revendications concernant des éléments supplémentaires ne bénéficient que de la date de dépôt de la demande de continuation-in-part.

À titre de comparaison, aux États-Unis d'Amérique les demandes divisionnaires servent à présenter des revendications qui avaient été retirées de la demande principale à la suite d'une exigence de restriction, celle-ci étant analogue (mais pas identique) à l'exigence d'unité de l'invention prévue dans de nombreuses législations nationales et dans le Traité de coopération en matière de brevets (PCT).

5. Procédures d'opposition

De tierces parties peuvent contester la décision d'un office des brevets de délivrer un brevet et demander la révocation de celui-ci auprès d'un tribunal. De plus, dans beaucoup de pays le système des brevets comporte un mécanisme administratif permettant aux tiers de s'opposer à l'octroi d'un brevet. Selon la législation applicable dans le pays, l'opposition peut être formée avant que l'examinateur ne traite la demande de brevet ou ne déclare son intention de délivrer le brevet (*opposition antérieure à la délivrance*), ou après qu'il a délivré le brevet (*opposition postérieure à la délivrance*), ou encore dans les deux cas.

Dans un pays qui dispose d'un mécanisme d'opposition antérieure à la délivrance, l'examinateur de brevets adresse au déposant un avis indiquant qu'il entend octroyer le brevet conformément à la demande, puis il publie le jeu de revendications finales et approuvées pour permettre au public d'exprimer une éventuelle opposition. Si personne ne s'oppose à la demande dans le délai imparti, le brevet est délivré. Si une personne s'y oppose, elle doit indiquer de manière convaincante pourquoi le brevet ne doit pas être octroyé; si le motif tient par exemple au fait que l'examinateur n'a pas pris en compte un élément majeur de l'état de la technique, cette personne doit expliquer pourquoi les revendications ne présentent pas d'activité inventive au regard de la technique antérieure. Le déposant est généralement autorisé à réfuter les arguments de l'opposant. L'opposition peut être entendue soit par l'examinateur chargé de la demande, soit par un groupe d'examinateurs spécialement constitué à cet effet. Les résultats de l'opposition peuvent en général être contestés par la partie perdante, et dans de nombreux cas, le recours peut être porté en définitive devant un tribunal.

Le rédacteur de brevets doit être conscient du fait que certaines entreprises font fréquemment opposition dans le but de retarder la délivrance de brevets à leurs concurrents (dans les juridictions qui favorisent l'opposition antérieure à la délivrance), ou pour réduire la portée des revendications concédées à leurs concurrents. Outre les concurrents, certains groupes d'intérêt public peuvent souvent s'opposer à la délivrance de brevets dans des domaines techniques particuliers.

Les demandes d'opposition et d'autres documents nécessaires sont généralement établis par les rédacteurs de brevets. Pour nombre d'entre eux, les procédures d'opposition font couramment partie de leur travail quotidien. Dès lors, en particulier dans les pays qui disposent de systèmes d'opposition, le rédacteur de brevets doit avertir son client que même s'il reçoit un avis dans lequel l'office des brevets lui annonce son intention de délivrer le brevet, cela ne signifie pas nécessairement que cette délivrance soit imminente.

6. Délivrance du brevet

Une fois que l'examinateur a adressé un *avis de délivrance* ou un document analogue, le rédacteur de brevets doit remplir diverses formalités liées à la délivrance du brevet. Il peut demander à son client s'il souhaite déposer une demande de continuation (voir section 4.6). Comme celle-ci conserve la date de dépôt de la demande principale, le client peut être incité, pour des raisons stratégiques, à conserver une demande en instance à laquelle le rédacteur de brevets peut ajouter de nouvelles revendications spécialement conçues pour se protéger contre un contrevenant particulier.

Dans de nombreuses juridictions, un brevet peut être délivré plusieurs mois après que le rédacteur de brevets a acquitté toutes les taxes officielles nécessaires (et le délai jusqu'à la délivrance du brevet peut être encore plus long si la juridiction dispose d'une procédure d'opposition). Malheureusement, il n'existe en général aucun moyen d'accélérer la création et la publication d'un brevet. Une fois le brevet délivré, le rédacteur de brevets n'a en principe pas besoin de faire quoi que ce soit pour le maintenir en vigueur (c'est-à-dire pour faire en sorte qu'il conserve ses effets), hormis le paiement de taxes de maintenance régulières et d'annuités. Il lui est conseillé de noter soigneusement les dates auxquelles il doit acquitter ces taxes à titre de service à son client; ou il peut s'assurer que son client a bien compris que c'est ce dernier qui sera désormais responsable des paiements, ou que des dispositions ont été prises pour qu'un tiers s'en charge.

Mots-clés

- Traitement d'une demande de brevet
- Lettre officielle
- Modification
- Élément nouveau
- Entretien avec un examinateur
- Recours
- Demande divisionnaire
- Demande de continuation
- Demande de continuation-in-part
- Opposition
- Délivrance d'un brevet

Testez vos connaissances

- ☐ Qu'est-ce que le traitement de la demande?
- ☐ Qu'est-ce qu'une lettre officielle?
- ☐ Que signifie l'expression selon laquelle des revendications "se rapprochent" de l'état de la technique?
- ☐ Lorsqu'il répond à une lettre officielle, le rédacteur de brevets n'a pas besoin de réfuter tous les rejets mais seulement les plus importants d'entre eux. Vrai ou faux?
- ☐ Un examinateur déclare dans sa première lettre officielle que l'invention revendiquée ne présente pas d'activité inventive, compte tenu de l'existence de deux documents X et Y sur l'état de la technique. Quelles mesures le rédacteur de brevets peut-il prendre à la réception de cette lettre?
- ☐ Le rédacteur de brevets doit expliquer le sens de la lettre officielle à l'inventeur ou au déposant. Vrai ou faux? Pourquoi?
- ☐ Que signifie l'ajout d'un "nouvel élément" dans le contexte de la modification de la description, des dessins et des revendications?
- ☐ Au cours du traitement d'une demande de brevet, le rédacteur de brevets peut-il parler avec l'examinateur? Dans l'affirmative, comment appelle-t-on généralement cette procédure?
- ☐ À quel moment un rédacteur de brevets doit-il déposer une demande divisionnaire ou une demande de continuation? Quand peut-il être préférable de déposer une demande de continuation-in-part aux États-Unis d'Amérique plutôt qu'une demande de continuation?
- ☐ Après la délivrance d'un brevet, le titulaire de celui-ci peut avoir l'obligation de continuer à payer des taxes de maintenance régulières ou des annuités pour que le brevet conserve ses effets. Vrai ou faux?

Module X
Stratégie en matière de brevets

À quoi conduit la délivrance d'un brevet par l'office gouvernemental compétent? *Que peut faire le titulaire de ce brevet?*

Parfois, l'invention brevetée est si révolutionnaire et novatrice qu'elle assure à son titulaire la domination d'une industrie ou d'un secteur industriel, pendant toute la durée du brevet - cela n'arrive toutefois que rarement.

Si la protection conférée par un brevet se révèle inefficace, la raison est le plus souvent que les revendications ont été mal rédigées ou qu'elles empiètent sur l'état de la technique. Certains brevets "célèbres" sont d'ailleurs loin d'avoir permis à leurs titulaires d'accaparer un marché comme on le croit habituellement. Thomas Edison détenait, par exemple, plusieurs brevets sur des ampoules électriques, mais étant donné que le tout premier brevet relatif à une ampoule électrique avait été accordé à un inventeur anglais nommé Joseph Swan, Edison dut lui verser des redevances pendant des années pour avoir le droit d'utiliser son brevet. Comme nous l'avons vu dans le module I, le droit que confère un brevet à son titulaire n'est pas celui de mettre en œuvre l'invention, mais plutôt celui d'interdire aux tiers de fabriquer, d'utiliser, d'offrir à la vente ou de vendre l'invention sans son consentement. C'est pour cela qu'Edison a dû demander à Swan de consentir à ce qu'il utilise son brevet.

Soit dit en passant, beaucoup de gens croient que les offices de brevets prennent en compte les risques de contrefaçon lorsqu'ils délivrent des brevets. En réalité, leur examen concerne seulement l'état de la technique pertinent pour chaque demande de brevet; ils ne regardent pas si le fait de fabriquer ou d'exploiter l'invention revendiquée porterait atteinte à un autre brevet. Il sera probablement nécessaire, pour les rédacteurs de brevets, de rappeler de temps en temps cet aspect à leurs clients.

Une stratégie de brevet devient également plus complexe, et généralement plus lucrative, au fur et à mesure que le nombre de brevets d'un portefeuille augmente. Le fait de détenir un seul brevet fournit rarement le même pouvoir et la même flexibilité que celui d'en détenir une douzaine ou une centaine.

Exemple

> La société A détient un seul brevet Y, qui se rapporte au produit X. Si le brevet Y a été bien rédigé, il couvrira probablement plusieurs modes de réalisation du produit X et plusieurs caractéristiques ou composants clés de ce dernier, ainsi que l'utilisation de ces caractéristiques et composants dans des produits différents ou indépendants les uns des autres.
>
> Le produit X est d'une grande utilité, mais n'est pas le premier de son genre : le produit X n'est pas la toute première automobile ou le tout premier téléphone ou le tout premier ordinateur.
>
> Dans un tel cas, le concurrent B peut faire un produit très semblable au produit X sans porter atteinte au brevet Y. Autrement dit, le concurrent B pourrait "contourner" le brevet Y afin de produire un produit X non contrefaisant (ce qui ne signifie pas

nécessairement que le résultat de ce contournement par le concurrent B serait commercialement viable).

Supposons maintenant qu'en plus du brevet Y, la société A détienne 10 brevets portant sur des variantes du produit X.

Les revendications des autres brevets pourraient protéger d'autres caractéristiques ou composants du produit X, en plus de ceux qui sont couverts par le brevet Y. Les autres brevets de la société A pourraient protéger en outre l'exploitation du produit X dans divers environnements commerciaux liés au produit X, d'autres variantes du produit X, etc.

Il sera maintenant beaucoup plus difficile pour le concurrent B de contourner le portefeuille de brevets de la société A pour réussir à faire un produit X non contrefaisant. En fait, les frais juridiques occasionnés par la réalisation d'une étude suffisamment approfondie du portefeuille de la société A pour comprendre la protection conférée par les revendications des brevets de cette dernière pourraient suffire, à eux seuls, à décourager de nombreux concurrents.

Dans notre exemple, le portefeuille de brevets de la société A pourrait finir par être suffisamment important pour contraindre les concurrents de cette dernière à prendre des licences sur ses brevets - et donc à lui verser des redevances - ou à se retirer du marché afin d'éviter d'être poursuivis en contrefaçon. Si les concurrents de la société A possèdent eux-mêmes des portefeuilles de brevets importants, la société A et ses concurrents pourront se concéder mutuellement des licences sur leurs brevets. Selon les caractéristiques des brevets concernés et du marché, ces licences croisées pourront être gratuites ou soumises à redevances. En concluant un accord de licence croisée avec ses concurrents, la société A pourra fabriquer ses produits sans crainte d'être poursuivie. Bien entendu, la société A pourra toujours poursuivre en contrefaçon un autre concurrent qui ne posséderait pas de brevets susceptibles de faire l'objet de licences croisées.

Comme nous l'avons observé précédemment, il est probable que les brevets de la société A couvriront des caractéristiques ou composants clés du produit X, même s'ils ne sont pas utilisés dans le produit X. Cela peut être le cas lorsqu'une caractéristique ou un composant clé présente un caractère de nouveauté particulier et a été revendiqué(e) de manière à ce que la protection ne soit pas limitée au seul produit X. La société A pourrait donc envisager d'opposer ses brevets non seulement à ses concurrents, mais aussi à toutes les autres sociétés qui fabriquent des produits incluant les caractéristiques ou les composants clés protégés par ses brevets.

La concession de licences sur ses brevets en dehors de son "domaine d'utilisation" pourrait s'avérer très lucrative pour la société A. La concession de licences dans de nouveaux domaines d'utilisation n'entraîne généralement que peu de frais pour une société : un peu de temps de la part d'un ou plusieurs avocats ou cadres spécialisés et - parfois, mais pas nécessairement - une procédure devant les tribunaux. La société A pourra cependant hésiter à opposer ses droits de brevet à des tiers, en raison du risque d'invalidation ou "révocation" du brevet en cause. En effet, si un brevet de la société A est invalidé, elle perd la faculté de l'opposer à quiconque, y compris à ses concurrents.

L'*évaluation des brevets* est un aspect complexe de la stratégie en matière de brevets. Ce cours n'a pas vocation à étudier la question d'une manière approfondie, mais il peut être utile d'aborder ce que l'on appelle la *métaphore de la propriété immobilière*.

L'astuce du professionnel

Lorsqu'une société décide de s'engager dans la concession de licences, elle a rarement intérêt à s'adresser tout de suite au plus gros joueur du domaine qui l'intéresse. Il est toujours plus efficace de commencer par des entreprises de petite et moyenne importance, et d'attendre, pour viser plus haut, que les choses aient pris de l'envergure.

La propriété intellectuelle présente de nombreuses similitudes avec la propriété immobilière. L'état de la technique peut être comparé aux terres domaniales (état de la technique non breveté) ou aux terrains déjà revendiqués par d'autres (brevets délivrés et toujours en vigueur). La formule souvent utilisée dans le domaine immobilier selon laquelle tout est une question de "situation" trouve un écho dans celui des brevets : un titre dont les revendications couvrent entièrement une invention particulièrement utile a beaucoup plus de valeur qu'un autre, dont les revendications délimitent un territoire moins lucratif. En tant qu'instrument juridique, le brevet présente une analogie avec la qualité de construction d'une maison : il peut conférer des droits sur une invention extraordinaire et n'avoir, malgré cela, aucune valeur parce qu'il n'est pas correctement construit. Les recours juridiques associés à la contrefaçon de brevet sont comparables à ceux que l'on exerce en cas d'atteinte à la propriété immobilière d'autrui.

1. Brevets offensifs : pour bloquer les concurrents

Un titulaire de brevets peut exercer ses droits directement contre tout contrefacteur. Un brevet ne donne généralement pas le droit à son propriétaire de fabriquer, d'utiliser ou de vendre l'invention couverte par le brevet. En fait, il est tout à fait possible d'obtenir un brevet pour une invention qui ne peut *pas* être fabriquée, utilisée ou vendue sans porter atteinte au brevet d'un tiers ou sans l'autorisation d'un organisme de réglementation.

Il est souvent – mais pas toujours – plus lucratif pour une entreprise productrice de vendre elle-même le produit protégé par ses brevets que de concéder à quelqu'un d'autre le droit de le fabriquer sous licence. C'est pourquoi de nombreux titulaires de brevets qui sont également fabricants se servent de leurs brevets pour contraindre leurs concurrents à modifier leurs produits afin de les contourner (et, avec un peu de chance, à fabriquer de moins bons produits) ou à prendre une licence.

Certaines sociétés ont pour politique de consacrer leurs redevances de brevet à leur département de recherche-développement. Cela procède d'une certaine logique, car l'invention grâce à laquelle ces redevances ont pu être perçues est probablement issue de ce service, et le fait de réinvestir les fonds ainsi recueillis dans la recherche et le développement peut favoriser la création de nouveaux produits et services.

Lorsqu'une entreprise poursuit une politique active de concession de licences à ses concurrents, elle prive ces derniers de moyens qu'ils auraient pu consacrer autrement à leurs propres efforts de recherche-développement. Elle sort donc doublement gagnante de l'opération, en ce sens que chaque dollar de redevance qu'elle reçoit d'un concurrent réduit d'un dollar le budget de recherche et de développement de ce dernier – ce qui se traduit par un écart relatif de deux dollars entre les deux sociétés.

Le titulaire de brevets qui décide d'adopter une stratégie offensive ne doit jamais perdre de vue la nature des atteintes contre lesquelles il cherche à se prémunir. Un contrefacteur peut en effet être coupable de contrefaçon directe, de complicité de contrefaçon ou d'incitation à la contrefaçon. La nature du préjudice subi peut aussi varier selon la manière dont est utilisée la technologie contrefaite. Les contrefacteurs directs ne risquent pas nécessairement d'être condamnés à payer une réparation plus importante que les complices de contrefaçon. La législation sur les brevets de certains pays connaît également une doctrine des équivalents en matière de contrefaçon. Ainsi, un défendeur qui ne porte pas directement atteinte à un brevet pourrait néanmoins être coupable de contrefaçon parce qu'il utilise d'une manière très semblable un composant essentiellement analogue à un composant de l'invention en question. L'application de la doctrine des équivalents en matière d'appréciation de la contrefaçon est assez complexe, mais l'un de ses éléments essentiels est la recherche, dans l'historique de l'instruction de la demande de brevet, de l'existence d'un écrit indiquant que le titulaire du brevet a renoncé à la protection du composant essentiellement analogue au cours de cette instruction (cela démontre une fois de plus qu'il est important de rédiger les réponses aux lettres officielles avec soin et, de préférence, concision).

2. Brevets défensifs : pour se défendre contre les actions en contrefaçon

Le brevet est un "glaive" et non un "bouclier", en ce sens qu'il ne confère pas à son titulaire le droit de fabriquer un produit protégé. Le brevet confère un droit négatif, c'est-à-dire qu'il permet à son propriétaire d'interdire la mise en œuvre de l'invention protégée. Le fait de détenir un brevet ne garantit pas à son propriétaire qu'en fabriquant un produit couvert par ce dernier, il ne portera pas atteinte à un autre brevet, détenu par quelqu'un d'autre. Les brevets peuvent cependant servir parfois de bouclier en dissuadant des concurrents titulaires d'autres brevets de vous poursuivre en contrefaçon, de crainte que vous ne fassiez de même à leur encontre. Il est rarement utile, pour un défendeur dans une action en contrefaçon de brevet, de faire valoir qu'il est lui-même titulaire d'un brevet dont la protection s'étend aux produits qu'il fabrique – à moins que ce brevet ne soit à ce point différent de celui du demandeur que la différence entre les deux inventions sera manifeste aux yeux d'un juge ou d'un jury. Il sera probablement plus facile pour le défendeur, même dans une telle situation, d'expliquer simplement pourquoi il ne porte pas atteinte au brevet en cause.

Dans certains cas, un brevet ou un groupe de brevets, peut fournir à son titulaire un bouclier défensif contre ses propres concurrents. Supposons que la société A détienne 5000 brevets relatifs au produit X et que ses trois principaux concurrents détiennent chacun 1500 brevets : ces concurrents pourraient être tentés d'attaquer la société A afin de réaliser certains objectifs commerciaux, mais il est plus probable qu'ils ne le feront pas, de crainte que la société A n'engage à son tour des procédures contre eux, pour atteinte au portefeuille de brevets beaucoup plus important dont elle est titulaire. Bien entendu, l'avantage que peut présenter pour une entreprise le fait de détenir un plus grand nombre de brevets que ses concurrents dépend de l'étendue de la protection que lui confèrent ces derniers, de son secteur d'activité, ainsi que de ses caractéristiques techniques et de sa stratégie commerciale. D'une manière générale, le dépôt d'un brevet ne présente pas d'intérêt particulier pour une entreprise si elle n'a aucun motif d'ordre stratégique pour le faire.

Dans de nombreuses industries dont les principaux protagonistes détiennent tous des portefeuilles de brevets importants, il est assez courant que des concurrents s'accordent mutuellement des licences. Ces licences croisées peuvent prévoir le versement de redevances ou être totalement gratuites, sur la base de l'intérêt mutuel des parties. Elles peuvent en outre inclure une limitation portant sur un aspect important, par exemple, le domaine d'utilisation : toute utilisation par le preneur de licence en dehors du domaine convenu est alors constitutive d'atteinte et peut donner lieu à une poursuite.

Exemple

> La société A et ses principaux concurrents passent un accord de licence croisée sans paiement de redevances portant sur la fabrication et l'exploitation du produit X. La société A ne peut donc pas poursuivre ses concurrents pour la fabrication et la vente du produit X; en revanche, si l'un de ces concurrents fabrique un nouveau produit Z en utilisant le produit X, la société A peut engager à son encontre une poursuite pour atteinte au produit X, en raison de l'utilisation de ce dernier par le produit Z.
>
> Si les brevets de la société A sont particulièrement solides et si le produit Z est particulièrement lucratif, la société A pourrait utiliser ses brevets pour forcer le concurrent à cesser de fabriquer et d'exploiter le produit Z. La société A aurait également la possibilité d'accorder au concurrent une licence avec redevances pour la fabrication et l'exploitation du produit Z.

Un titulaire de brevets dispose de nombreux outils pour déterminer la meilleure façon d'utiliser ses brevets. Il aura probablement intérêt à envisager plusieurs scénarios économiques avant de prendre une décision à cet égard. Dans certaines situations, il peut suffire à une entreprise d'élaborer une simple matrice dressant la liste de ses produits, et décider ensuite pour chacun de la manière dont elle entend exploiter les droits de propriété intellectuelle qui s'y rapportent. Elle pourrait décider d'utiliser les brevets de certains produits d'une manière purement défensive, pour bloquer la concurrence, et d'adopter une stratégie de concession de licences pour d'autres.

L'entreprise peut estimer d'une manière très précise ses chances de succès pour chacune des formules envisagées, ainsi que les chances que ses dirigeants acceptent de suivre une approche particulière. Les options qui reçoivent le meilleur score pour un produit donné peuvent ensuite être analysées plus en détail pour parvenir à la stratégie de propriété intellectuelle qui sera finalement adoptée pour celui-ci. Cette analyse nécessitera probablement aussi une étude des forces et faiblesses des brevets concernés, ainsi que de la valeur des différents marchés.

En dernière analyse, un portefeuille de brevets bien développé est axé sur les activités les plus importantes de la société, et protège des caractéristiques et des fonctions particulières qui dépassent le cadre de l'offre de produits de cette dernière. En outre, un portefeuille de brevets bien développé a de bonnes chances de rendre plus difficile l'entrée de concurrents sur le marché.

3. Contournement de brevet

Il est possible de *contourner* un ou plusieurs brevets en déterminant l'étendue de la couverture que confèrent leurs revendications. Le contournement d'un brevet implique aussi généralement un examen détaillé, dans lequel est notamment pris en compte l'état de la technique cité dans le cadre de l'instruction de la demande. Une analyse attentive de l'historique de l'instruction de la demande peut également révéler une affirmation dommageable que le déposant a faite au sujet de l'invention (par exemple "cette invention porte sur des fouets de cocher améliorés et absolument rien d'autre"!).

Le conseil juridique qui effectue cette analyse aura intérêt à déterminer le sens exact des termes utilisés dans les revendications de brevet, en s'appuyant sur les règles relatives à la construction ou à l'interprétation des revendications de brevet. En ce qui concerne la détermination de l'étendue de la protection conférée par les revendications, les règles varient selon les systèmes de brevet. Dans bon nombre d'entre eux, l'interprétation des éléments des revendications se fait d'abord sur la base du sens courant des termes utilisés, mais peut être élargie à la lumière de leur utilisation dans la description du brevet ou dans l'historique de l'instruction de la demande de brevet. Si les revendications sont de type "moyen plus fonction", le conseil devra étudier la manière dont elles sont interprétées dans le système juridique concerné.

Le conseil présente généralement les conclusions de son analyse sous la forme d'un *avis juridique.* Ce dernier peut être relativement bref dans certains cas, et extrêmement détaillé dans d'autres. L'obtention d'un *avis juridique* est particulièrement utile dans les pays qui sanctionnent sévèrement la contrefaçon intentionnelle. Il y a *contrefaçon intentionnelle* lorsque le contrefacteur connaît l'existence du brevet d'un tiers et le contrefait néanmoins délibérément ou lorsqu'il ne fait aucun effort pour vérifier s'il porte ou non atteinte à un brevet. Le fait d'avoir demandé un avis juridique à un conseil indépendant pourra éviter les poursuites en contrefaçon intentionnelle dans les pays qui reconnaissent cette notion. Les dommages-intérêts accordés en cas de contrefaçon intentionnelle représentent généralement un multiple du préjudice réel ou direct occasionné par l'atteinte portée. Il peut être utile, même dans un système qui ne connaît pas la contrefaçon intentionnelle, de demander à un conseil juridique de se prononcer sur le risque d'attaque en contrefaçon, car un avis juridique peut fournir à une entreprise des informations précieuses qui l'aident à orienter sa stratégie en matière de brevets.

Les avis juridiques en matière de brevets sont normalement rédigés par un conseil en brevet. De nombreux avocats et cabinets d'avocats s'abstiennent de rendre de tels avis en raison du risque important de poursuite pour faute professionnelle auquel ils s'exposent s'il s'avère qu'ils ne les ont pas été établis adéquatement. Il va sans dire qu'un conseil ne rédigera pas d'avis s'il estime que le client porte *effectivement* atteinte à un brevet en vigueur. Dans un tel cas, il exprimera généralement ses préoccupations d'une manière non permanente (par exemple verbalement). Un rédacteur de brevets peut aider un conseil à établir un avis juridique, car il possède généralement une connaissance approfondie de la technologie concernée.

Dans de nombreux pays, les avis juridiques sont protégés par le secret professionnel et ne sont donc pas communiqués obligatoirement à la partie adverse en cas de conflit. En règle générale, le plaignant doit obtenir une autorisation spéciale du tribunal pour contraindre un défendeur à produire un tel avis. Par conséquent, lorsqu'une société demande un avis juridique à son avocat, elle doit veiller à ce que ce dernier soit traité de manière strictement confidentielle, et soit communiqué uniquement, le cas échéant, aux dirigeants de la société qui ont réellement besoin d'en connaître la teneur. Qui plus est, cet avis juridique ne doit pas être divulgué aux clients de la société.

Il convient de noter que l'utilisation d'un avis juridique peut valoir renonciation au secret professionnel pour l'ensemble des avis juridiques formulés sur le même sujet. Dans certaines circonstances, la société peut partager les informations contenues dans un avis juridique avec d'autres parties, dans le cadre d'un *accord d'intérêt commun* ou d'un *accord de défense commune.* Le présent manuel n'a pas vocation à entrer dans le détail de l'élaboration de ce type de contrat.

Mots-clés

- Contournement
- Contrefaçon
- Stratégie offensive
- Stratégie défensive

Testez vos connaissances

- ☐ L'office des brevets prend en compte les risques de contrefaçon lorsqu'il délivre des brevets. Vrai ou faux?
- ☐ Qu'est-ce qu'une stratégie offensive en matière de brevets?
- ☐ Un brevet confère à son titulaire le droit de mettre en œuvre une invention. Vrai ou faux?
- ☐ Expliquez en quoi un brevet peut parfois servir de "bouclier".
- ☐ Qu'entend-on par "contournement" en matière de brevets?

Module XI
Organiser, former et motiver l'équipe technique

Un rédacteur de brevets s'aperçoit vite qu'il n'y a pas deux clients semblables. Certains ont simplement besoin d'une ou deux demandes de brevet, tandis que d'autres souhaitent faire du dépôt de brevets une activité courante et constante. Le rédacteur de brevets doit toujours s'attendre à jouer, auprès de ses clients, un rôle de sensibilisation aux avantages des brevets et d'aide à l'acquisition d'une *culture du brevet.*

Une fois qu'une telle culture est établie dans un organisme ou une société, il devient normal, pour les scientifiques, ingénieurs et cadres qui y travaillent, d'inclure les brevets et autres droits de propriété intellectuelle dans leur processus de prise de décision. Au lieu d'être une préoccupation "occasionnelle", la propriété intellectuelle devient alors une partie intégrante de l'activité courante.

Le rédacteur de brevets aura probablement intérêt à savoir qui sont les membres importants de l'organigramme de son client. Il sera en outre utile qu'il sache qui sont les "gardes-barrières" techniques de l'organisation, c'est-à-dire les personnes les plus aptes à y introduire des technologies nouvelles. Ces personnes sont généralement des inventeurs de produits et de services, mais ce sont aussi des meneurs avec lesquels les autres scientifiques et ingénieurs échangent et discutent leurs propres idées.

Le rédacteur de brevets peut aider ses clients à établir l'infrastructure interne nécessaire à un programme de brevet. L'un des principaux éléments d'une telle infrastructure est un *comité d'examen des brevets*, ayant pour tâche de superviser le développement du portefeuille de brevets de l'organisation. Un autre élément important est la mise en place d'un programme visant à encourager les inventeurs à faire part de leurs inventions au rédacteur de brevets.

Le rédacteur de brevets peut également aider ses clients à élaborer des procédures internes de traitement des documents relatifs aux brevets, tels que formulaires de divulgation d'invention, demandes de brevet, collections d'informations sur l'état de la technique et brevets délivrés. Le rédacteur de brevets peut aider ses clients à établir des systèmes et des procédures de gestion et de suivi de leurs brevets, afin d'assurer le respect des délais importants - sans oublier de mettre en place un tel système pour ses propres besoins. Un *système de gestion et de suivi des brevets* est essentiellement un programme de calendrier qui fournit des informations comme les dates de réponse aux lettres officielles, les dates limite de dépôt des demandes étrangères, les dates d'échéance des annuités, etc.

Si les rédacteurs de brevets ne doivent pas chercher à créer eux-mêmes des inventions pour leurs clients, ce qui est une source potentielle de conflit d'intérêts, ils peuvent, en revanche, les aider à mettre en place un environnement propice à l'épanouissement de la créativité. Il est important, à cet égard, qu'ils éduquent et sensibilisent les inventeurs potentiels du client en ce qui concerne l'utilisation et la valeur du système des brevets, et s'assurent que le client dispose d'une infrastructure appropriée pour organiser et contrôler les mécanismes de suivi des inventions, de manière à ce que les demandes de brevet puissent être déposées sans dépasser des dates essentielles.

1. Enseigner au personnel d'encadrement et commercial l'importance des brevets et de la constitution de portefeuilles

Le rédacteur de brevets peut avoir intérêt à offrir à ses clients des possibilités de formation à destination de l'équipe de direction. Si son offre est acceptée, cela lui fournira une occasion parfaite pour sensibiliser l'organisation cliente aux avantages des brevets et lever tout doute qui pourrait encore persister. Les dirigeants d'entreprises étant souvent des personnes extrêmement occupées, il peut toutefois être difficile pour eux de trouver le temps de profiter d'une telle offre.

Dans un tel cas, le rédacteur de brevets peut également prendre l'initiative de discuter des avantages des brevets avec des cadres de l'entreprise, au cas par cas, lorsque l'occasion (ou le besoin) se présente. Il peut aussi essayer de susciter des occasions de générer de l'intérêt pour les brevets devant des publics plus larges.

Le rédacteur de brevets doit s'efforcer de sensibiliser les équipes d'ingénieurs, de scientifiques, de cadres et de commerciaux de son client aux avantages des brevets. Il arrive souvent que les ingénieurs et les scientifiques ne sachent pas comment procéder pour faire connaître l'existence de leurs inventions et ne comprennent pas pleinement la valeur stratégique et commerciale que présentent les brevets pour leur entreprise ou institut de recherche. Il en va de même pour le personnel commercial, dont les connaissances et opinions sont souvent négligées dans la prise de décisions concernant les éléments qui devraient être protégés par des brevets. Souvent, les entreprises ne disposent pas de ressources suffisantes pour exploiter pleinement les avantages d'inventions susceptibles d'être brevetées.

Malheureusement, les rédacteurs de brevets découvrent souvent que certains cadres importants de l'entreprise de leur client ignorent tout de la valeur que peuvent présenter les brevets ou sont carrément hostiles à la notion de brevet. Il est vrai que les brevets ne profitent pas à toutes les organisations, et que l'expérience qu'en ont certains cadres peut être négative. L'hostilité de ces derniers pourra ne pas être fondée sur une résistance abstraite, mais sur une expérience avec un programme de prise de brevets ayant, selon eux, porté préjudice, d'une manière ou d'une autre, à leur entreprise ou à une autre entreprise pour laquelle ils travaillaient précédemment. Si le rédacteur de brevets est à l'écoute, il comprendra cette expérience et trouvera des moyens de réduire la résistance des cadres en question. Il pourra même citer utilement l'exemple de sociétés de l'industrie des boissons telles que Coca Cola® qui, bien qu'elles ne puissent pas breveter leurs produits de base, détiennent des portefeuilles de brevets assez substantiels.

Le *formulaire de divulgation d'invention* est un outil utile que le rédacteur de brevets peut fournir à ses clients (voir l'exemple de l'annexe B). Il peut demander aux chercheurs ou ingénieurs de le remplir pour décrire brièvement une invention potentiellement brevetable. Avec le temps et l'expérience, il pourra ajouter au formulaire de divulgation d'invention des questions qui le rendront plus efficace pour certains clients ou pour des clients de secteurs particuliers. Il pourra également créer des versions de ce formulaire adaptées à des clients particuliers, en y ajoutant le logo d'une entreprise ou d'autres informations qui lui sont propres, telles que les numéros de dossier internes qu'elle utilise pour ses brevets et demandes de brevet.

Le rédacteur de brevets élaborera par ailleurs progressivement des manières de traiter les formulaires de divulgation d'invention pour des clients particuliers. Compte tenu des éventuelles limites de délai applicables au dépôt d'un brevet (par exemple après la divulgation de l'invention), le rédacteur de brevets devrait accepter le formulaire de divulgation d'invention dans l'état où il lui est remis. Il doit ensuite déterminer si un risque de forclusion existe ou est sur le point de se concrétiser, et agir en conséquence. Le traitement du formulaire vient ensuite.

Si le formulaire est soumis à un comité d'examen des brevets, l'inventeur doit être encouragé à participer à la réunion et à la discussion relative à son invention. Si cela lui est impossible, il doit prendre des dispositions pour que quelqu'un vienne défendre l'invention à sa place, car il peut arriver que le comité d'examen ne comprenne pas l'importance de cette dernière ou se pose des questions à son sujet.

Les entreprises ou organismes ayant des programmes de brevets relativement complexes peuvent avoir mis en place des cartes stratégiques caractérisant et identifiant les inventions qui se rapportent spécifiquement à un produit, une catégorie de produits ou l'ensemble d'un secteur industriel. Lorsqu'un client élabore une telle carte, chaque invention divulguée doit y figurer. Il va de soi qu'un grand nombre de petits clients n'ont pas de cartes stratégiques.

Un autre avantage que présentent les formulaires de divulgation d'invention est qu'ils fournissent une preuve de la paternité des inventions, notamment lorsqu'ils sont cosignés par une personne qui n'est pas l'inventeur; les règles, à cet égard, varient d'un pays à l'autre. Dans les systèmes qui reposent sur le principe du premier déposant, savoir qui est le premier inventeur n'a généralement pas d'incidence sur la brevetabilité, mais des questions se posent lorsqu'il s'agit de déterminer qui est l'inventeur et, par conséquent, a droit au brevet. Les formulaires de divulgation d'invention peuvent également fournir des preuves secondaires lorsque l'inventeur a fait cession de ses droits à un tiers, par exemple son employeur.

Dans certains systèmes de brevets, la demande doit exposer le meilleur mode de réalisation de l'invention connu de l'inventeur. Le formulaire de divulgation d'invention peut également être utile à cet égard.

Un formulaire de divulgation d'invention peut toutefois présenter aussi des risques pour une entreprise. Un défendeur, dans une action en contrefaçon, peut par exemple l'utiliser pour défendre une interprétation des revendications d'un brevet fondée sur un énoncé restrictif qu'il contient. De la même manière, un défendeur peut faire valoir que l'inventeur s'est rendu coupable de conduite inéquitable en omettant de divulguer dans sa demande un élément connu de l'état de la technique qui est mentionné dans le formulaire de divulgation de l'invention. Le rédacteur de brevets peut limiter ces risques en proposant au client une formation destinée à apprendre à son personnel à remplir correctement un formulaire de divulgation d'invention. Le rédacteur de brevets doit également aider son client à faire en sorte que les questions de divulgation d'informations soient traitées d'une manière adéquate et professionnelle.

Les inventions que la société retient en vue de les breveter doivent être celles qui offrent les meilleures perspectives de rendement – que ce soit sous forme de redevances de licence ou parce qu'elles permettront de fabriquer des produits qui généreront des ventes plus importantes parce qu'ils bénéficient de la protection d'un brevet.

L'astuce du professionnel

Lorsque vous rédigez une demande de brevet, demandez-vous toujours si elle favorisera les intérêts de votre client. Cela vous guidera dans la formulation des revendications et vous aidera à prendre des décisions concernant la limitation de la portée des revendications au cours de l'instruction de la demande.

Rappelez-vous aussi que pour être sûr de bien choisir l'invention à breveter, il peut être nécessaire de consulter des personnes ayant un éventail de compétences plus large que celui de l'équipe de chercheurs et d'ingénieurs qui l'a créée.

Exemple

L'ingénieur Y a créé deux inventions, A et B. L'invention A est une solution extrêmement ingénieuse qui règle un problème mineur relatif au produit le moins rentable de la société. L'invention B, assez banale mais probablement encore brevetable, apporte une amélioration au produit vedette de la société. Cette dernière n'a pas les moyens de breveter les deux inventions.

L'ingénieur Y recommande de déposer l'invention A, parce qu'elle est vraiment ingénieuse d'un point de vue technique. Le rédacteur de brevets discute de l'invention avec le directeur commercial Z, qui lui apprend que l'amélioration apportée par l'invention B permettrait d'augmenter de 75% le chiffre d'affaires des produits de la société.

Compte tenu de cette importante information fournie par le service commercial, la direction de la société choisit de déposer une demande de brevet sur l'invention B.

En fait, il y a de bonnes chances pour que d'autres facteurs viennent compliquer le scénario exposé dans notre exemple, entre autres la facilité avec laquelle un concurrent pourrait contourner un brevet sur l'invention B et l'étendue de la protection qu'il serait possible d'obtenir sur cette invention. S'il se révèle que l'invention B n'est pas vraiment brevetable, la société aura plutôt avantage à demander un brevet pour l'invention A.

2. Apprendre aux scientifiques et aux techniciens quoi déposer, qui nommer en tant que coinventeur et comment préparer les divulgations d'invention

En plus de son rôle de sensibilisation à la valeur des brevets, le rédacteur de brevets doit faire en sorte que les principaux ingénieurs et scientifiques de l'entreprise concernée comprennent certains aspects essentiels du processus des brevets. À cet égard, il pourra lui être extrêmement utile de s'assurer au sein de l'organisation de son client le concours d'un *défenseur des brevets* – il s'agira le plus souvent d'un inventeur jouissant du respect de ses collègues (autrement dit d'un référent technique), qui pourra faire part à la fois à ces derniers et au rédacteur de brevets des développements prometteurs issus du laboratoire d'ingénierie.

Nous avons également observé que les formulaires de divulgation d'invention impliquent la prise de décisions dans des délais précis. Le rédacteur de brevets doit donc s'assurer non seulement qu'une personne au sein de l'organisation cliente remettra ces formulaires aux scientifiques et aux ingénieurs, mais aussi qu'elle les aidera à les remplir. Il peut également convenir avec le client d'organiser simplement une entrevue avec le ou les inventeurs afin de recueillir toutes les informations demandées sur un formulaire de divulgation standard.

L'astuce du professionnel

Il vous faudra peut-être demander l'aide de cadres en ce qui concerne l'application des règles relatives à la reconnaissance de la qualité d'inventeur. De plus, il est évident que vous ne pouvez pas accepter de préparer une demande de brevet pour une personne dont vous savez qu'elle n'est pas propriétaire de l'invention concernée.

Exemple

Le client veut breveter une invention relative au produit W, qu'il s'apprête à exposer dans deux semaines à un salon professionnel. Si une demande de brevet n'est pas déposée dans les deux prochaines semaines, le client perdra son droit au brevet dans la plupart des pays dont la législation ne prévoit qu'un délai de grâce très bref après la date de divulgation.

Il s'agit là d'une information importante, qui doit être communiquée sans délai au rédacteur de brevets.

Heureusement, la société a nommé en interne un défenseur des brevets qui reçoit l'information relative à la divulgation prochaine du produit et en informe le rédacteur de brevets bien avant l'expiration du délai de deux semaines. Ce dernier se met au travail immédiatement, afin de pouvoir déposer la demande de brevet avant la date fatidique.

Si le client n'avait pas désigné de défenseur des brevets, le rédacteur de brevets aurait eu la difficile tâche d'expliquer au client qu'il ne pouvait plus demander de brevet pour le produit W dans certains des pays qui l'intéressaient.

Les rédacteurs de brevets découvrent parfois que leurs clients s'intéressent beaucoup plus aux brevets une fois qu'ils ont manqué l'occasion de breveter une invention importante ou lorsqu'ils sont poursuivis en contrefaçon – ou menacés de l'être. Bien qu'elles soient difficiles, ces situations présentent l'intérêt de sensibiliser les clients pour longtemps, et ainsi, d'aider les rédacteurs de brevets à assurer la protection de leurs inventions importantes.

Avant de commencer à rédiger une demande de brevet, le rédacteur doit réunir toutes les informations essentielles au sujet de l'invention, que ce soit au moyen d'un formulaire de divulgation d'invention ou dans une rencontre avec le client. Certaines dates devront lui être communiquées pour lui permettre de vérifier si l'invention est encore brevetable; de la même manière, il devra recevoir tous les renseignements nécessaires pour savoir qui peut être considéré comme inventeur. Il peut être nécessaire pour le rédacteur de brevets d'être ferme et direct dans son examen sur ce dernier point – il n'est pas rare, en effet, que des cadres supérieurs soutiennent qu'ils ont contribué à une invention, simplement parce qu'ils ont encouragé ou supervisé le travail, alors qu'il n'y a dans le monde que peu de législations qui reconnaîtraient cette prétention (autrement dit, les pratiques relatives aux demandes de brevet sont très différentes de celles qui s'appliquent à l'attribution de la paternité des articles scientifiques). À l'inverse, et pour toutes sortes de raisons, les personnes qui ont apporté une contribution inventive ne souhaitent pas toujours être nommées en tant qu'inventeurs. En vertu de la Convention de Paris, les inventeurs ont le droit d'être mentionnés en tant que tels dans les brevets; dans de nombreux pays, les inventeurs sont autorisés à renoncer à ce droit.

Si le rédacteur de brevets dépose une demande dans laquelle le ou les inventeurs ne sont pas correctement désignés, cette demande risque d'être rejetée. Dans le pire des cas, s'il le fait sciemment, la demande pourra être considérée comme frauduleuse, et le rédacteur de brevets risquera d'être poursuivi pour faute professionnelle. Par conséquent, ce dernier aura souvent pour tâche d'enquêter pour savoir qui sont les inventeurs, et pour retirer de la liste ceux qui n'ont pas apporté de contribution inventive.

3. Créer un comité interne d'examen des brevets

Ainsi qu'il a été mentionné au début du présent module, certains clients peuvent avoir avantage à créer un comité d'examen des brevets chargé d'évaluer périodiquement les inventions divulguées et de leur faire des recommandations au sujet des dépôts de brevets qu'ils devraient effectuer. Le rédacteur de brevets pourra siéger à ce comité et le conseiller en matière de brevetabilité ainsi que sur d'autres questions connexes, mais ne devra pas dicter les décisions de dépôt de brevets du client. Les autres membres du comité d'examen des brevets comprendront notamment les principaux scientifiques, ingénieurs et inventeurs du client, ainsi qu'un membre du personnel commercial de ce dernier. La présence d'un cadre supérieur du client peut également être utile, car elle offrira une perspective précieuse et contribuera à obtenir l'adhésion de l'équipe dirigeante.

Le comité devrait se réunir régulièrement, pour être efficace et aider l'entreprise à adopter une stratégie de brevet dynamique et conforme au marché ainsi qu'à l'environnement commercial.

4. Programmes pour encourager les inventeurs à innover et à révéler leurs découvertes

Une personne créative dont les inventions sont brevetables mais ignorées peut cesser d'inventer ou cesser de parler de ses inventions, ce qui fera perdre à l'employeur une occasion précieuse de bénéficier du talent d'un inventeur. C'est pourquoi de nombreuses entreprises mettent en place un mécanisme de récompense des inventions brevetables destiné à encourager leurs inventeurs.

La nature de la récompense varie. Certaines entreprises prévoient des incitations spécifiques dans les contrats de travail qu'elles signent avec des inventeurs particulièrement importants. Ces derniers peuvent par exemple recevoir :

i) une prime modique pour la divulgation d'une invention;
ii) une prime un peu plus importante lors du dépôt d'une demande devant l'office des brevets; ou
iii) une prime plus importante lors de la délivrance du brevet.

Il est rare que les entreprises versent l'ensemble de ces primes pour une même invention, la plupart d'entre elles offrant les primes i) et iii) ou les primes ii) et iii).

Dans certains cas, les inventeurs reçoivent une prime lors de la signature d'un contrat de concession de licence sur leur invention. Cette formule est courante dans les universités. L'inventeur peut se voir proposer, par exemple, un pourcentage fixe, peu important, des redevances issues de son invention ou un pourcentage plus élevé, mais à condition que les sommes ainsi versées soient investies dans le laboratoire de l'inventeur. L'université peut également diviser le montant des redevances de licence, et en verser une partie à titre de prime pécuniaire à l'inventeur, et une autre, sous forme de contribution aux frais du laboratoire ou du département de l'inventeur. Certains inventeurs particulièrement importants sont connus pour avoir un personnel dont le salaire est entièrement payé par les redevances de brevet de l'inventeur. Ce type de rémunération liée à la concession de licences est généralement versé en plus des autres incitations dont peut bénéficier l'inventeur, par exemple celles qui sont évoquées ci-dessus.

En plus de ces primes, de nombreuses organisations prévoient des programmes de reconnaissance plus personnels. Certaines offrent à leurs inventeurs des copies encadrées de leurs brevets ou une plaque spéciale portant des informations sur ces derniers. D'autres peuvent utiliser des modes de reconnaissances plus originaux, par exemple une veste ayant une poche de poitrine au-dessus de laquelle est brodé le numéro du brevet. Un grand nombre organisent également un dîner annuel de reconnaissance des inventeurs auquel assistent des membres importants de la haute direction, tels que le président ou le directeur général, qui remercient les inventeurs pour leurs créations et leur expriment leur sincère gratitude pour les efforts qu'ils ont fournis. Ce type de geste ajoute aux systèmes de rémunération un élément émotif qui peut être profondément apprécié par certains inventeurs et avoir un impact de motivation et d'encouragement très positif.

Lorsqu'un client lui demande conseil au sujet de la rémunération des inventeurs, il est important que le rédacteur de brevets lui explique que d'autres domaines du droit, tels que le droit des valeurs mobilières et le droit du travail, peuvent intervenir dans les programmes qui existent à cet égard. Une entreprise, par exemple, sera probablement tenue de publier sa politique de rémunération des inventeurs, et devra justifier, auprès d'un organisme de réglementation des valeurs mobilières, toute rémunération qui équivaudrait à un don pur et simple de sa part à un inventeur. Comme dans bien des domaines liés aux brevets, les règles qui s'appliquent en cette matière varient d'un système juridique à l'autre, et le rédacteur de brevets doit donc bien comprendre les lois qui régissent la titularité des inventions dans son propre pays et dans ceux qui intéressent ses clients. Aux États-Unis d'Amérique, par exemple, le cadre législatif prévoit que l'inventeur est propriétaire de ses créations, mais le droit du travail permet généralement d'inclure dans les contrats de travail des clauses obligeant les inventeurs à céder à leur employeur tous les droits relatifs aux inventions créées dans le cadre de leur emploi, et cela sans rémunération supplémentaire. Dans d'autres pays, par exemple en Allemagne, les entreprises doivent, en revanche, verser une rémunération supplémentaire à leurs employés pour les inventions brevetables qu'ils créent dans le cadre de leur emploi. Les rédacteurs de brevets n'ont pas pour rôle de conseiller leurs clients en matière de droit du travail, mais il est important qu'ils sachent à qui appartiennent les droits relatifs aux inventions pour lesquelles la protection est demandée.

5. Éthique professionnelle

Dans de nombreux pays, seuls les professionnels réglementés sont autorisés à représenter les déposants de brevets et à suivre l'instruction de leurs demandes devant l'office compétent. Ils portent généralement le titre de *conseil en brevets* ou *agent de brevets*, et sont tenus de respecter le code de déontologie et les règles s'appliquant à leur profession dans le ou les systèmes juridiques concernés. La présente section concerne principalement ces catégories professionnelles, mais, quel que soit leur titre, les rédacteurs de brevets doivent tous respecter des règles d'éthique professionnelle, de sorte que ce qui suit s'applique largement à toutes les formes de cette profession.

De nombreux systèmes juridiques prévoient un code de déontologie auquel les conseils en brevets et les agents de brevets doivent souscrire pour pouvoir continuer à exercer leur profession. Dans certains systèmes juridiques, les codes de déontologie et d'éthique professionnelle des professionnels en matière de brevets reprennent les mêmes principes que ceux qui s'appliquent à *l'ensemble* des professionnels du droit. Certains pays ont un mécanisme de suivi des plaintes reçues par leur office des brevets, que ce soit directement des clients ou par l'intermédiaire d'autres organismes juridiques tels que l'association du barreau; un conseil en brevets qui perd son droit d'exercice perd aussi généralement son droit de représenter des clients devant l'office des brevets.

Les rédacteurs de brevets doivent se familiariser avec le code de déontologie en vigueur dans leur propre système juridique, ainsi que dans celui des pays qui intéressent leurs clients. Ces codes sont habituellement inspirés par le bon sens. Si un rédacteur de brevets se demande si quelque chose est approprié ou équitable et conclut par la négative, il devra réfléchir à deux fois avant d'agir, quelle que soit l'action en question (en particulier parce que les codes de déontologie ne sont pas exhaustifs et que le fait que cette action ne soit pas couverte par une règle d'éthique ne signifie pas qu'elle ne constituerait pas une faute professionnelle).

Voici quelques-unes des règles que l'on trouve couramment dans les codes de déontologie nationaux ou régionaux.

i) **Un rédacteur de brevets ne doit jamais déposer une demande de brevet dont il sait qu'elle n'est pas valable (délai de forclusion dépassé, description insuffisante, etc.)**
Il est parfois nécessaire, pour un rédacteur de brevets, de déposer une demande qui sera mise en question par le gouvernement et risque donc de conduire à un rejet. La brevetabilité des premières inventions biotechnologiques déposées aux États-Unis d'Amérique, par exemple, était souvent discutable à l'époque. C'est d'ailleurs finalement par la Cour suprême des États-Unis d'Amérique, et non par l'Office des brevets et des marques (USPTO) qu'a été tranchée la question de la brevetabilité des inventions biotechnologiques dans ce pays. Les rédacteurs de brevets qui ont déposé ces premières demandes avaient respecté en tous points les règles de l'éthique; ils y auraient contrevenu, en revanche, s'ils avaient négligé d'avertir leurs clients que les dépôts en question risquaient fort d'être contestés.

ii) **Le rédacteur de brevets doit informer son client en temps voulu de l'évolution de ses demandes et brevets.**
Le rédacteur d'un brevet doit, par exemple, aviser son client de la réception de toute notification de la part de l'office des brevets, et cela suffisamment longtemps avant l'expiration du délai imparti pour y répondre. Il doit également soumettre à son client la réponse qu'il envisage d'envoyer à l'office des brevets.

iii) **Le rédacteur de brevets doit se tenir au courant des changements de règles et de procédures applicables à son domaine de pratique.**
Le rédacteur de brevets doit également aviser ses clients de ces changements lorsqu'ils sont susceptibles d'avoir une incidence sur une demande en instance.

iv) **Le rédacteur de brevets doit toujours être honnête dans ses communications avec l'office des brevets et avec ses clients.**
Concrètement, cela signifie qu'un rédacteur de brevets ne peut pas défendre la brevetabilité d'une invention alors qu'il en doute personnellement. Comparons les deux situations suivantes :

   a) Selon l'examinateur, tous les éléments revendiqués dans la demande de brevet sont représentés sur la figure 1 d'une référence à l'état de la technique. Le rédacteur de brevets est d'accord avec l'examinateur, mais dépose une réponse dans laquelle il soutient que les éléments revendiqués ne sont pas représentés dans la référence à l'état de la technique.
   b) Selon l'examinateur, tous les éléments revendiqués dans la demande de brevet sont représentés sur la figure 1 d'une référence à l'état de la technique. Le rédacteur de brevets estime que le libellé utilisé dans la référence est ambigu et que l'examinateur n'est parvenu à cette interprétation qu'à la lumière des informations dégagées de la demande de brevet de son client. Il formule sa réponse en conséquence.

La réponse donnée dans la situation a) est probablement contraire à l'éthique dans la plupart des systèmes juridiques, tandis que la réponse donnée dans la situation b) respecte probablement les règles de l'éthique dans la plupart des systèmes juridiques.

v) **Le rédacteur de brevets doit toujours effectuer le travail qu'il a accepté, et le faire dans les délais prévus.**
Un rédacteur de brevets ne peut pas dire à un client qu'il va préparer une demande de brevet et ne pas s'acquitter de cette tâche. Si le rédacteur de brevets sait qu'il ne lui sera pas possible de préparer la demande en temps voulu, il ne doit pas accepter le travail. S'il découvre qu'il ne pourra pas effectuer un travail qu'il a déjà accepté, il doit en aviser le client dans les plus brefs délais, afin de permettre à ce dernier de le remplacer. Un rédacteur de brevets ne doit jamais être le principal responsable de l'échec d'un client à obtenir un brevet pour protéger une invention importante.

vi) **Le rédacteur de brevets doit défendre l'invention de son client.**
La première réponse de l'office à une demande de brevet est souvent une objection. Le rédacteur de ce brevet ne peut pas simplement dire au client que sa demande a été rejetée et ne pas l'informer qu'il est possible de répondre à cette première objection de l'office. Il arrive que l'état de la technique cité par l'examinateur soit tellement indiscutable que le client abandonne sa demande parce qu'il a peu de chances d'obtenir une protection digne de ce nom, mais ce n'est pas ce qui se passe dans la majorité des cas.
Le rédacteur de brevets ne doit pas se limiter à des revendications de portée étroite dans la rédaction d'une demande, à moins que ce ne soit ce que lui a demandé son client.
Une demande de brevet qui définit l'invention de manière étroite a plus de chances d'être acceptée que si la portée des revendications est large; en revanche, un brevet à revendication étroite risque de priver le client d'une partie de la protection à laquelle il a droit. Ainsi qu'il est souligné ailleurs dans le présent manuel, l'office des brevets n'a aucune obligation de dire au rédacteur d'un brevet qu'il a la possibilité d'élargir des revendications - l'office se prononce seulement sur les revendications qu'il reçoit, et ne soulèvera pas d'objection au motif ces dernières sont trop étroites.
De la même manière, le rédacteur d'un brevet ne doit pas se soumettre à toutes les volontés de l'examinateur dans le seul but de ne pas ralentir le traitement d'une demande de brevet, à moins d'en avoir informé son client et reçu de la part de ce dernier la permission expresse d'accepter une protection plus étroite que celle à laquelle il pourrait avoir droit. En résumé, le rédacteur de brevets doit toujours être prêt à négocier au nom de son client.
Le rôle d'un rédacteur de brevets ne se limite pas à remplir des formulaires et à rédiger des documents techniques; il comporte également l'obligation de consacrer au traitement des demandes de son client la même attention que s'il était lui-même l'inventeur. La mission que confie le client au rédacteur de brevets est pour lui d'une extrême importance, et ce dernier doit se montrer à la hauteur de la confiance qui lui est ainsi manifestée.

vii) **Le rédacteur de brevets doit veiller à éviter les conflits d'intérêts.**
Un rédacteur de brevets ne peut pas favoriser les intérêts d'un client au détriment de ceux d'un autre. Supposons, par exemple, qu'il dépose pour deux clients distincts des demandes contenant des revendications similaires, que ces demandes soient traitées simultanément et que l'examinateur cite l'objet de l'une comme état de la technique à l'encontre de l'autre - le rédacteur de brevets pourra alors modifier les revendications de l'une des demandes pour qu'elle devienne brevetable malgré l'existence de l'autre ou faire valoir que l'état de la technique cité n'est pas pertinent, *mais comment pourra-t-il faire tout cela tout en continuant à défendre vigoureusement les intérêts de ses deux clients*? Un grand nombre de codes de déontologie reconnaissent que dans une telle situation, il est complètement impossible pour un rédacteur de brevets de s'acquitter adéquatement de sa tâche. Il est donc important qu'il examine soigneusement les missions qui lui sont proposées par des clients avant de les accepter, de manière à éviter les risques de conflits d'intérêts. Si un tel conflit survient en dépit de ses efforts, le rédacteur de brevets respectueux des règles de l'éthique se verra dans l'obligation de transférer les deux demandes conflictuelles à un autre conseil. Un rédacteur de brevets doit toujours éviter les situations dans lesquelles il risque de devoir prendre parti pour l'un de ses clients au détriment d'un autre.

Mots-clés

- Système d'enregistrement de brevets
- Programme d'incitation
- Référent technique
- Comité d'examen des brevets
- Éthique professionnelle
- Conflit d'intérêts

Testez vos connaissances

- ☐ Qu'est-ce qu'un "référent" technique, et quel rôle important peut-il jouer pour favoriser l'acquisition d'une "culture du brevet" dans une entreprise ou un organisme?
- ☐ Énumérez plusieurs personnes qui devraient siéger au comité d'examen des brevets.
- ☐ Comment un rédacteur de brevets peut-il créer un environnement favorable aux brevets dans une entreprise ou un organisme?
- ☐ Comment un formulaire de divulgation d'invention doit-il être utilisé?
- ☐ Qu'est-ce qu'un code de déontologie pour les conseils en brevets ou les agents de brevets? Donner trois exemples de règles d'éthique.

Annexes

Annexe A Exemples de bases de données

PATENTSCOPE (www.wipo.int/patentscope)

PATENTSCOPE est une base de données tenue à jour par l'Organisation Mondiale de la Propriété Intellectuelle (OMPI). Elle permet d'accéder aux demandes internationales selon le Traité de coopération en matière de brevets (PCT)[47] en texte intégral le jour même de leur publication, ainsi qu'aux documents de brevet publiés par les offices de brevets nationaux ou régionaux qui collaborent avec l'OMPI[48].

Les recherches peuvent être effectuées par mots clés, par noms de déposants, par catégories de la classification internationale des brevets et au moyen de nombreux autres critères de recherche dans différentes langues. Depuis juin 2020, l'interface de recherche est disponible en 10 langues (français, allemand, anglais, arabe, chinois, coréen, espagnol, japonais, portugais et russe).

À noter que les demandes internationales selon le PCT sont publiées 18 mois après la date de dépôt (ou de priorité). De même, les demandes de brevet en instance sont publiées seulement 18 mois après le dépôt (ou 18 mois à compter de la date de priorité).

Bases de données des offices nationaux ou régionaux de brevets

Bon nombre d'offices nationaux ou régionaux de brevets publient les demandes de brevet et les brevets délivrés sur leur site Web. Certains offices publient également les demandes ou les brevets publiés en papier (par exemple, dans le Bulletin officiel). Dans certains pays, seules les informations bibliographiques sont publiées en ligne ou sur papier. Dans ces pays, les personnes qui souhaitent accéder à l'intégralité du contenu des demandes publiées ou des brevets doivent parfois se rendre à l'office des brevets afin de consulter le dossier sur place.

On trouvera des exemples de bases de données en ligne tenues à jour par des offices nationaux ou régionaux de brevets à l'adresse www.wipo.int/patentscope/fr/national_databases.html.

Les coordonnées de ces offices nationaux ou régionaux de brevets, ainsi que les adresses URL de leurs sites Web, sont disponibles à l'adresse www.wipo.int/members.

Les bases de données sur les brevets sont également accessibles depuis les sites Web des offices nationaux ou régionaux.

Bases de données scientifiques

Il existe aussi un certain nombre de bases de données spécialisées dans des domaines scientifiques ou techniques particuliers. Le rédacteur de brevets a tout intérêt à les connaître, dans la mesure où elles contiennent des articles se rapportant aux progrès techniques réalisés dans le domaine en question. Du fait que l'état de la technique ne se limite pas aux documents de brevet, il est important de parcourir ces bases de données scientifiques lorsqu'on effectue une recherche de brevetabilité (état de la technique) approfondie.

Annexe B Exemple de formulaire de divulgation

Confidentiel

Divulgation n° : ____________________
État : ____________________

Formulaire de divulgation de l'invention

Nom : ____________________
Numéro de téléphone professionnel : ____________________
Adresse électronique : ____________________

1. TITRE PROPOSÉ : ____________________

2. DOMAINE DE L'INVENTION : ____________________

A. La présente invention concerne essentiellement :

____

3. TECHNIQUE ANTÉRIEURE ET CONNEXE

A. L'invention se propose de résoudre le problème technique suivant :

____

B. L'état de l'art antérieur le plu proche de l'invention est suivant :

____

C. Les avantages présentés par l'invention sont les suivants :

____

4. DESSIN(S)

Des dessins illustrant l'invention sont fournis/ne sont pas fournis. Dans l'affirmative, veuillez les joindre en annexe OBSERVATIONS sur les dessins fournis :

____

5. DESCRIPTION ÉCRITE

L'invention est décrite dans les termes suivants :

____

Note 1 : Si nécessaire, veuillez ajouter des pages supplémentaires.
Note 2 : Si vous détenez d'autres documents ou dessins se rapportant à l'invention, veuillez en joindre des exemplaires au présent formulaire.

6. INVENTEUR(S) (la présente section doit être remplie)

INVENTEUR 1 : ____________________

Nom : ____________________

Domicile : ____________________

Nationalité : ____________________

INVENTEUR 2 : ____________________

Nom : ____________________

Domicile : ____________________

Nationalité : ____________________

OBSERVATIONS relatives aux inventeurs ou à la qualité d'inventeur (si l'un des inventeurs réside hors du pays) :

____

7. DATES D'ESSAI ET DE MISE EN CIRCULATION DU PRODUIT

Essai alpha : ____________________

Essai bêta : ____________________

Mise en circulation ou vente générale : ____________________

Offres de vente : ____________________

OBSERVATIONS relatives à l'essai et à la mise en circulation du produit :

____

8. DIVULGATION DE L'INVENTION

L'invention a-t-elle déjà fait l'objet d'une divulgation ou d'une utilisation par le grand public? Une divulgation future de l'invention est-elle prévue? Quand et à qui? Dans le cadre d'un accord de non-divulgation?

____

Veuillez joindre une copie de toute divulgation ou de tout accord de non-divulgation.

9. DIVULGATION(S) INTERNE(S)

Date de la première divulgation interne : ____________________

Nom de la première personne à laquelle l'invention a été divulguée : ____________________

OBSERVATIONS relatives à la première divulgation interne : ____________________

10. ARTICLE(S)

Des articles ont-ils été publiés?

____

PRÉCISIONS concernant la publication d'articles :

____

Veuillez joindre un exemplaire des articles publiés.

11. ANNONCES PUBLICITAIRES, COMMUNIQUÉS DE PRESSE ET COMMUNICATIONS RELATIVES AU PRODUIT

Le produit a-t-il fait l'objet d'une annonce publicitaire, d'un communiqué de presse ou d'une communication?

____

PRÉCISIONS concernant les annonces publicitaires, communiqués de presse et communications relatives au produit :

____

Veuillez joindre des copies de toute annonce publicitaire, communiqué de presse et communication relative au produit.

12. DIVULGATION(S) À L'EXTÉRIEUR

L'invention a-t-elle fait l'objet d'une divulgation à l'extérieur de l'entreprise?

____

Toutes les divulgations à l'extérieur de l'entreprise étaient-elles régies par un accord de non-divulgation?

____

PRÉCISIONS concernant les divulgations à l'extérieur de l'entreprise :

____

Veuillez joindre des copies de l'information divulguée ou de tout accord de non-divulgation.

13. SALONS PROFESSIONNELS ET CONFÉRENCES

Des salons professionnels ou des conférences sont-ils prévus dans un proche avenir?

____

PRÉCISIONS concernant les salons professionnels et conférences prévus dans un proche avenir :

____

OBSERVATIONS SUPPLÉMENTAIRES FORMULÉES PAR L'INVENTEUR :

____

____

____

Signature : ______________________

Date : ______________________

Authentifiée par : ______________________

Date : ______________________

Annexe C Ressources et outils de l'OMPI

Guides et autres publications

Guide des bases de données technologiques (2012) : www.wipo.int/publications/fr/details.jsp?id=249&plang=FR

Guide sur l'utilisation de l'information en matière de brevets (2015) : www.wipo.int/publications/fr/details.jsp?id=180&plang=FR

Inventer le futur : Initiation aux brevets pour les petites et moyennes entreprises, La propriété intellectuelle au service des entreprises, n° 3 (2018) : www.wipo.int/edocs/pubdocs/fr/wipo_pub_917_1.pdf

Les brevets comme moyen d'accès à la technologie : Introduction (2015) : www.wipo.int/publications/fr/details.jsp?id=173&plang=FR

Quelques aspects des lois nationales/régionales sur les brevets, annexe II révisée du document SCP/12/3 Rev.2 : Rapport sur le système international des brevets (2020) : www.wipo.int/scp/fr/annex_ii.html

Recensement des inventions dans le domaine public : Guide à l'intention des inventeurs et des entrepreneurs (2020) : www.wipo.int/publications/fr/details.jsp?id=4501

Outils et pages Web

Académie de l'OMPI, Cours avancé d'enseignement à distance sur les brevets DL-301 : https://welc.wipo.int/acc/index.jsf?page=courseCatalog.xhtml&lang=fr

Base de données PATENTSCOPE et guide de l'utilisateur : www.wipo.int/patentscope/fr

Brevets : Qu'est-ce qu'un brevet? www.wipo.int/patents/fr

Bulletin d'information du PCT : www.wipo.int/pct/en/newslett/

Classification internationale des brevets (CIB) : www.wipo.int/classifications/ipc/fr/index.html

Le Guide du déposant du PCT : www.wipo.int/pct/fr/guide/index.html

Mécanismes d'opposition et de révocation administrative : www.wipo.int/scp/en/revocation_mechanisms

Modèles d'utilité : www.wipo.int/patents/en/topics/utility_models.html

Qu'est-ce que la propriété intellectuelle? www.wipo.int/about-ip

Questions fréquemment posées au sujet du PCT : https://www.wipo.int/pct/fr/faqs/faqs.html

Recherche dans la base de données WIPO Lex : https://wipolex.wipo.int/fr/main/legislation

Répertoire des offices de propriété intellectuelle : www.wipo.int/directory/fr/urls.jsp

Système international des brevets : www.wipo.int/pct/fr/index.html

WIPO Pearl : Le portail terminologique multilingue de l'OMPI : www.wipo.int/reference/fr/wipopearl/index.html

Notes de fin de document

1 L'article 1.2) de la Convention de Paris pour la protection de la propriété industrielle (Acte de Stockholm (1967)) est libellé comme suit : "La protection de la propriété industrielle a pour objet les brevets d'invention, les modèles d'utilité, les dessins ou modèles industriels, les marques de fabrique ou de commerce, les marques de service, le nom commercial et les indications de provenance ou appellations d'origine, ainsi que la répression de la concurrence déloyale".

2 Cette définition figure à l'article 27.1 de l'Accord sur les aspects des droits de propriété intellectuelle qui touchent au commerce (Accord sur les ADPIC). Certains pays remplacent "implique une activité inventive" par "soit non évidente" et "susceptible d'application industrielle" par "utile". Ces termes sont synonymes, mais non interchangeables, comme nous le verrons.

3 Dans certains pays, les dessins et modèles peuvent être protégés par des "brevets de dessin ou modèle" (par exemple, en Chine et aux États-Unis d'Amérique). Aux États-Unis d'Amérique, des "brevets de plantes" peuvent être délivrés pour toute "variété de plante distinctive et nouvelle, y compris les spores, mutants et hybrides cultivés et les semis de hasard, autre qu'une plante multipliée par tubercules ou qu'une plante trouvée à l'état sauvage".

4 La *date de priorité* peut être pertinente si une demande de brevet revendique la priorité d'une demande antérieure portant sur la même invention et déposée dans une autre juridiction. La date de priorité est la date de dépôt de cette demande antérieure. Voir le module VIII, section 2.

5 *Merck & Co., Inc.* c. *TEVA PHARMACEUTICALS USA*, 288 F. Supp. 2d 601 (D. Del. 2003).

6 L'article 27.1 de l'Accord sur les ADPIC traite ces termes comme des synonymes. Toutefois, ils ne sont pas exactement synonymes.

7 Article 101 du titre 35 du Code des États-Unis d'Amérique ("Inventions brevetables").

8 L'article 2.1) de la loi sur les brevets (loi n° 121 de 1959).

9 Article 52.2) de la CBE.

10 Article 52.3) de la CBE.

11 Les règles administratives relatives au dépôt d'une demande de brevet sont décrites dans le module VIII.

12 Comme dans l'article 5 du PCT, le terme "description" est utilisé dans le présent manuel. Dans certains pays, les termes "description" et "spécification" sont utilisés de manière interchangeable; dans d'autres, le terme "spécification" couvre à la fois la description et les revendications.

13 Voir www.fiveipoffices.org/activities/globaldossier/CAF.

14 Giles S. Rich, "The Extent of the Protection and Interpretation of Claims: American Perspectives" (1990) 21 Int'l Rev. Indus. Prop. & Copyright L. 497, 499.

15 Directives relatives à l'examen de l'OEB, chapitre IV, paragraphe 1 ("Généralités"), disponible à l'adresse https://new.epo.org/fr/legal/guidelines-epc/f_iv_1.html.

16 Directives relatives à l'examen de l'OEB, chapitre IV, paragraphe 2.1 ("Caractéristiques techniques"), disponible à l'adresse https://new.epo.org/fr/legal/guidelines-epc/2023/f_iv_2_1.html guidelines-epc/2023/f_iv_2_1.html.

17 Un moyen pour éviter que la phrase de transition "comprenant" ne soit interprétée comme une phrase fermée est d'inclure dans la description une phrase du type : "Dans la description et les revendications, le mot 'comprend' et ses variations ne sont pas destinés à exclure d'autres éléments, caractéristiques techniques, limitations, additifs, composants ou étapes".

18 Les jeux de revendications et les revendications indépendantes ou dépendantes sont expliqués à la section 3.

19 À noter qu'il ne s'agit pas d'ajouter du texte pour plus de clarté lorsqu'il y a plusieurs dessins mentionnés, par exemple : "(13 – figure 3; 14– figure 4)". Ce type d'approche est autorisé dans de nombreuses juridictions.

20 Dans quelques pays, les revendications dites "générales", qui font généralement référence à la description ou aux dessins sans prévoir de limitations particulières, sont autorisées. Exemple de revendication générale : "1. Appareil pour la récolte du maïs tel que décrit dans la description", ou "1. Extracteur de jus tel que présenté dans la figure 4".

21 D'après l'affaire *Ex parte Jepson*, 243 Off. Gaz. Pat. Off. 525 (Ass't Comm'r Pat. 1917).

22 Directives relatives à l'examen de l'OEB, chapitre IV, paragraphe 2.2 ("Présentation en deux parties"), disponible à l'adresse https://new.epo.org/fr/legal/guidelines-epc/2023/f_iv_2_2.html guidelines-epc/2023/f_iv_2_2.html.

23 Tiré de EP 463,756 B1.

24 Directives relatives à l'examen de l'OEB, chapitre IV, paragraphe 3.2 ("Nombre de revendications indépendantes"), disponible à l'adresse https://new.epo.org/fr/legal/guidelines-epc/2023/f_iv_3_2.html guidelines-epc/2023/f_iv_3_2.html.

25 La première revendication d'un brevet délivré porte toujours le numéro 1.

26 Tiré de EP 463,756 B1.

27 Voir l'article 26 du PCT, "Occasion de corriger auprès des offices désignés".

28 Pour le texte du traité, voir www.wipo.int/treaties/fr/registration/budapest/index.html.

29 D'après l'affaire *In re Beauregard*, 53 F.3d 1583 (Fed. Cir. 1995).

30 D'après l'affaire *In re Lowry*, 32 F.3d 1579 (Fed. Cir. 1994).

31 Il est dit qu'un défendeur accusé de porter atteinte à une revendication concernant deux éléments "parfaitement alignés" a fait valoir que, bien qu'il ait effectivement aligné ses propres éléments, il ne l'avait pas fait "parfaitement".

32 Directives concernant la recherche internationale et l'examen préliminaire international selon le PCT, troisième partie ("Consignes d'examen communes à l'administration chargée de la recherche internationale et à l'administration chargée de l'examen préliminaire international"), chapitre 10 ("Unité de l'invention"), règle 10.17, disponible à l'adresse www.wipo.int/export/sites/www/pct/fr/docs/texts/ispe.pdf.

33 Dans cet exemple, le numéro de référence "102" indique que le numéro "102" est attribué au dispositif avertisseur sur un ou plusieurs des dessins contenus dans la demande. Les schémas concernant les numéros de référence pour les dessins seront examinés à la section IV.

34 L'Organisation Mondiale de la Propriété Intellectuelle (OMPI) gère des bases de données sur les législations nationales, régionales ou internationales en matière de propriété intellectuelle (voir www.wipo.int/wipolex/fr/main/legislation) une liste des coordonnées des administrations nationales ou régionales chargées de la propriété intellectuelle (voir www.wipo.int/members/fr/index.html).

35 Ou plus précisément, l'Accord sur l'application de l'article 65 de la Convention sur la délivrance de brevets européens. Voir https://new.epo.org/fr/ legal/london-agreement.

36 Les coordonnées des offices de brevets, ainsi que les adresses URL de leurs sites Web, sont disponibles à l'adresse www.wipo.int/directory/fr/index.jsp.

37 Les expressions "phase nationale" et "phase internationale" n'apparaissent pas dans le PCT mais sont des abréviations commodes utilisées habituellement.

38 Au 1er juin 2020, les offices de brevets nationaux ou régionaux ci-après étaient considérés comme des administrations chargées de la recherche internationale compétentes selon le PCT : Australie, Autriche, Brésil, Canada, Chili, Chine, Égypte, Espagne, États-Unis d'Amérique, Fédération de Russie, Finlande, Inde, Israël, Japon, Philippines, République de Corée, Singapour, Suède, Türkiye, Ukraine, Institut des brevets de Visegrad, Institut nordique des brevets et Office européen des brevets.

39 Pour de plus amples informations, voir www.epo.org/fr/legal/guidelines-pct/2023/c_i_3.html.

40 Voir le n° 38 pour une liste des administrations chargées de l'examen préliminaire international compétentes selon le PCT (au 1er juin 2020).

41 Pour de plus amples informations, voir www.epo.org/applying/international/guide-for-applicants/html/e/ga_c3_2_11.html.

42 Voir www.wipo.int/pct/en/forms/index.htm.

43 Une liste à jour des États contractants est disponible à l'adresse www.wipo.int/export/sites/www/treaties/fr/documents/pdf/pct.pdf.

44 Voir https://www.wipo.int/pct/fr/guide/index.html.

45 Dans certains pays, tout le monde peut représenter un déposant de brevet devant l'office des brevets de son pays. Dans d'autres pays, seuls certains professionnels agréés, par exemple des agents de brevets ou des conseils en brevets inscrits auprès de l'office des brevets concerné, peuvent représenter les déposants, notamment lorsque ces derniers résident à l'étranger. Dans ce manuel, nous utilisons le terme *rédacteur de brevets* pour désigner toute personne habilitée à représenter les déposants en vertu de la loi applicable.

46 Pour de plus amples informations sur le PPH, voir www.wipo.int/pct/fr/guide/index.html.

47 Voir le module VIII, section 4.3, pour de plus amples informations sur le Traité de coopération en matière de brevets (PCT).

48 Pour une synthèse à jour des données disponibles, voir https://patentscope.wipo.int/search/fr/help/data_coverage.jsf.

www.ingramcontent.com/pod-product-compliance
Lightning Source LLC
LaVergne TN
LVHW081132051026
849532LV00010B/3241